古典文獻研究輯刊

十九編

潘美月・杜潔祥 主編

第 14 冊

清代書院課藝考述（上）

魯小俊 著

國家圖書館出版品預行編目資料

清代書院課藝考述（上）／魯小俊 著 -- 初版 -- 新北市：花木
蘭文化出版社，2014〔民 103〕
目 4+166 面；19×26 公分
（古典文獻研究輯刊 十九編；第 14 冊）
ISBN 978-986-322-874-5（精裝）
1.書院 2.清代
011.08　　　　　　　　　　　　　　　　　　103013720

ISBN-978-986-322-874-5

古典文獻研究輯刊
十九編　第十四冊　　　　　　　　ISBN：978-986-322-874-5

清代書院課藝考述（上）

作　　者　魯小俊
主　　編　潘美月　杜潔祥
總 編 輯　杜潔祥
副總編輯　楊嘉樂
編　　輯　許郁翎
企劃出版　北京大學文化資源研究中心
出　　版　花木蘭文化出版社
社　　長　高小娟
聯絡地址　235 新北市中和區中安街七二號十三樓
　　　　　電話：02-2923-1455／傳真：02-2923-1452
網　　址　http://www.huamulan.tw 信箱 hml810518@gmail.com
印　　刷　普羅文化出版廣告事業
初　　版　2014 年 9 月
定　　價　十九編 18 冊（精裝）新台幣 32,000 元

清代書院課藝考述（上）

魯小俊　著

作者簡介

魯小俊，男，1976 年出生，江蘇東臺人。畢業於武漢大學文學院，先後獲得學士、碩士和博士學位。曾任教於中南財經政法大學新聞與文化傳播學院，現爲武漢大學文學院副教授、中國傳統文化研究中心博士後。主要研究清代書院、科舉與文學，兼及通俗小說。著有《中國文學編年史·清前中期卷》（合著）、《〈三國演義〉的現代誤讀》、《汗青濁酒：〈三國演義〉與民俗文化》、《〈三國演義〉：英雄人生》（合著），校注《貢舉志五種》（合注）。目前主持國家社會科學基金項目《清代書院課藝總集敘錄》。

提　要

　　本書主體內容分上編、下編和附編。

　　上編爲存世的清代書院課藝總集之調查，包括《〈清代東南書院課藝提要〉補》、《清代書院課藝總集提要（東南地區以外）》兩篇。《〈清代東南書院課藝提要〉補》在徐雁平先生著錄的江、浙、皖三省書院課藝 86 種之外，輯得三省課藝總集 57 種。《清代書院課藝總集提要（東南地區以外）》著錄江、浙、皖三省之外的書院課藝總集 61 種。至此可知存世的清代書院課藝總集在 200 種以上。

　　下編爲有關清代書院課藝的考證和論述，包括《〈清代人物生卒年表〉訂補——以書院課藝作者爲中心》、《江浙書院課藝總集所見小說戲曲作家及相關人物》、《「烏程蟄園」生平考》、《課藝總集：清代書院的「學報」和「集刊」》、《科舉功名的偶然和必然：文學敘述與實證分析》五篇。旨在考索部分課藝作者的生平和著述，並探析書院課藝總集的體例特點和文獻價值。

　　附編爲三篇論文：《「傳記優先」和「早歲優先」：依據硃卷履歷著錄生年的兩個原則》、《若干清代作家生卒年考略》、《〈國朝貢舉年表〉校讀札記》。涉及清人生卒年考訂的原則和實例、清代科舉文獻的整理和校勘，與書院課藝之考述多有關聯，故附錄於後。

本書係教育部人文社會科學研究青年基金項目（10YJC751059）最終成果，得到武漢大學 70 後學者學術團隊項目資助。

目次

今人有著錄者。涉及課藝作者200餘人。

清代江浙書院課藝總集至少有140種。這些總集的編者、作者，約有三萬多人。其中有不少人寫過小說、戲曲，或者是作品的人物原型，或者與小說戲曲作家有些聯繫。茲就筆者初步考察，撰寫札記數則，以期對清代小說、戲曲史料的拓展小有助益。

著有小說《鄔談一噱》、《表忠觀》、《艮嶽峰》的「烏程蟄園」即費有容（1874～1931），他是畫家費丹旭之孫、費以群之子。早年肄業紫陽書院、崇文書院和詁經精舍。光緒二十八年（1902）中式舉人，次年被斥。宣統間在杭州創辦《危言報》。辛亥以後流寓滬上，進入愛儷園。曾任倉聖明智大學教務長，主編《廣倉學會雜誌》。所著白話小說、書院課藝、報刊詩文之外，又有專書十餘種。

清代書院課藝總集多為連續出版物，或具有連續出版物的刊行初衷。刊期短則一季，多則一年或數年。經費充足與否，會影響刊期。發表周期多為一年至五年，也有十餘年的。用稿率以10%～20%居多，刊發頗不容易，偶見「關係稿」。時文的用稿標準是「清真雅正」。題目多為官師所擬。一般是全文刊登，也偶有「論點摘編」。多經潤色，並附錄評點。有的以袖珍本刊行，有的宣稱「翻刻必究」，標出定價，附載廣告。稿費已在膏火費中預支。優秀作品可被轉載。從本質屬性和諸多要素來看，書院課藝總集實開今日「大學學報」、「學術集刊」之先河。在歷代總集中，這是一個特殊的類型。

「功名富貴無憑據」，是明清文學科舉題材的主流表述，其核心問題是文章與科名不符。舉業無憑，可能與「盲試官」有關，也可能與文章不合「風氣」、過於「蘊藉」有關。各體文獻關於學識、姓名、儀表、籍貫等與科名之關係的言說，也可視為科名「偶然」

論的強化和補充。貌似「必然」論的「科名前定」之說，其實仍是一種「偶然」論。從實證的角度討論「必然偶然」，其核心問題是平時成績與錄取率的關係，部分書院課藝總集可以爲實證分析提供合適的樣本。綜合考察課藝作者的科舉經歷，並統計入選篇數與最終科名的關係，我們發現：科舉功名的偶然性，確有很多現實依據；但從宏觀上看，平時成績與錄取率之間存在正比關係，這是一種必然性，它表明科舉考試的客觀性和合理性不容否定。

附　編

硃卷等履歷資料存在的主要問題是，所記生年未必可靠，也即所謂官年現象。若有其他傳記資料可知生年，宜以傳記資料爲據，簡稱「傳記優先」。若無其他傳記資料可知生年，又存在多份硃卷且所記生年不同，宜以所記出生年份最早之硃卷爲依據，簡稱「早歲優先」。對《廣倉學會雜誌》所載 21 位耆老的生年，以及《清代硃卷集成》中有多份硃卷且所記生年不同的 154 人進行分析，可知這兩個原則具有普遍適用性。這同時也反映了清代「官年」現象以「減歲」爲主的事實。

《中國文學家大辭典・清代卷》所誤記或注明「不詳」的作家生卒年，多數已在《清代人物生卒年表》中得到了糾正和考訂。此外，還有少數作家的生卒年，《年表》考訂亦有誤或未予著錄。茲對其中 30 餘位作家的生卒年作了考訂。

《國朝貢舉年表》有兩個版本：申江袖海山房石印本和上海積山書局石印本。前者因《近代中國史料叢刊》的影印而成爲通行本，但其刊刻質量卻遠遜於後者。《國朝貢舉年表》對《國朝貢舉考略》有所補正，但總體而論，未能後出轉精，其不足之處更爲明顯。

書院課藝：有待深入研究的集部文獻
（代前言）

　　清代書院普及之廣，前所未有。以今日中國版圖而言，除了西藏以外，各個省區皆有書院。〔註 1〕考課成爲主流，是清代書院考試的一個主要特點。或月課、季課，或官課（包括縣課、州課、府課、學院課、輪課）、師課（又稱堂課、齋課、院課、山長課），或詩課、經古課、策論課、舉業課，名目頗爲繁多。〔註 2〕生徒考課的試卷叫做課藝，估算起來，其數量應該是相當可觀的。但因課藝皆爲生徒所作而非出自名家之手，又多爲舉業之文，所以歷來較少受到重視，往往任其散佚。現今存世的課藝文獻，其形態有三種：

　　一是課藝原件。多散見於各地公私藏所，如上海圖書館藏有東城講舍丁夢松課卷、鴛湖書院鍾樑課卷、金臺書院吳大澂課卷。近年也有少數叢書將課藝原件影印刊行，如《中國歷代書院志》第 11 冊收錄南菁書院課卷一份，作者未詳；《清代稿抄本三編》第 110 冊收錄應元書院吳桂丹，廣雅書院菊坡精舍張爲棟、方鴻慈、范公讜、方恩溥，廣雅書院易開駿等人課卷。

　　二是課藝別集。以個人書院課藝彙爲一集，並不多見。筆者所經眼者，有王元穉《致用書院文集》，收文 50 篇；《致用書院文集續存》，收文 63 篇。皆經解、論說、考證之文，爲其肄業致用書院時所作，刊於作者晚年（民國五年）。又，陳成侯《繩武齋遺稿》一卷（稿本），皆其在致用書院課試之作；

〔註 1〕鄧洪波《中國書院史》，東方出版中心 2004 年版，第 450 頁。
〔註 2〕陳谷嘉、鄧洪波主編《中國書院制度研究》，浙江教育出版社 1997 年版，第 482 頁。

〔註3〕惲寶元卒後，弟寶惠檢獲其書院課藝，凡經史輿地典製詩詞，都若干篇，輯爲《虛白齋遺著輯存》。〔註 4〕另外還有一種課藝別集，爲地方長官或書院山長擬作的彙刊。如陳模（道光十六年進士）任宜陽知縣三年，「每月官課而外，加課兩次」，「每課俱有擬作，統三載共得八十首」，〔註 5〕輯爲《文興書院課士詩》。

三是課藝總集。這是存世課藝的主要形式，其名稱多爲「書院名＋課藝」式，如《尊經書院課藝》；亦有稱「文集」或「集」者，如《致用書院文集》、《學海堂集》；此外又有少數稱「課集」、「會藝」、「文稿」、「試牘」、「課士錄」的，如《研經書院課集》、《培原書院會藝》、《廣雅書院文稿》、《嶽麓試牘》、《滇南課士錄》；還有個別稱「日記」的，如《蓮池書院肄業日記》。今存課藝總集，以刊本爲主，另有少量稿本、抄本。

書院彙刊課藝，最早者是康熙年間安徽懷寧的《培原書院會藝》和湖南長沙的《嶽麓試牘》。〔註 6〕但這只是偶然現象，書院刊刻課藝成爲風尚，則始於嘉慶六年（1801）阮元手訂的《詁經精舍文集》。其後直至清末，課藝的刊刻遂成爲普遍現象。

一

歷來目錄學著作對課藝不甚重視，或不著錄，或著錄很少，如《清史稿·藝文志》（中華書局 1977 年）僅著錄《紫陽書院課餘選》和《敬修堂詩賦課鈔》二種。著錄稍多者，丁丙、丁仁《八千卷樓書目》（續修四庫全書史部第921 冊）25 種，孫殿起《販書偶記》（中華書局 1959 年）32 種，王紹曾主編《清史稿藝文志拾遺》（中華書局 2000 年）25 種。

20 世紀 90 年代以來，書院課藝漸漸受到關注。趙所生、薛正興主編《中國歷代書院志》（江蘇教育出版社 1995 年）影印 20 種（其中總集 17 種），季嘯風主編《中國書院辭典》（浙江教育出版社 1996 年）收錄提要 15 種，陳谷嘉、鄧洪波主編《中國書院制度研究》（浙江教育出版社 1997 年）第五章第五節《清代書院刻書事業》著錄 53 種，程克雅《從湖湘到廣東：書院課藝在

〔註 3〕柯愈春《清人詩文集總目提要》，北京古籍出版社 2002 年版，第 1974 頁。

〔註 4〕南師大古籍所編《江蘇藝文志·常州卷》，江蘇人民出版社 1994 年版，第 887 頁。

〔註 5〕《文興書院課士詩》，道光 22 年刻本，陳模跋。

〔註 6〕陳谷嘉、鄧洪波主編《中國書院制度研究》，浙江教育出版社 1997 年版，第 288 頁。

晚清經學傳述中的重要性》（朱漢民主編《清代湘學研究》，湖南大學出版社 2005 年）著錄 39 種。特別應該提到的是，徐雁平《清代東南書院與學術及文學》（安徽教育出版社 2007 年）下編第一章《清代東南書院課藝提要》撰寫提要 86 種（另有未見課藝 14 種），最爲宏富。此外，李兆華主編《中國近代數學教育史稿》（山東教育出版社 2005 年）第三章第二節《書院的算學課藝概述》著錄算學課藝 20 餘種（其算學課藝取廣義的概念，包括 1906 年清學部第一次審定教科書之前國人自編的算學講義）。以上著作，爲書院課藝研究指示門徑，厥功甚偉。

筆者近年查檢多家藏書目錄，及在各地訪書，又得總集 80 餘種，皆未見於上述著作。例如北京《金臺課藝》，天津《會文書院課藝初刻》，河北《蓮池書院課藝》，陝西《關中書院課藝待梓稿》，山東《鸞翔書院課藝》，江蘇《正誼書院課選》《二編》《三編》《四編》、《紫陽書院課藝三編》《四編》、《遊文書院課藝》、《當湖書院課藝》《二編》《三編》、《蘇省三書院課藝菁華》，上海《雲間小課》（程其玨輯）、《雲間四書院課藝菁華類編》、《雲間郡邑小課合刻》、《婁東書院小課》，安徽《紫陽課藝約選》，浙江《東城講舍課藝》（薛時雨輯）、《東城講舍課藝續編》、《崇實書院課藝》、《春江書院課藝》、《崇文書院課藝九集》《十集》、《最新兩浙課士錄》，湖北《高觀書院課藝》、《江漢書院課藝》、《晴川書院課藝》，湖南《船山書院課藝》、《潙水校經堂課藝》，江西《馮岐課藝合編》、《鵝湖課士錄》、《豫章書院課藝》，四川《尊經書院課藝三集》，福建《鼇峰書院課藝初編》、《玉屏課藝》，廣東《粵秀書院課藝》、《羊城課藝》、《豐山書院課藝》、《鳳山書院課藝》、《廣雅書院文稿》等。綜合前述各家著錄，除去重複者，可知清代書院課藝總集的存世數量約在 200 種左右。以後繼續訪書，當有增補，但總數似不會有太大的增幅。至於生徒課藝原件，散落各地，又多爲私家所藏，目前尚無法瞭解基本書獻情況。

二

近二三十年來，清代書院課藝已經引起了學術界的注意。王爾敏、熊月之、（美）本傑明·艾爾曼、鄧洪波、尚智叢、楊布生、彭定國、郝秉鍵、李志軍、程克雅、徐雁平、劉玉才、李兵、李赫亞、詹杭倫、許結、宋巧燕、程嫩生、翁筱曼等學者，從不同的視角或多或少地關注過課藝。現有清代書院課藝的研究，主要涉及思想、學術（含算學）、教育、文學四個領域。

1、思想史研究

從思想史入手的研究起步最早，但基本上集中於《格致書院課藝》。較早的論著有（美）畢乃德《上海格致書院：向中國傳播西方科學的嘗試》（《太平洋歷史評論》1956 年第 2 期），其後王爾敏《上海格致書院志略》（香港中文大學出版社 1980 年）影響更大。王著第五章《近代新思潮之啓發》詳列《特課季課命題官紳名表》、《特課季課題稱表》、《特課與季課歷年優獎課生名表》、《課藝徵引書目表》，以此證明「官紳誘導士子之苦心，全部重在當時國家急切問題即所謂時務」等論題。熊月之《西學東漸與晚清社會》（上海人民出版社 1994 年）第八章第四節視《格致書院課藝》爲「普通知識分子西學心態錄」。熊月之、袁燮銘《上海通史》第三卷《晚清政治》（上海人民出版社 1999 年）第七章第三節《小人物的聲音：〈格致書院課藝〉》認爲，先前馮桂芬、鄭觀應、王韜等人宣傳的變法主張，在課藝中都得到了充分的闡述，有些比馮、鄭、王說得更透徹，更尖銳。六七十年代啓蒙思想家的遠見卓識，到八九十年代已爲青年學生廣泛接受，成爲共識。相關論著還有尚智叢《1886～1894 年間近代科學在晚清知識分子中的影響——上海格致書院格致類課藝分析》（《清史研究》2001 年第 3 期）、郝秉鍵和李志軍《19 世紀晚期中國民間知識分子的思想——以上海格致書院爲例》（中國人民大學出版社 2005 年）〔註7〕、（美）本傑明·艾爾曼《中國近代科學的文化史》（王紅霞等譯，上海古籍出版社 2009 年）第五章《從教科書到達爾文：現代科學的到來》之《格致課藝題目及其科學內容》和《格致課藝中的醫學問題》、沈立平《〈格致書院課藝〉中的科學內容研究》（上海交通大學 2009 年碩士論文）。

關注《格致書院課藝》之外的書院課藝的，有楊念群《儒學地域化的近代形態——三大知識群體互動的比較研究》下篇第六章《理想主義的沒落：嶺南書院與精英格局之變》（三聯書店 2011 年），討論地域化儒學的近代嬗變與學科類別的分化之關係，以《廣雅書院文稿》爲史料，取材可謂別具慧眼。第七章《古典偶像的重塑：江浙書院與學風梯級效應》探討「『漢宋之學』勢力的消長」、「江浙地域以書院爲軸心密佈縱橫的知識群體網絡」等論題，也利用了《詁經精舍文集》和《南菁講舍文集》。

〔註7〕全書共七章，有六章是以《格致書院課藝》爲主要材料，以致有批評文章認爲該書的副標題宜改爲「以《格致書院課藝》爲中心」（毛志輝《關於〈19世紀晚期中國民間知識分子的思想——以上海格致書院爲例〉的不足及錯謬》，《中國圖書評論》2010 年第 5 期，第 98 頁）。

2、學術史研究

書院課藝是學術史研究的重要史料，程克雅和徐雁平對此問題有充分認識。程文《從湖湘到廣東：書院課藝在晚清經學傳述中的重要性》（朱漢民主編《清代湘學研究》，湖南大學出版社 2005 年）提出，在清代中葉以後盛行刊刻課藝及以經史爲主要內容的雙重因素之下，課藝是一項探討經學傳述的重要憑藉。該文主要以《沅湘通藝錄》爲例展開討論〔註8〕。徐著《清代東南書院與學術及文學》（安徽教育出版社 2007 年）對課藝總集留意較多，書中時有引述，中編第三章第四節《課作中的學術》又有專門論述。該節論及《雲間書院古學課藝》、《若溪書院課藝》、《詁經精舍八集》、《南菁書院日記》、《學古堂日記》、《正誼書院課選》等，對其中部分課藝做了細讀。

此外，劉玉才《清代書院與學術變遷研究》（北京大學出版社 2008 年）第六章第四節《從書院到學堂》，論及書院改制中的學術變遷，以光緒年間兩湖書院生徒唐才常的五篇課藝爲例，認爲兩湖書院具有面向現實政治問題的學術取向。又對南京鍾山書院《乙未課藝》予以解讀，認爲無論是策問的題目，還是應對的文字，都流露出強烈的時代情緒。王建梁《清代書院與漢學的互動研究》（武漢出版社 2009 年）也關注到詁經精舍、學海堂、尊經書院、南菁講舍等書院的課藝總集。個案研究還有於梅舫《〈詁經精舍文集〉與詁經精舍早期學風》（《湖南大學學報》2008 年第 5 期）。

書院算學課藝在自然科學史的研究領域中也頗受關注，相關論著有李迪《清末的書院與「算學課藝」》（《中日近現代數學教育史》第 3 卷，株式會社1999 年）、李兆華《晚清算學課藝考察》（《自然科學史研究》2006 年第 4 期）、徐岩《清末數學家支寶枬及其〈上虞算學堂課藝〉探究》（天津師範大學 2005年碩士論文）、夏軍劍《清末數學家華世芳及其〈龍城書院課藝〉研究》（天

〔註 8〕然而《沅湘通藝錄》是否屬於書院課藝，似可再討論。按此書卷首湖南學政江標序云：「使者奉天子命，視學三年，歲科兩試既畢，例有試牘之刻。乙酉（1885）秋冬之間，編校試者之作，不易一字，裒而刻之，得若干卷，名曰《沅湘通藝錄》，僅十分之一耳。」（《沅湘通藝錄（附四書文）》，商務印書館《叢書集成初編》第 233 冊，第 1 頁）則《沅湘通藝錄》當爲歲科兩試之文，雖然與試者必有書院生徒，但這不能算作書院課藝，至少不是典型的書院課藝總集。（程文前部分著錄的 39 種課藝中，《嶽麓詩文鈔》收錄歷代與嶽麓山有關的詩文，亦非書院課藝。另外，《湘學報》雖以校經書院的名義刊行，其文章亦多選自校經書院和校經學會的講稿、課卷，但實爲新式報刊，而非典型的書院課藝總集。）竊以爲程文標題中「書院課藝」宜改作「課藝」爲妥。

津師範大學 2006 年碩士論文）等。

3、教育史研究

較早的研究有周漢光《張之洞與廣雅書院》（中國文化大學出版部 1983年）第四章第一節《廣雅書院》之十二《考課》，提及興寧張贊廷的課卷。這份課卷爲羅文教授私人所藏，該書利用此一實物，彌足珍貴。可惜作者不知國家圖書館藏有抄本《廣雅書院文稿》（佚名輯，12 冊），否則以此《文稿》爲論述材料，《考課》部分完全可以單獨作爲一章予以論述。

書院課藝的教育史研究涉及教學內容、科舉考試等方面。張立《杭州詁經精舍的科學教育》（《浙江大學學報》2005 年第 5 期）分析《詁經精舍文集》的篇目，發現天文、算學、地理等長期居於傳統學術視野邊緣的科技內容，在這裡得到了少有的重視，其中甚至還有一些西學內容。李兵、許靜《論清代科舉考試內容對書院教學的影響》（《湖南大學學報》2008 年第 5 期）指出，我們在研究書院教學與科舉關係時，多是從書院學規、章程及其它相關的史料出發，而對科舉制度的史料則相對忽略，使書院教學與科舉考試內容的關係未能較爲具體地呈現。該文注意到課藝史料的價值，提及羅典、歐陽厚均和周玉麒所編《嶽麓書院課藝》，並著重介紹了《嶽麓文鈔》所收羅典《嶽麓書院課藝敘》。胡昭曦《尊經書院與近代蜀學》（《儒藏論壇》第 2 輯）考察現存四種尊經課藝總集，指出其內容主要是經學、小學和史學，沒有八股時文。《尊經書院課藝三集》中的時政、數學等內容，反映出尊經書院由傳統書院向近代學堂的變革發展。李赫亞《王闓運與晚清書院教育》（光明日報出版社2007）也論及尊經書院和船山書院的課藝集。周文娟《清代湖南書院考試研究》（湖南大學 2009 年碩士論文）第五章第二節考察五種課藝：《沅水校經堂課集》、《東山書院課集》、《研經書院課集》、《城南書院課藝》和《嶽麓書院課集》。其中前四種爲課藝總集，第五種爲生徒陳元田從受業到增生、附課、正課的八份課卷，附文童郭連城卷一份。湖南省圖書館還藏有《嶽麓書院課藝》、《潙水校經堂課藝》，爲該文所失察。

另外，從書院刻書和檔案的角度論及課藝的還有楊布生、彭定國《中國書院與傳統文化》（湖南教育出版社 1992 年）。該書第二章、第六章對幾所著名書院課藝的刊刻情況予以介紹，認爲課藝總集類似於「現今高等院校中研究生的優秀論文匯編」。

4、文學史研究

徐雁平《清代東南書院與學術及文學》中編第三章《課作中的文學與學術》前三節，具有綜合研究的性質，分別討論書院山長與時文評點、書院與賦、書院與詩。發現課作集所收時文，有不少同題之作；所收賦作的特點是同題之作多、摹擬前代名篇之作多、多有仔細的評點；生徒所作詩歌中，試帖詩的比重較大，摹擬之作、關涉地方文獻之作及其他題材之作（如論詩詩）也有一定的數量。

詁經精舍和學海堂的課藝文集最受研究者關注。宋巧燕《詁經精舍的文學教學》（《湖南大學學報》2003 年第 3 期）、《嶺南學海堂書院的文學教學》（《學術研究》2003 年第 4 期）、《詁經精舍和學海堂的樸學教學》（《南京曉莊學院學報》2008 年第 1 期）、《論詁經精舍文學教學中的考據學特色》（《漳州師範學院學報》2010 年第 3 期）、《詁經精舍、學海堂兩書院的駢文教學》（《河北師範大學學報》2010 年第 7 期）等系列論文，通過解讀課藝總集，發現兩所書院的文學教學一直佔據重要地位，且有明顯的樸學傾向，且非常重視駢文教學。盧康華《俞樾與詁經精舍》（《南京曉莊學院學報》2005 年第 6 期）認爲俞樾時代詁經精舍的內部發生著種種衍變。論及學海堂的還有翁筱曼《清代學海堂課卷中的嶺南風情畫》（《嶺南文史》2009 年第 1 期）、《蘇軾與嶺南文學——由清代學海堂之文學教學談起》（《汕頭大學學報》2009 年第 6 期）。

詩賦是書院課藝的重要部分。詹杭倫《試帖詩與律賦——讀〈關中課士詩賦注〉》（《中國詩歌研究》第 1 輯，中華書局 2002 年）專論路德《關中課士詩賦注》。許結《論清代書院與辭賦創作》（《湖北大學學報》2009 年第 5 期）統計《中國歷代書院志》收錄的清賦作品有 450 餘篇。認爲書院的文學活動之於辭賦，又在辭賦創作與賦集編纂兩端，其中課藝賦的創作與編纂，尤爲突出。書院賦的創作特徵，一在題材的擴大，二在特有的藝術形式。

專論課藝評點的有程嫩生、陳海燕《課藝評點：清代書院文學教育側記——以鍾山書院、經古精舍的課藝評點爲例》（《湖南大學學報》2008 年第 5 期），認爲兩所書院的課藝評點重視文學創作的承嗣與求新、因材施教以及對生徒習作的褒揚。這些評點對於提高生徒的文學創作水準等方面大有裨益，但過於重視表彰成就而忽視揭示缺點，又在一定程度上限制了生徒更好的創作。

總的看來，清代書院課藝研究已經取得了不少學術成果。學者們的關注

對象多集中於上海格致書院、杭州詁經精舍、廣州學海堂、南京鍾山書院、江陰南菁書院等著名書院的課藝，此外尚有大量課藝沒有進入研究者的視野。這是一個已經引起注意但遠未充分展開的領域。

三

課藝研究較爲薄弱的一個重要原因，在於基本書獻沒有得到充分利用。試舉例說明：白新良《中國古代書院發展史》（天津大學出版社 1995 年）第三章至第六章論清代書院，徵引書目相當豐富，方志文獻尤爲詳盡，惟課藝文獻幾未使用；鄧洪波《中國書院史》（東方出版中心 2004 年）主要參考文獻部分列舉課藝 20 種，但正文第六章清代書院部分論及書院教學和考課，課藝文獻僅用《學海堂集》阮元序、《詁經精舍四集》俞樾序和梅啓照序等三篇；劉海峰、莊明水《福建教育史》（福建教育出版社 1996 年）第五章《清代福建教育的發達》第二節《書院的課藝》，通篇未曾以課藝總集爲文獻資料。再如學位論文，張敏《徽州紫陽書院研究》（浙江大學 2012 年碩士論文）未曾以《紫陽課藝約選》爲參考文獻；王坤《清代蘇州書院研究》（蘇州大學 2008 年碩士論文）所參考的課藝僅有《正誼書院課選》等 4 種，實際上今存清代蘇州書院課藝至少 32 種。

基本書獻沒有得到充分利用，就會限制研究的深度和廣度。例如周漢光《張之洞與廣雅書院》第四章第一節《廣雅書院》之十二《考課》，介紹廣雅書院的考課情況之後，提及興寧張贊廷的課卷：「此爲齋課課卷，張先生考獲特等第一名。課卷分爲三部分：第一部分爲《孟子大義述》，第二部分爲《擬馮衍〈顯志賦〉》，第三部分爲《讀〈困學紀聞〉七言絕句十首》。張先生所選的兩藝，從課卷的擬題範圍來看，是屬於『經學』和『文學』。」〔註 9〕這份課卷爲羅文教授私人所藏，該書利用此一實物，彌足珍貴。可惜作者不知國家圖書館藏有抄本《廣雅書院文稿》（佚名輯，12 冊），否則以此《文稿》爲論述材料，《考課》部分完全可以單獨作爲一章予以論述。

又如陳文和《試論清代揚州書院在揚州學派形成中的作用》指出：「揚州書院的條規、講義、策問等沒有流傳下來，我們已不能直接從書院的學習內容和教學活動中窺測他們的學術趨向。」〔註 10〕但實際上安定、梅花、廣陵

〔註 9〕周漢光《張之洞與廣雅書院》，中國文化大學出版部 1983 年版，第 349 頁。
〔註 10〕卞孝萱、徐雁平編《書院與文化傳承》，中華書局 2009 年版，第 164 頁。

三書院皆有課藝總集存世，如《安定書院小課》（同治十一年刊本）、《廣陵書院課藝》（光緒六年刊本）、《梅花書院課藝三集》（光緒八年刊本）、《安定書院小課二集》（光緒十三年刊本）、《梅花書院小課》（光緒十三年刊本），可以為我們深入瞭解揚州書院的教學活動及揚州學派的學術譜系提供頗為豐富的研究資源。徐雁平說：「研究書院，如不細讀課藝，即考察當時書院教和學的內容及教和學的質量，終究不能深入。」〔註11〕此言實能切中書院研究之肯綮。

　　基本書獻沒有得到充分利用，還會影響對某些事實的判斷。例如陳谷嘉、鄧洪波主編《中國書院制度研究》論及書院考試名目，稱「加課、會課也是一種特例，僅見於杭州求是書院」。〔註12〕實際上加課、會課雖非常例，但並不僅見於求是書院。如《雲間郡邑小課合刻》目錄作者姓名題署，「趙邑尊正課」、「程邑尊正課」等之外，又有「趙邑尊加課」、「程邑尊加課」等。〔註13〕《崇實書院課藝》（寧波）吳引孫序也提到：「惟念歲屆大比，課宜加密，乃於五六兩月增會課五期，略如齋課之獎而稍變通之。」〔註14〕

　　又如楊念群《儒學地域化的近代形態──三大知識群體互動的比較研究》第六章《理想主義的沒落：嶺南書院與精英格局之變》，討論地域化儒學的近代嬗變與學科類別的分化之關係，即以《廣雅書院文稿》為史料，取材可謂別具慧眼。但也偶有誤讀。該書認為：「有些學生因為對同一個問題感興趣，因而常選同一個題目進行寫作，因此《廣雅書院文稿》中收錄的一些題目會重複出現數次，其論證的角度和方式均不一樣。我們從生員選擇某些題目次數的多寡中可大致看出書院學風表現出的整體意向性。」〔註15〕由此統計各篇選用次數，展開論述。問題在於，多有同題之作，這是書院課藝的普遍現象；這一現象的產生，並非「有些學生因為對同一個問題感興趣，因而常選同一個題目進行寫作」，而是課藝總集的編選者選擇所致。考課時眾多生徒同作一題，選入課藝集者乃其中優秀之作。選多選少，選誰不選誰，主要取決

〔註11〕徐雁平《清代書院研究的價值、現狀及問題──以江南地區為討論範圍》，《南京曉莊學院學報》2005 年第 2 期。

〔註12〕陳谷嘉、鄧洪波主編《中國書院制度研究》，浙江教育出版社 1997 年版，第 291 頁。

〔註13〕《雲間郡邑小課合刻》卷首，光緒 4 年刊本。

〔註14〕《崇實書院課藝》卷首，光緒 21 年刊本。

〔註15〕楊念群《儒學地域化的近代形態──三大知識群體互動的比較研究》，三聯書店 2011 年版，第 440 頁。

於編選者。有些書院課藝總集於作者姓名之前標注考官、等級、名次等項，例如《經正書院課藝二集》（陳小圃選定，光緒二十九年刊本）史學部分，《陶侃溫嶠論》兩篇，作者爲「興枭憲課一名丁建中」、「八名尹鍾琦」；《嘉靖大禮論》四篇，作者爲「林枭憲課一名李堃」、「五名袁嘉端」、「八名秦光玉」、「十五名張鴻範」，由此可以清晰地看到選篇多寡實由編選者爲之。又如《會文書院課藝初刻》（如山輯，光緒七年刊本），卷首列舉有文入選者 24 人名單，又將在院肄業但無文收錄者 49 人名單列出。這有些近似於今之轉載類學術刊物，有「全文轉載」與「篇目索引」之分。而如何分別，端在選者。楊著以爲同題之作、入選篇數與生徒興趣有關，這不符合實際。第七章《古典偶像的重塑：江浙書院與學風梯級效應》探討「『漢宋之學』勢力的消長不僅表現在科舉系統的運作之中，而且明顯反應在江浙書院課藝的變化上」、「江浙地域以書院爲軸心密佈縱橫的知識群體網絡，爲學術專門化思潮全面向時藝書院滲透進而發揮其梯級效應提供了不竭的流動資源」等論題，即以杭州詁經、江陰南菁、南京惜陰、上海求志、杭州東城、上海蕊珠、蘇州正誼、鎮江寶晉、松江雲間、松江求忠、南京鍾山、沅水校經堂以及上海龍門、南匯芸香、嘉定當湖、溧陽平陵、海門師山、江陰暨陽、上海正蒙等書院的課士情況爲例，學術視野相當開闊。只是，其中前 12 所書院今皆有課藝總集存世，該書僅利用《詁經精舍文集》和《南菁講舍文集》二種（且僅用其序言和同人題名），其他文獻主要爲書院志和地方志。若能全面考察這些書院的課藝總集，特別是課士題目，相關論題的研究或可更爲深入。

充分利用書院課藝文獻，不僅可以避免某些誤讀，還可以建構若干重要的大判斷。茲舉三例：

關於清代書院與科舉的關係，學術界有一個基本的認識：「書院儼然成爲科舉的附庸。」〔註 16〕這一認識的合理性，可以通過書院課藝總集得到證明。有很多課藝總集以八股文和試帖詩爲內容，如蘇州《紫陽書院課藝》初編至十五編（同治十一年至光緒十二年刊本）、天津《會文書院課藝初刻》（光緒七年刊本）等。與此同時，也有很多課藝總集兼收八股文和經史詞章，如杭州《學海堂課藝》初編至八編（同治九年至光緒二十年刊本）、廣州《應元書院課藝》（同治十年刊本）；還有很多課藝總集專收經史詞章，

〔註16〕李世愉《論清代書院與科舉之關係》，《北京聯合大學學報》（人文社會科學版）2011 年第 3 期，第 5 頁。

如江寧《惜陰書院東齋、西齋課藝》（光緒四年刊本）、廣州《菊坡精舍集》（光緒二十三年刊本）。這表明清代書院在依附科舉的同時，也有學術和文化的追求。全面考察書院課藝總集，可以對清代書院與科舉的關係做出更爲客觀的評價。

再如，「功名富貴無憑據」（《儒林外史》開場詞），講的是科舉功名的偶然性，這是人們對於科舉考試的主流印象。這一印象與實際情況是否相符？我們能否以科學的方法予以證實或證僞？有關科名偶然性的問題，較爲客觀、合理的標準應該是：八股文出色者錄取率高，遜色者錄取率低，是爲「必然」；反之即爲「偶然」。而八股文出色與否，可以通過平時成績來考察。若有足夠數量的、較爲集中的平時成績作爲分析樣本，再與實際科名比對，或可發現某些規律。這樣，科名偶然性的問題就轉化爲：平時成績優秀者錄取率高，普通者錄取率低，是爲「必然」；反之即爲「偶然」。書院課藝總集即是考察平時成績的理想樣本，它的有效性基於三個方面：一是有不少課藝總集的內容，是以八股文爲主，這與明清科舉考試一致；二是入選篇數存在落差，少者一兩篇，多者數十篇。入選篇數多者，可視爲平時成績優秀者，反之則遜色一些。三是總集編選、刊刻之時，課藝作者大多尚未獲得科名。由此延伸，根據碑傳、硃卷、方志、貢舉志等材料，全面考察課藝作者的科舉功名，可以在平時成績與最終科名之間建立某種聯繫，從而爲科舉功名的偶然性問題、科舉考試的客觀性問題提供證實或證僞的科學依據。

第三，前輩時賢有關格致書院課藝的研究，曾經特別揭示出「普通知識分子」〔註17〕、「小人物」〔註18〕、「民間知識分子」〔註19〕等關鍵詞。這對於清代書院課藝的研究，尤其具有啓發意義。課藝總集的一個重要價值在於，它留存了清代士人在特定階段的教育實踐（一個明顯的例證是，課藝多署早期名號，如林群玉即林紓、吳脁即吳稚暉、金楗基即金天翮、蔣國亮即蔣智由）。在思想史領域，葛兆光就曾反思：「思想史是否應該有一個『一般思想史』？過去的思想史是懸浮在一般思想水準之上的『精英思想史』，但少數思想天才的思想未必與普遍知識水準與一般思想狀況相關，故有凸起，有凹陷，

〔註17〕熊月之《西學東漸與晚清社會》，上海人民出版社1994年版，第362頁。

〔註18〕熊月之、袁燮銘《上海通史》第3卷《晚清政治》，上海人民出版社1999年版，第176頁。

〔註19〕郝秉鍵、李志軍《19世紀晚期中國民間知識分子的思想——以上海格致書院爲例》，中國人民大學出版社2005年版，第3頁。

有斷裂，有反覆，並不易於成爲思想史之敘述理路。」〔註 20〕沿著這一思路來看書院課藝，它的「非名家名著」（即便其中有名家，也多爲成名之前）的性質，恰恰可以拓展「一般教育史」（以及「一般思想史」、「一般學術史」和「一般文學史」）的文獻資料，由此建構有別於點鬼簿或者光榮榜的、具有細節和過程的專題史敘述，當具有更充分的可能性。

　　長期以來，書院課藝文獻沒有得到充分利用，原因有二：一是對課藝的價值認識不夠，簡單的價值判斷很容易遮蔽事實的複雜性和豐富性。例如丁平一《清末船山書院課藝考略》考察衡陽船山書院生徒丁奎聯的八篇課藝，認爲其「八篇課藝的基本內容是對儀禮的考證，表現出清末船山書院對『習禮』的重視，也是對社會規範的重視。考證雖詳明，但繁瑣而無實用價值。」「從清末船山書院的課藝中，我們可悲地看到宋初蓬勃發展起來的學術繁榮、思想自由的書院學風已不復存在。」〔註 21〕這一價值判斷或許不錯，但過於簡單，會妨礙對課藝的學術內容的深入探討。二是課藝散見於各地圖書館，除《中國歷代書院志》影印的 20 種之外再無影印本，更無全文數據庫可以利用。因此課藝基本書獻的搜集和整理，課藝總集敘錄或總目提要的撰著，將是深入研究書院課藝的基礎條件。徐雁平已經撰著提要 80 餘種，但比較簡略，也有遺漏，且限於東南地區，這方面仍有很大的拓展空間。在此基礎上將書院課藝文獻納入學術視野，將會有力地拓展清代思想史、學術史、教育史和文學史的研究空間。

〔註20〕 葛兆光《中國思想史・導論》，復旦大學出版社 2001 年版，第 13 頁。
〔註21〕 湖南省書院研究會、衡陽市博物館編《書院研究》，湖南大學出版社 1988 年版，第 183～187 頁。

上　編

《清代東南書院課藝提要》補

　　徐雁平先生的《清代東南書院課藝提要》收錄清代江蘇、浙江、安徽三省書院課藝 86 種（另有未見課藝 14 種），[註1] 爲課藝研究指示門徑，厥功甚偉。筆者近年訪書，又得東南書院課藝 57 種。今撰其提要，以期對課藝研究有所助益。

　　《清代東南書院課藝提要》的編排，以刊刻（或序跋）時間爲序；現結合書院所在地區（以府、州爲單位。所據建置，依照清代。如今之上海，在清爲松江府；浙江餘姚，今屬寧波，在清屬紹興府。又，同一書院之前後各集，集中編排，免致分散），重新列表如下，以見其 86 種課藝之梗慨：

地　　區		課藝名稱	刊刻（序跋）時間
浙江	杭州府	1、《詁經精舍文集》	嘉慶六年（1801）刻
		2、《詁經精舍文續集》	道光二十年（1840）初刻，同治十二年（1873）重刻
		3、《詁經精舍三集》	同治六年至九年（1867～1870）刻
		4、《詁經精舍課藝四集》	光緒五年（1879）刻
		5、《詁經精舍課藝五集》	光緒九年（1883）刻
		6、《詁經精舍課藝六集》	光緒十一年（1885）刻
		7、《詁經精舍課藝七集》	光緒二十一年（1895）刻
		8、《詁經精舍課藝八集》	光緒二十三年（1897）刻

〔註1〕收入《清代東南書院與學術及文學》，安徽教育出版社 2007 年版，第 485～528 頁。

		9、《紫陽書院課餘選》	道光四年（1824）刻
浙江		10、《紫陽書院課藝八集》	光緒十八年（1892）刻
		11、《敬修堂詞賦課鈔》	道光二十二年（1842）初刻，同治十一年（1872）重刻
		12、《崇文書院敬修堂小課甲編》	咸豐八年（1858）刻
		13、《敷文書院課藝》	同治九年（1870）刻
		14、《敷文書院課藝二集》	光緒四年至五年（1878～1879）刻
		15、《東城講舍課藝》（經解）	未署刊刻時間
	寧波府	16、《德潤書院課藝》	道光七年（1827）刻
		17、《月湖書院課藝》	道光十八年（1838）序
		18、《辨志文會課藝初集》	光緒七年（1881）刻
		19、《崇實書院課藝》	光緒二十一年（1895）刻
	嘉興府	20、《鴛湖書院課藝》	道光十五年（1835）刻
		21、《鴛湖書院小課》（鍾樑）	抄本
		22、《蔚文書院課藝》	同治八年（1869）序
		23、《嘉會堂課選》	光緒二十六年（1900）刻
	紹興府	24、《戢山書院課藝》	同治七年（1868）刻
		25、《龍山書院課藝》貞集	刊刻時間不詳
		26、《經正書院小課》	光緒七年（1881）刻
		27、《姚江龍山課藝初刻》	光緒十九年（1893）刻
	湖州府	28、《愛山書院課藝》	光緒八年（1882）刻
		29、《若溪書院課藝》	光緒二十八年（1902）刻
江蘇	松江府	30、《雲間書院古學課藝》	嘉慶九年（1804）初刻，嘉慶十五年（1810）重刻
		31、《雲間小課》	道光二十九年（1849）刻
		32、《上海求志書院課藝》	光緒三年（1877）夏季課藝
		33、《蕊珠書院課藝》	光緒十年（1884）刻
		34、《敬業書院新藝選》	光緒二十九（1903）刻
	蘇州府	35、《正誼書院小課》	道光十八年（1838）刻
		36、《正誼書院課作訂存》	同治十二年（1873）抄
		37、《正誼書院課選》	光緒二年（1876）刻
		38、《正誼書院課選二集》	光緒八年（1882）刻

		39、《正誼書院課選三集》	光緒二十年（1894）刻
江蘇		40、《紫陽正誼課藝合選》	道光二十二年（1842）序
		41、《紫陽正誼兩書院課藝合選二集》	道光四年（1824）〔註2〕刻
		42、《紫陽書院課藝》	同治十一年至十二年（1972～1873）刻
		43、《紫陽書院課藝續編》	同治十三年（1874）刻
		44、《紫陽書院課藝五編》	光緒四年（1878）刻
		45、《紫陽書院課藝六編》	光緒五年（1879）刻
		46、《紫陽書院課藝七編》	光緒六年（1880）刻
		47、《紫陽書院課藝八編》	光緒七年（1881）刻
		48、《紫陽書院課藝九編》	光緒八年（1882）刻
		49、《紫陽書院課藝十編》	光緒九年（1883）刻
		50、《紫陽書院課藝十一編》	光緒十年（1884）刻
		51、《紫陽書院課藝十二編》	光緒十一年（1885）刻
		52、《紫陽書院課藝十三編》	光緒十二年（1886）刻
		53、《紫陽書院課藝十四編》	光緒十三年（1887）刻
		54、《紫陽書院課藝十五編》	光緒十四年（1888）刻
		55、《紫陽書院課藝十六編》	光緒十七年（1891）刻
		56、《紫陽書院課藝十七編》	光緒十八年（1892）刻
		57、《學古堂日記》	光緒二十年至二十二年（1894～1896）刻
	江寧府	58、《尊經書院課藝》	同治九年（1870）刻，光緒間翻刻
		59、《尊經書院課藝二刻》	光緒八年（1882）重刻
		60、《尊經書院課藝三刻》	同治十二年（1873）刻
		61、《尊經書院課藝四刻》	光緒五年（1879）刻
		62、《尊經書院課藝五刻》	光緒九年（1883）序
		63、《尊經書院課藝六刻》	刊刻時間不詳
		64、《金陵惜陰書舍賦鈔》	同治十二年（1873）刻
		65、《惜陰書院東齋課藝》	光緒四年（1878）刻
		66、《惜陰書院西齋課藝》	光緒四年（1878）刻
		67、《惜陰賦鈔》第壹本	刊刻時間不詳

〔註2〕當爲道光二十四年（1844）。

地區		課藝名稱	刊刻（序跋）時間
江蘇		68、《惜陰書院賦課擇抄目錄甲部》	抄本
		69、《鍾山書院課藝初選》	光緒四年（1878）刻
		70、《鍾山尊經書院課藝合編》	光緒五年（1879）刻
		71、《鍾山書院乙未課藝》	光緒二十一年（1895）刻
		72、《鍾山書院課藝擇鈔》甲部	抄本
		73、《奎光書院賦鈔》	光緒十九年（1893）刻
		74、《文正書院丙庚課藝錄》	光緒二十六年（1900）刻
	揚州府	75、《梅花書院小課》	光緒三年（1877）刻
		76、《梅花書院課藝三集》	光緒八年（1882）刻
		77、《安定書院小課》	光緒三年（1877）刻
		78、《安定書院小課二集》	光緒十三年（1887）刻
		79、《廣陵書院課藝》	光緒六年（1880）刻
	常州府	80、《南菁書院文集》	光緒十五年（1889）刻
		81、《南菁文鈔二集》	光緒二十年（1894）刻
		82、《南菁書院課藝》（許槤）	光緒二十三年（1897）稿本
		83、《南菁書院時務算學課藝》	光緒二十九年（1903）刻
		84、《龍城書院課藝》	光緒二十七年（1901）序
	鎮江府	85、《寶晉書院課藝》	稿本
安徽	太平府	86、《中江書院課藝》	光緒二十三年（1897）序

筆者所補東南書院課藝總集 57 種，先列表如下，以示梗概，再詳列於後。地區之先後，參照上表，略有增改。

地 區		課藝名稱	刊刻（序跋）時間
浙江	杭州府	1、《崇文書院課藝》	同治六年（1867）刻
		2、《崇文書院課藝續編》	同治七年（1868）刻
		3、《崇文書院課藝九集》	光緒十七年（1891）刻
		4、《崇文書院課藝十集》	光緒二十年（1894）刻
		5、《東城講舍課藝》	同治八年（1869）刻
		6、《東城講舍課藝續編》	同治十三年（1874）刻
		7、《東城講舍課卷》（丁夢松）	稿本
		8、《學海堂課藝》	同治九年（1870）刻
		9、《學海堂課藝續編》	光緒元年（1875）刻

		10、《學海堂課藝三編》	光緒五年（1879）刻
浙江		11、《學海堂課藝五編》	光緒十一年（1885）刻
		12、《學海堂課藝六編》	未署刊刻時間
		13、《學海堂課藝七編》	光緒十七年（1891）刻
		14、《學海堂課藝八編》	光緒二十年（1894）刻
		15、《紫陽書院課藝五編》	光緒八年（1882）刻
		16、《紫陽書院課藝六集》	光緒十一年（1885）刻
		17、《紫陽書院課藝九集》	光緒二十年（1894）刻
		18、《春江書院課藝》	光緒二十九年（1903）序
	寧波府	19、《浙東課士錄》	光緒二十年（1894）刻
	湖州府	20、《安定書院課藝》	未署刊刻時間
		21、《最新兩浙課士錄》	光緒二十六年（1900）刻
江蘇	通州直隸州	22、《崇川紫琅書院課藝》	嘉慶二十五年（1820）刻
	太倉直隸州	23、《婁東書院小課》	道光九年（1829）刊
		24、《當湖書院課藝》	同治七年（1868）刊
		25、《當湖書院課藝二編》	光緒十三年（1887）刊
		26、《當湖書院課藝三編》	光緒二十二年（1896）刊
	松江府	27、《雲間求忠課藝合刊》	咸豐七年（1857）刊
		28、《榮珠課藝》	同治七年（1868）序
		29、《上海求志書院課藝（春季）》	未署刊刻年份
		30、《上海求志書院課藝（丙子夏季）》	光緒二年（1876）課藝
		31、《上海求志書院課藝（丙子秋季）》	光緒二年（1876）課藝
		32、《上海求志書院課藝（丙子冬季）》	光緒二年（1876）課藝
		33、《上海求志書院課藝（丁丑春季）》	光緒三年（1877）課藝
		34、《上海求志書院課藝（戊寅春季）》	光緒四年（1878）課藝
		35、《雲間郡邑小課合刻》	光緒四年（1878）刻
		36、《雲間四書院新藝彙編》	光緒二十八年（1902）序
	蘇州府	37、《正誼書院課選》	道光十四年（1834）刊
		38、《正誼書院課選二編》	道光十五年（1835）刊
		39、《正誼書院課選三編》	道光十六年（1836）刊
		40、《正誼書院課選四編》	道光十八年（1838）刊

江蘇		41、《正誼書院賦選》	光緒三年（1877）刊
		42、《紫陽書院課選》	道光二十一年（1841）刊
		43、《紫陽書院課藝三編》	光緒二年（1876）刊
		44、《紫陽書院課藝四編》	光緒三年（1877）刊
		45、《遊文書院課藝》	同治十三年（1874）刊
	江寧府	46、《惜陰書舍課藝》	道光二十八年（1848）刊
		47、《惜陰書院課藝》	光緒二十七年（1901）刊
		48、《尊經書院課藝七刻》	光緒十五年（1889）序
		49、《續選尊經課藝》	光緒十五年（1889）刊
		50、《金陵奎光書院課藝》	光緒十九年（1893）刊
	淮安府	51、《崇實書院課藝》	同治二年至光緒七年（1863～1881）刻
	常州府	52、《毘陵課藝》	光緒三年（1877）刻
		53、《南菁文鈔三集》	光緒二十七年（1901）刻
		54、《蘇省三書院課藝菁華》	光緒二十八年（1902）刻
		55、《選錄金陵惜陰書院、浙江敬修堂論議序解考辨等藝》	抄本
安徽	安慶府	56、《敬敷書院課藝》	同治三年（1864）序
	徽州府	57、《紫陽課藝約選》	光緒十七年（1891）序

1、《崇文書院課藝》

高行篤題簽，同治六年（1867）開雕。題「山長薛慰農先生鑒定，監院徐恩綬、高人驥、孫詒紳編次」。

高行篤，字叔遲，秀水人，均儒（1811～1869）子。以鹽大使需次兩淮，入淮南書局校讎群籍近二十年。工篆書，得石鼓筆法。其作楷字，點畫悉依《說文》。爲人方嚴，書亦似之，坎壈以歿。著有文集，未刊。〔註3〕

薛時雨（1818～1885），字慰農、澍生，晚號桑根老人，安徽全椒人。道光二十三年（1843）舉人，咸豐三年（1853）進士。歷官浙江嘉興、嘉善知縣，杭州知府兼督糧道，嘗代行布政、按察使事。主杭州崇文、江寧尊經、惜陰書院凡二十年。著有《藤香館詩鈔》、《續鈔》、《藤香館詞》、《藤香館小

〔註3〕民國《江都縣續志》卷27《寓賢傳》，《中國地方志集成·江蘇府縣志輯67》，第773頁。

品》。〔註4〕

　　徐恩綏（1831～1894），字若卿、印香，號杏蓀、復盦，錢塘人。同治十二年（1873）鄉試中式第 30 名舉人。歷官常山、安吉訓導，平陽、餘姚教諭。丁丙（1832～1899）任善後局事，上下城立分局數所，恩綏副之。襄理普濟、同善、育嬰三堂事，兼主湖工、義渡局，皆綜覈有經。嘗條陳北新關積弊，巡撫左宗棠（1812～1885）采其議疏。請罷關稅，民得休養生息，恩綏與有力焉。〔註5〕

　　高人驥（1829～？），字呈甫，號蔣生，仁和人。咸豐元年（1851）鄉試中式副榜第 8 名，同治九年（1870）鄉試中式第 92 名舉人。官山陰教諭。〔註6〕

　　孫詒紳，字子摺，錢塘人。優貢。光緒十六年（1890）官江蘇江陰知縣，後因教案被摘去頂戴。〔註7〕

　　馬新貽序云：

　　　　杭州三書院，當乾嘉盛時，兩浙英才，千里負笈，學舍常滿。其秀碩俊偉，往往蔚爲名臣大儒，經濟文章，後先輝映。而其課試之文章，流傳海內，大抵雍容博麗，若與文治之隆、湖山之美，相與符驗。蓋東南文物之邦，宜其甲於天下矣。

　　　　粵寇之亂，都人士蕩析流離，十存三四，三書院皆毀於火。賊平既逾年，新貽始奉恩命巡撫是邦。首以興學爲善後要務，謀之同官諸君子，以次修復書院，而爲之延師教育，悉如故事。復爲請於天子，補行鄉試，浙之人益喁喁向學矣。二三年來，官師月課，佳製如林。間嘗取而視之，雍容博麗，無異於昔之時也。乃復言之山長，擇其尤雅，刊爲三書院課藝，傳播士林，以示風屬。且俾知雖當戡定禍亂之後，不可謂儒術爲迂疏。而有志之士，誠能從事於聖

〔註4〕譚廷獻《薛先生墓誌銘》，顧雲《桑根先生行狀》，《續碑傳集》卷 80，《清代傳記叢刊》第 119 冊，第 609、612 頁。

〔註5〕《清代硃卷集成》第 259 冊，第 237 頁；民國《杭州府志》卷 143《義行三》，《中國方志叢書·華中地方》第 119 號，第 2731 頁；謝巍《中國畫學著作考錄》，上海書畫出版社 1998 年版，第 743 頁。

〔註6〕《清代硃卷集成》第 258 冊，第 319 頁；潘衍桐輯《兩浙輶軒續錄》卷 48，《續修四庫全書》第 1687 冊，第 48 頁。

〔註7〕《江陰市志》附錄，上海人民出版社 1992 年版，第 1401 頁；戚其章、王如繪《晚清教案紀事》，東方出版社 1990 年版，第 223 頁。

賢之遺書，以求其心之明，以往復於古今得失理亂之故，則教化成人材出矣，固非徒謂文字遇合而已。而又以見國家德澤在人，雖洊更寇亂，一旦重睹昇平，則皆爭自濯磨，務趨於學。而聖天子中興，更化於此，亦可窺見一端。異時名臣大儒，後先輩出，固將無異於昔，則尤官斯土者之所厚望也哉！

　　同治丁卯（1867）八月，撫浙使者菏澤馬新貽序。

馬新貽（1821～1870），字谷山，號燕門、鐵舫，山東菏澤人。道光二十六年（1846）舉人，二十七年（1847）進士。歷官安徽建平、合肥知縣，安徽按察使、布政使，浙江巡撫，兩江總督，通商大臣。同治九年（1870）遇刺身亡。諡端敏。〔註8〕

　　薛時雨序云：

　　　　杭州三書院課藝，向擇其尤雅者鋟板，爲院士程式。丁卯（1867）時雨主崇文講席，既衷其文鑴之，乃爲序其簡曰：

　　　　【略】竊謂制藝一道，著作家輒鄙薄之，然實有根柢之學焉。外無所得於經史，內無所得於身心，其文必不能工。即工矣，或貌爲先正，不古不今，則其道亦不能一軌於正。獨好學深思之士，爲能陶鎔斟酌出之。其法度必宗乎古，其體裁必合乎今，其爲學也平實而正當，其爲志也潔淨而精微，其爲言也光明而俊偉。持是以試於有司，宜無不得當者。今集中持擇之文，雖不能一格，然亦庶幾乎此意。【略】是編起乙丑（1865），至丁卯（1867），凡三年官師月課之作，悉採擇之。其從前三書院合刻，兵燹後久經散失云。

　　　　同治戊辰（1868）春正月，全椒薛時雨序。

　　目錄後監院題識云：

　　　　右共計文一百八十一篇。自同治六年（1867）冬月開雕，至七年（1868）四月訖工。書院自兵燹後，經費支絀，前刊課藝散失無存。是集梨棗之資，悉由方伯石泉楊公籌款，詳請刊刻。大吏嘉惠士林盛意，合併注明。監院高人驥、孫詒紳謹誌。

　　凡制藝50題181篇。有評點。

　　收錄課藝較多者：屠鑫、張景祁、吳承志、李宗庚、周鳴春、金毓麟、張岳鍾、費玉崙、邵世恩、曹鴻藻、董愼言、樂嗣誾、鍾受恬、吳超、陸宗

〔註8〕馬新祐《馬端敏公新貽年譜》，《新編中國名人年譜集成》第5輯。

翰、汪鳴皋、傅鼎乾、王若濟、陸召南、汪春林、沈景修、陳豪、周崋、吳積鑒。

2、《崇文書院課藝續編》

題「同治七年（1868）冬月開雕」，「山長薛慰農先生鑒定，監院高人驥、孫詒紳編次」。無序言。

薛慰農（薛時雨）、高人驥、孫詒紳，見《崇文書院課藝》。

凡制藝 21 題 83 篇。有評點。

收錄課藝較多者：趙銘、王若濟、屠鑫、施補華、黃以周、金毓秀、陸召南、虞振源、鄭炳垣、吳承志、高拜庚、孫繩祖、沈國勳、陳建常、張學濟。

3、《崇文書院課藝九集》

題「崇文書院課藝九集，高保康署檢」，「光緒辛卯（1891）六月開雕」，「掌教馬春暘先生鑒定，監院許承綬、鄒在寅編校」。

高保康，字恭甫，仁和人。光緒十一年（1885）副貢。宗文義塾塾正。與修《杭州府志》。〔註9〕

馬傳煦（1825～1906），字春暘，號藹臣、念莾，會稽人。肄業詁經精舍。道光二十九年（1849）鄉試中式第 7 名舉人。咸豐六年（1856）會試挑取謄錄第 14 名。九年（1859）會試第 1 名，殿試二甲第 24 名，朝考一等第 17 名，選庶吉士，散館授編修。京察一等，擬保送御史，以咯血南歸。迭主戢山、龍山、崇文書院，先後三十餘年。著有《思補過齋制藝試帖》。〔註10〕

許承綬（1841～？），字子介，錢塘人。光緒十一年（1885）鄉試中式第 28 名舉人。〔註11〕

鄒在寅（1830～？），字典三，錢塘人。輯有《照膽臺志略》一卷，有光緒二十一年（1895）仲冬自序。〔註12〕

〔註 9〕民國《杭州府志》卷 113《選舉七》，《中國方志叢書·華中地方》第 119 號，第 2207 頁；卷首《修輯職名》，第 9 頁；張大昌《臨平記補遺》卷首《題名》，《杭州運河文獻集成》第 5 冊，第 103 頁；石仲耀編《皕年宗文》，上海科學普及出版社 2006 年版，第 22 頁。

〔註10〕《清代硃卷集成》第 21 冊，第 3 頁；《紹興縣志資料》第一輯《人物列傳》第二編，民國 26～28 年鉛印本，第 142 頁。

〔註11〕《清代硃卷集成》第 272 冊，第 375 頁。

〔註12〕鄒在寅輯《照膽臺志略》卷首，《叢書集成續編》第 234 冊，第 81 頁；丁立

葉赫崧駿序云：

> 【略】省中書院多據勝地，而崇文依山面湖，舉凡風雲變幻，林木幽奇，四時皆有其佳致。諸生遊息其中，得乾坤之清氣，發爲宇宙之至文，不貌襲先正，而先正之口講指畫，如入其室而承其謦欬。【略】

> 光緒十七年歲次辛卯（1891）仲夏，撫浙使者葉赫崧駿序。

葉赫崧駿（1833～1893），字鎮青，鑲藍旗人。由監生報捐筆帖式，籤分兵部。咸豐八年（1858）舉人。歷官主事、員外郎，廣東高州、山東濟南知府，山東督糧道，廣西按察使，直隸布政使，漕運總督，江蘇、浙江巡撫。卒於官。〔註13〕

馬傳煦序云：

> 余忝長崇文十八年矣。憶自庚午（1870）假旋，蒙當道延主是席。自惟譾陋，養拙湖山，問字之車接踵而至。時或夜分談藝，雅誼殷殷，兩鬢霜彫，一燈豆小，清寂中自有眞趣也。諸君子翔步雲霄，聯翩科第，其後起者亦多雋雅之士。計自甲戌（1874）至戊子（1888），刻課藝凡五編。茲當大比之年，監院復以選事請，仍彙三年內官師課卷，擇其理法雙清、華實並茂者錄之。閉門造車，出而合轍，未必無當於有司之繩尺也。年來講院傾頹，大憲發帑興修，輪奐一新。諸生棲息有方，藉資砥礪，文章品誼，爭自濯磨，修業修身，均體日新又新之意，毋負官長培植。他日黼黻皇猷，蔚成有用之器，名儒名臣，後先踵起，鄙人與有榮施焉。是爲序。

> 光緒十七年辛卯（1891）季秋之月，會稽馬傳煦撰。

凡制藝 46 題 140 篇。有評點。

收錄課藝較多者：張頤慶、孫榮枝、孫祥麟、吳起鳳、朱增麟、許錫龍、許康壽、程彰采、許寶傳、顧梓培、鄭文蔚、潘炳、鄒寶僡、吳福英、宋文蔚、董維新。

誠《壽鄒典三丈七十聯》，胡君復編《古今聯語彙選（二）》，西苑出版社 2002 年版，第 523 頁。

〔註13〕《清代官員履歷檔案全編》第 4 冊，第 25 頁；《清國史》第 11 冊本傳，中華書局 1993 影印嘉業堂鈔本，第 169 頁。

4、《崇文書院課藝十集》

題「崇文書院課藝十集，高保康署檢」，「光緒甲午（1894）十月開雕」，「掌教翁薰先生鑒定，監院許承綬、姚巳元編校」。

高保康、許承綬，見《崇文書院課藝九集》。

翁薰，字又魯，錢塘人。光緒八年（1882）舉人，十六年（1890）進士。官紹興府教授。〔註14〕

姚巳元。著有《城南訪碑錄》、《養痾叢記》。〔註15〕

翁薰序云：

【略】蓋所崇者文，而所以崇文者，文以載道也。今雖中外道通，世局日異，文亦寖衰矣。然時有古今，道無古今，士誠守千古不變之理法，所以挽時局者，亦未始不在此。

薰不文，承前中丞崧公、今大中丞廖公先後委主崇文講席，以才疏學淺，辭不獲命。今夏授職越中，始謝去。又適當崇文十刻之期，薰何人斯，敢膺選政？職無可諉，黽勉將事。浙中人文淵海，揚芬摘藻，美不勝收。滄海遺珠，自知不免。惟區區微意，務期騁才氣者不詭理法，讀經世之書，務反身之學。庶幾文行交修，處為名儒，出為名臣，以無負各大吏崇尚文教之意，而不為世俗所輕。是所厚望於諸君子。

光緒乙未（1895）孟冬之月，錢塘翁薰謹撰。

凡制藝49題140篇。有評點。

收錄課藝較多者：范崇正、鍾駿文、陸立瀛、洪錫撰、王儒寶、吳起鳳、吳福英、田位燊、洪昌烈、徐光煦、湯湘、陸懿凝、顧梓培、樊熙、張頤慶、葛洒青、來杰。

5、《東城講舍課藝》

題「同治八年（1869）季春付雕，高行篤署檢」。

高行篤，見《崇文書院課藝》。

薛時雨序云：

〔註14〕民國《杭州府志》卷113《選舉七》，《中國方志叢書・華中地方》第119號，第2199頁；《民國杭州市新志稿專輯》（《杭州地方志資料》第1、2合輯）卷26《人物》，杭州市方志辦1987年編印，第292頁。

〔註15〕丁丙《武林坊巷志》第8冊，浙江人民出版社1990年版，第806、814頁。

予守杭州日，廢浮屠之宮以為東城講舍。時兵氣初定，文學未昌，人士皆仳離蕉萃，敝衣冠來揖庭下，猶喘喙繭足也。然而校其文章，乃昌昌愉愉而不失規矩，於以覘風教焉。百度初舉，物力有不及，月試之日，無以為膏火之資，薄俸所分者有限。此邦人士，修飭學行，樂與砥屬，不憚益親，文藝日進，每課輒改觀。予方昕夕簿書，草創群政，而亦樂此不為疲也。復於其間進賢者，與之說經，兼及辭賦，皆彬彬有則矣。是歲始舉鄉試，補行二科，講舍肄業者獲雋至三四十人。學使者貢拔萃之士，盡出於講舍，而予即以是秋謝病去官。

劉君筍堂、譚公文卿、陳君子中、陳君伯敏相繼治杭，皆有教養之志。所以講舍謀久遠者無不至，師儒有奉也，生徒有廩也，規制益密，文藝益盛。秀水高孝靖先生主講三載，然後諸生之說經有家法，辭賦不為革詞，取材落實，將在於是。予去官後乃主崇文書院，往時群士羔雁相見，講舍之知名者居多。高先生以己巳（1869）夏捐館舍，山木之感，衣冠奔走。予時已來江寧，講舍之士舉乙丑（1865）至戊辰（1868）四年課藝郵寄選定，曰高先生志也。予在杭州已兩刻《崇文課藝》，江寧亦刻《尊經書院課藝》，縱衡鉛槧，結習未忘，樂與編輯之役，乃為著錄若干篇，大都婟雅而閎遠，無喔咿哫訾之習，可以觀矣。高先生名均儒，字伯平，種學純厚，經術尤粹。今刻說經之言，皆出先生手定。其卒也，講舍生私諡孝靖云。

同治八年（1869）十二月，全椒薛時雨撰。

薛時雨，見《崇文書院課藝》。

包括三部分：四書文，凡《論語》23題68篇，《學》《庸》3題4篇，《孟子》13題28篇；經藝13題18篇；經解、雜文28題38篇，題如《元亨利貞解》、《歲取十千解》、《六宗說》、《聲律辨》、《顏子不貳過論》。有評點。

收錄課藝較多者：許誦禾、楊文杰、吳承志、陸召南、王若濟、王同、許承綏、屠鑫、張景祁、黃以周、許郊、鄭炳垣、吳榮誥、陸元鼎、陳豪、俞光組、朱錫榮。

6、《東城講舍課藝續編》

題「同治甲戌（1874）冬季刊成」。

陳魯序云：

　　東城講舍課藝，薛慰農觀察曾選書藝經解授梓。迄今數年，佳文又林立，詩賦所積亦多，爰續刻之，都爲一集。

　　講舍自孝靖高先生掌教以來，人文日盛。今石泉中丞復爲延訪主講，冀得續孝靖之緒。魯承乏茲土，七年於茲，見諸生課作，日異月新，類皆自出機杼，屏絕陳言。即其文以覘其行，必能自樹立，不爲征逐標榜可知。士習端而後人心正，諸生能勉自愛以振起斯文，是則中丞所期於諸生，而亦魯所朝夕企望也夫。

　　同治甲戌（1874）仲冬，上元陳魯。

陳魯，上元人。道光十五年（1835）舉人，二十年（1840）進士。同治八年（1869）、十三年（1874）兩任杭州知府。〔註16〕

　　凡四書文 39 題 54 篇；經文 24 題 26 篇；經解 17 題 18 篇，題如《告子日「食色性也」兩章解》、《轉注說》；雜著 14 題 18 篇，題如《擬元次山〈惡圓〉》、《擬〈崇明老人傳〉》、《跋昌黎〈石鼓詩〉》；賦 61 題 95 篇，題如《謙受益賦》、《有文在手日友賦》、《推十合一爲士賦》、《文無加點賦》、《杭州府學觀宋石經賦》、《狀元試三場賦》、《白香山西湖留別賦》、《襟上杭州舊酒痕賦》、《春蠶作繭賦》；古今體詩、詞曲 47 題 64 篇，題如《擬古詞〈東門行〉》、《讀吳梅村集》、《應潛齋、桑弢甫、全謝山、杭董浦四先生詠》、《詠十六夜月》、《杭諺四詠》、《論六朝人詩仿遺山體》、《西湖採蓮曲》、《東城雜詠》。有評點。

　　收錄課藝較多者：楊振鎬、虞文璿、施補華、許郊、查光華、張燊、張祖鑒、俞光組、屠鑫、汪行恭、楊文杰、王同、祝桂榮、盛起、董慎言、蔣其章、諸可寶、張禛、朱錫榮、丁正、吳榮誥、潘鉰、李炘、吳積鑒、翁焜、徐琪、章廷楨、高光煦、張景祁、王麟書。

7、《東城講舍課卷》（丁夢松）

　　稿本，上海圖書館藏，封面署「東城講舍肄業生員丁夢松，內課第二名」。四書文一篇，題《亦在車下》；賦一篇，題《賦得蘆花被賦（以「夜月生香雪滿身」爲韻）》；試帖詩一篇，題《賦得美人娟娟隔秋水（得「韓」字五言八

〔註16〕同治《上江兩縣志》卷 14《科貢》，《中國地方志集成·江蘇府縣志輯4》，第281、286 頁；民國《杭州府志》卷 101《職官三》，《中國方志叢書·華中地方》第 119 號，第 1955 頁。

韻)》。末評:「情文相生,稍欠錘鍊,排律誤作五言。」按上虞廩生丁夢松,參校《上虞縣志》〔註17〕,未知是否即此人。

8、《學海堂課藝》

杭州學海堂專課舉人。是集題「同治九年(1870)夏五月開雕」,「湘鄉楊大中丞鑒選,錢塘洪衍慶宜孫、錢塘樊兆恩超伯、仁和錢繼祖珊舟、錢塘張景祁薀楳、錢塘邵世恩伯棠參校」。卷首《新建學海堂記》,署「同治五年(1866)仲春之月,賜進士出身浙江巡撫菏澤馬新貽撰」。

湘鄉楊大中丞,即楊昌濬(1826～1897),字石泉。以附生從戎,歷官衢州知府,浙江糧儲道、鹽運使、按察使、布政使、巡撫,甘肅布政使,漕運、閩浙、陝甘總督。著有《平浙紀略》、《平定關隴紀略》。《清詩紀事》錄其詩2首。〔註18〕

洪衍慶(1843～?),字宜孫,錢塘人,昌燕(1818～1869)子。同治四年(1865)鄉試中式第 65 名舉人。官江蘇知縣。〔註19〕

樊兆恩,字超伯,錢塘人。咸豐九年(1859)舉人。光緒十年(1884)官永康教諭。〔註20〕

錢繼祖,字珊舟,仁和人。咸豐九年(1859)舉人。官福建上洋通判。〔註21〕

張景祁(1828/1830～?),原名左鉞,字鐵生、藜甫,號韻梅、玉湖,錢塘人。少以詞名,入南宋諸家之室。工駢文,於卷施閣為近。咸豐八年(1858)備取優貢第 1 名。同治四年(1865)拔貢第 1 名,鄉試中式第 8 名舉人。十三年(1874)進士,改庶吉士,充武英殿、國史館協修。散館授福建知縣,歷武平、淡水、晉江、連江、仙遊、福安、浦城等縣。嘗入左宗棠(1812～1885)幕。卒於福州。著有《犖雅堂詩文集》、《新蘅詞》。《晚晴簃詩彙》錄

〔註17〕 光緒《上虞縣志》卷首《纂修職名》,光緒 25 年刊本,第 2 頁。

〔註18〕 王樹楠《陝甘總督楊石泉宮保七十壽序》,《陶廬文集》卷 2,民國 4 年刻本,第 12 頁;蔡冠洛《清代七百名人傳》第 2 編,《清代傳記叢刊》第 195 冊,第 705 頁;錢仲聯主編《清詩紀事·咸豐朝卷》,江蘇古籍出版社 1989 年版,第 11662 頁。

〔註19〕 《清代硃卷集成》第 251 冊,第 261 頁;民國《杭州府志》卷 113《選舉七》,《中國方志叢書·華中地方》第 119 號,第 2197 頁。

〔註20〕 光緒《永康縣志》卷 5《職官名表》,《中國方志叢書·華北地方》第 68 號,第 236 頁。

〔註21〕 丁丙《武林坊巷志》第 6 冊,浙江人民出版社 1988 年版,第 505 頁。

其詩 18 首。《國朝詞綜續編》錄其詞 10 首。《中國近代文學大系》錄其詞 5 首。〔註 22〕

邵世恩（1841～？），字伯棠，號子端、棠甫，錢塘人。肄業江蘇正誼、浙江崇文、紫陽書院、東城講舍。同治四年（1865）鄉試中式第 10 名舉人。十年（1871）會試中式第 2 名，殿試三甲第 30 名，朝考三等第 32 名。歷官湖北通山、漢川、天門知縣，四川保寧知府。〔註 23〕

馬新貽，見《崇文書院課藝》。

凡制藝 36 題 100 篇，雜體 29 題 48 篇（其中論 28 篇，說 4 篇，疏 16 篇），詩賦 40 題 69 篇（其中律賦 7 篇，試帖詩 62 篇）。有評點。

收錄課藝較多者：邵世恩、董寶榮、張預、胡鳳錦、陸元鼎、蔣思源、汪鳴皋、樊兆恩、沈榮、王彥起、褚成亮、汪蟾采、徐埏、曹鴻藻、孫承謨。

9、《學海堂課藝續編》

題「光緒元年（1875）夏月開雕」，「山長杜蓮衢先生鑒選，錢塘孫詒紳子摺、仁和李日章闇齋、錢塘洪衍慶宜孫、海寧許誦年子曼、富陽何鎔冶甫、錢塘吳鳳葆菊耕參校」。

杜聯（1804～1880）〔註 24〕，字耀川，號蓮衢，會稽人。道光二十四年（1844）舉人。三十年（1850）進士，選庶吉士，散館授編修。歷官侍講、侍讀、右春坊右庶子、左春坊左庶子、侍講學士、侍讀學士、實錄館纂修、國史館協修、功臣館纂修、咸安宮總裁、起居注總辦、翰林院撰文、日講起居注官、詹事府少詹事、廣東學政、內閣學士、禮部侍郎。晚主杭

〔註 22〕《清代硃卷集成》第 395 冊，第 71 頁；第 250 冊，第 219 頁；第 37 冊，第 369 頁；張景祁《和徐毓才觀察重遊泮水詩十絕句》、《冬月十日為余七十五弧辰，家人傳歌稱頌，卻之不獲，席間戲作》，《罨雅堂詩》卷 9、卷 11，《北京師範大學圖書館藏稀見清人別集叢刊》第 28 冊，第 83、104 頁；民國《杭州府志》卷 146《文苑三》，《中國方志叢書·華中地方》第 119 號，第 2791 頁；龍榆生編選《近三百年名家詞選》，上海古典文學出版社 1956 年版，第 137 頁；徐世昌編《晚晴簃詩彙》卷 166，中華書局 1990 年版，第 7232 頁；黃燮清輯《國朝詞綜續編》卷 21，《續修四庫全書》第 1731 冊，第 639 頁；錢仲聯主編《中國近代文學大系》第 4 集第 15 卷《詩詞集二》，上海書店 1991 年版，第 552 頁。

〔註 23〕《清代硃卷集成》第 250 冊，第 241 頁；第 32 冊，第 103 頁；《清代官員履歷檔案全編》第 4 冊，第 243 頁。

〔註 24〕生年據江慶柏《清代人物生卒年表》，人民文學出版社 2005 年版，第 238 頁；卒年據俞樾《右臺仙館筆記》卷 16，上海古籍出版社 1986 年版，第 430 頁。

州學海堂。〔註 25〕

孫詒紳，見《崇文書院課藝》。

李日章，號闇齋，號芝亭，仁和人。咸豐九年（1859）舉人。澹榮利，重氣節，邦之人咸稱之。年五十五卒於滬上。〔註 26〕

洪衍慶，見《學海堂課藝》。

許誦年（1840～1906），改名頌鼎，字寧壽，號子曼，海寧人，槤（1887～1862）子。同治四年（1865）優貢第 6 名，六年（1867）鄉試中式第 219 名舉人。官山東膠州知州。著有《曼庵詞》。《詞綜補遺》錄其詞 1 首。〔註 27〕

何鎔（1833～？）〔註 28〕，字冶甫，號澹怡，富陽人。同治九年（1870）舉人。光緒六年（1880）進士。官嘉興教授。與修《杭州府志》、《富陽縣志》。〔註 29〕

吳鳳葆，字菊耕，錢塘人。廩貢。同治八年（1869）官歸安訓導，又嘗官永康訓導。〔註 30〕

杜聯序云：

> 【略】浙之學海堂，為諸孝廉課業之所。溯浙難既平以後，至丙寅（1866）而改建斯堂，至辛未（1871）而月增齋課。官斯土者，教育殷勤，捐廉以益膏火，多士亦復爭自濯磨，文藝蒸蒸日上。庚午（1870）五月以前，楊石泉中丞已有課藝之選。迄今寒暑六周，中丞命聯哀集舊卷，釐為續編。月課既增，學修日進，珠璣滿目，美不勝收。擇其精而又精者，制藝、雜體、詩賦各若干首。【略】
>
> 光緒元年（1875）季夏之月，會稽蓮衢杜聯序。

〔註 25〕《清代硃卷集成》第 251 冊，第 96 頁；潘衍桐輯《兩浙輶軒續錄》卷 41，《續修四庫全書》第 1686 冊，第 564 頁。

〔註 26〕丁申、丁丙輯《國朝杭郡詩三輯》卷 76，光緒 19 年刊本，第 26 頁。

〔註 27〕《清代硃卷集成》第 257 冊，第 3 頁；林葆恒編《詞綜補遺》卷 74，上海古籍出版社 2005 年版，第 2772 頁。

〔註 28〕生年據江慶柏《清代人物生卒年表》，人民文學出版社 2005 年版，第 326 頁。

〔註 29〕民國《杭州府志》卷 111《選舉五》，《中國方志叢書·華中地方》第 119 號，第 2164 頁；卷 113《選舉七》，第 2193 頁；卷首《修輯職名》，第 9 頁；光緒《富陽縣志》卷首《纂修姓氏》，光緒 32 年刊本，第 1 頁。

〔註 30〕光緒《歸安縣志》卷 29《職官》，光緒 8 年刊本，第 17 頁；《清代硃卷集成》第 401 冊，第 288 頁。

　　凡制藝 68 題 117 篇，雜體 37 題 41 篇（包括論 26 篇，疏 8 篇，表 1 篇，策 1 篇，議 1 篇，經解 1 篇，說 2 篇，考 1 篇），詩賦 81 題 115 篇（包括律賦 20 篇，試帖詩 91 篇，七古 2 首，七律 2 首）。有評點。

　　收錄課藝較多者：張預、陳澧、羅學成、王同、王禹堂、毛夔、王彥起、楊文瑩、施補華、王麟書、胡寶青、陸元鼎、鄭雩、林逢春、董寶榮、蔣思源、諸可炘、許德裕、陳以孚、吳超、徐鑾、盧鈺、黃書誥、程煥然、黃中理、褚成亮、曹鴻藻、何鎔、陳中元、劉僉贊、錢金鎬、王亢宗、章桂慶、馮福寬、陳榜年、蔡燕龔。

10、《學海堂課藝三編》

　　題「光緒己卯（1879）夏日開雕」，「山長杜蓮衢先生鑒定，監院仁和許祐身子原、錢唐吳鳳藻菊耕、德清俞祖綏劍孫參校」。

　　杜聯，見《學海堂課藝續編》。

　　許祐身（1850～？），字芷沅，號子原，仁和人，俞樾（1821～1907）婿。由附貢生報捐主事，籤分刑部。同治九年（1870）順天鄉試挑取謄錄。十二年（1873）中式第 163 名舉人，覆試二等第 22 名。歷官工部主事、員外郎，山東道、江南道、京畿道監察御史，揚州、贛州知府。《詞綜補遺》錄其詞 2 首。《全清詞鈔》錄其詞 1 首。〔註31〕

　　吳鳳藻，刊誤，當為吳鳳葆，見《學海堂課藝續編》。

　　俞祖綏，字劍孫，德清人，林（1814～1873）子，樾（1821～1907）侄。光緒二年（1876）舉人。〔註32〕

　　杜聯序云：

> 　　學海者，學所統宗處也，以是而名堂，示別於諸書院也。其課藝向有初續編，初編出於庚午（1870）夏孟，續編則乙亥歲（1875）楊中丞屬余校定者也。今年春，梅小岩中丞復命監院以選事請，於是自乙亥（1875）迄今凡四載前列課卷，悉取而重讀之，又審察而詳辨之。見有險奧若子者，有古茂若選者，有通快若國策者。僅此數年磨礪，而致力之士竟能月異而歲不同，諸君子固已操禮闈勝算

〔註31〕《清代硃卷集成》第 110 冊，第 357 頁；《清代官員履歷檔案全編》第 7 冊，第 92 頁；林葆恒編《詞綜補遺》卷 74，上海古籍出版社 2005 年版，第 2773 頁；葉恭綽編《全清詞鈔》卷 27，中華書局 1982 年版，第 1392 頁。

〔註32〕民國《德清縣志》卷 6《職官志》，民國 20 年鉛印本，第 19 頁。

哉！余向者文章風氣之說，至此爲不足言矣。【略】

　　　　光緒五年（1879）仲夏之月，會稽蓮衢杜聯撰。

　　凡制藝 54 題 83 篇，雜體 31 題 34 篇（包括論 16 篇，疏 10 篇，考 2 篇，頌、序、策、銘、記、贊各 1 篇），詩賦 125 題 157 篇（包括律賦 36 篇，試帖詩 72 篇，五古 2 篇，七古 2 篇，七律 34 篇，七絕 2 篇，七排 9 篇）。有評點。

　　收錄課藝較多者：陳濬（陳遹聲）、黃福楙、王彥起、章修黼、褚俊、朱裳、章以咸、馬寶瑛、滕金鑒、蔣廷黻、俞麟振、吳嘉賢、丁立誠、吳慶坻、吳榮誥、湯懋功、劉榮拔、吳養元、曹南、查光華、汪均、盛愷華、陳兆甲、陸壽民、朱錫榮、張預、姚栖、王學厚、吳繡虎（吳學端）。

11、《學海堂課藝五編》

　　題「光緒十一年歲次乙酉（1885）秋七月開雕」，「山長唐根石先生鑒定，監院錢塘潘鴻儀甫、德清俞祖綬澗孫、嘉興吳受福璉軒仝參校」。

　　唐壬森（1805～1891），原名楷，字叔末、學庭，號根石，蘭溪人。道光十四年（1834）優貢第 5 名，十九年（1839）鄉試中式第 52 名舉人。二十七年（1847）會試中式第 156 名，殿試二甲第 45 名，朝考二等第 1 名，選庶吉士，散館授編修。歷官江南道監察御史、禮科給事中、通政使司參議、大理寺少卿、光祿寺卿、宗人府府丞、左副都御史。光緒三年（1877）假歸，旋以目疾請開缺，不復出。總纂《蘭溪縣志》。〔註33〕

　　潘鴻，字儀甫，號鳳洲，仁和人。同治間優貢，九年（1870）舉人。官內閣中書、侍讀。著有《萃堂詩錄》、《詞錄》。〔註34〕

　　俞祖綬，見《學海堂課藝三編》。

　　吳受福（1844～1919），字介茲，號璉仙，一作璉軒，嘉興人，昌壽（1810～1867）子。光緒五年（1879）舉人。嘗任詁經精舍、學海堂監院，後主講振秀、雙山書院。辛亥後易道士冠，旋悲殤子，郁郁而終。著有《小種字林

〔註33〕《清代硃卷集成》第 15 冊，第 139 頁；《清國史》第 11 冊本傳，中華書局 1993 影印嘉業堂鈔本，第 132 頁；潘衍桐輯《兩浙輶軒續錄》補遺卷 5，《續修四庫全書》第 1687 冊，第 364 頁。

〔註34〕民國《杭州府志》卷 114《選舉八》，《中國方志叢書·華中地方》第 119 號，第 2227 頁；卷 113《選舉七》，第 2193 頁；卷 94《藝文九》，第 1828 頁；卷 95《藝文十》，第 1854 頁；柯愈春《清人詩文集總目提要》，北京古籍出版社 2002 年版，第 1833 頁。

集字偶語四種》、《百衲編》、《運甓編》、《貞孝先生遺墨》。《晚晴簃詩彙》錄
其詩 3 首。〔註35〕

劉秉璋序云：

> 浙之西湖設學海堂，進多士之登賢書者於此，月課其藝。所課
> 則自制義、試帖與夫賦、詩、疏、論，無體不備，蓋預爲朝考、館
> 課計，俾習而熟之，得有合於程式，誠良法美意之至也。舊名孝廉
> 堂，僅附於敷文書院，並無專課之所。自同治戊辰（1868）馬端敏
> 撫浙，謀課士而擴充之，始別創此堂於蘇文忠公祠側，顏曰「學海」，
> 旁拓齋舍爲弦誦地。每歲春仲開課，以巡撫主之，簡高才者肄業其
> 中，厥後諸僚佐以次按月一試。是時規制固已視昔有加，然猶只有
> 官課而未有師課也。迄壬申歲（1872），今督部湘鄉楊公撫此，乃復
> 爲之延聘主講，一如書院月以官師分朔望兩課之。由是學者講習觀
> 摩，造詣日進，教士至此，則所以爲國家培養者，益見其美且備焉。
> 課藝率以積三年之久，擇其尤者彙刊，爲多士矜式，計前後已刊有
> 四編矣。
>
> 余以今天子御極之九年癸未（1883）春奉命來撫是邦，會主講
> 席者爲唐根石前輩。高年宿望，一時肄業之士，如百川學海，得所
> 統宗。余就歷歲按課閱前列諸作，銜華佩實，各擅勝場，洵足黼黻
> 昇平，不愧彬彬之選，則知此中之涵育薰陶，所造就者良非淺鮮。
> 於今已三易寒暑，監院事者循故事以《五編》請主講選之，得各體
> 若干首，付諸手民。刊既成，徵序於余，爲書數語於簡端云。
>
> 光緒十一年歲次乙酉（1885）冬十月，撫浙使者劉秉璋撰。

劉秉璋（1826～1905），字仲良，安徽廬江人。咸豐元年（1851）舉人。十
年（1860）進士，選庶吉士，散館授編修。入淮軍，屢立戰功。歷官翰林
院侍講，右春坊右庶子，左春坊左庶子，侍講學士，江蘇按察使，山西、
江西布政使，江西、浙江巡撫，四川總督。諡文莊。著有《劉文莊公遺書》。
〔註36〕

〔註35〕嘉興南湖革命紀念館編《南湖攬秀園碑刻》，群言出版社 2008 年版，第 374
　　　　頁；徐世昌編《晚晴簃詩彙》卷 172，中華書局 1990 年版，第 7489 頁。

〔註36〕王闓運《四川總督追諡文莊劉公碑銘》，《碑傳集三編》卷 14，《清代傳記叢刊》
　　　　第 124 冊，第 811 頁。

　　凡制藝 38 題 86 篇，賦 13 題 22 篇，疏 3 題 4 篇，論 10 題 11 篇，擬古 3
題 5 篇，試帖 23 題 31 篇，七言詩 3 題 5 篇。有評點。

　　收錄課藝較多者：姚丙然、章華國、蔣廷黻、劉元鏞、查光華、鍾張堃、
胡紹曾、沈祖翼、來熊、朱煜、黃福楙、李鵬飛、朱葆儒、朱宗祥、袁從周、
孫禮煜、吳仁均、胡寶仁。

12、《學海堂課藝六編》

　　未署刊刻時間。題「掌教陸漁笙先生鑒定，監院朱希鳳、高保康編校」。

　　陸廷黻（1835～1921），譜名家銘，字己雲，號嶼孫、漁笙，鄞縣人。同
治三年（1864）順天鄉試中式副榜第 3 名。六年（1867）本省鄉試中式第 43
名舉人，覆試一等第 23 名。十年（1871）會試中式第 102 名，覆試一等第 15
名，殿試二甲第 21 名，朝考一等第 14 名，選庶吉士，散館授編修。光緒八
年（1882）官甘肅學政。歸後主崇實、月湖書院。著有《鎮亭山房詩文集》。
《晚晴簃詩彙》錄其詩 7 首。《詞綜補遺》錄其詞 1 首。〔註37〕

　　朱希鳳，字益甫，錢塘人。增貢。光緒元年（1875）官建德訓導。與修
《嚴州府志》。〔註38〕

　　高保康，見《崇文書院課藝九集》。

　　衛榮光序云：

　　　　粵之有學海，始於阮文達；浙之有學海，始於馬端敏。語云：「莫
　　爲之前，雖美弗彰；莫爲之後，雖盛弗傳。」甚言盛極之難爲繼也。
　　浙之學海堂在蘇文忠公祠旁，楊石泉制軍撫浙時又增師課，於是學
　　海之制大備，諸賢豪繼之，以迄於今。承學之士守而弗替，其賢者
　　循途守轍，求工於詞章聲病之學，博稽於名物制度之事，釐義理之
　　庸言，究宋賢之宗旨，其文亦既茂矣。

　　　　院長陸君取其文之不詭於正者，經古之不悖於古者，選爲《課
　　藝六編》，問序於余。余維制藝代聖賢立言，其志宜深，其情宜遠，
　　即疏賦諸作，其義亦宜曲而達。而苟非其詞之工，又烏足以達其情
　　志與義耶？自端敏至今，數十年間，元氣漸復，士氣亦稍振矣。士

〔註37〕《清代硃卷集成》第 34 冊，第 27 頁；徐世昌編《晚晴簃詩彙》卷 165，中華
　　　　書局 1990 年版，第 7190 頁；林葆恒編《詞綜補遺》卷 93，上海古籍出版社
　　　　2005 年版，第 3498 頁。
〔註38〕光緒《嚴州府志》卷 11《續增·官師》，《中國地方志集成·浙江府縣志輯8》，
　　　　第 232 頁；卷首《重刊姓氏》，第 18 頁。

或有所挾者廣，而世之取之者不能盡有，旁觀見其文藻之美，而或歉然以為不足，夫固有餘於言之外者也。吾願睹斯編也，宜求其大者遠者，以無愧乎言之內，而更進於言之外。其以繼昔日之盛，不難矣。於是乎書。

　　　　光緒十有四年歲在戊子（1888）秋九月，撫浙使者古廓衛榮光撰。

衛榮光（1824～1890），字靜瀾，河南新鄉人。肄業河朔書院。道光二十六年（1846）舉人。咸豐二年（1852）進士，選庶吉士，散館授編修。歷官翰林院侍讀，侍講學士、山東濟東泰武臨道、鹽運使、按察使，江安糧道，江蘇、安徽按察使，浙江布政使，山西、江蘇、浙江巡撫。〔註39〕

　　凡制藝 45 題 100 篇，賦 21 題 32 篇，疏 2 題 2 篇，論 3 題 3 篇，贊 1 題 1 篇，銘 1 題 2 篇，古今體詩 11 題 17 篇，試帖 28 題 36 篇。有評點。

　　收錄課藝較多者：查光華、姚貽慶、李廷鴻、鍾張塈、姚丙然、黃丙壽、何慶輔、朱煜、朱葆儒、章華國、章以咸、黃標、王修植、高丙杰、姚夔、趙守成、陳榘、吳錦綬。

13、《學海堂課藝七編》

　　題「光緒辛卯（1891）孟秋開雕」，「掌教陸漁笙、楊雪漁先生鑒定，監院高保康、胡上襄編校」。

　　陸漁笙（陸廷黻），見《學海堂課藝六編》。

　　楊文瑩（1838～1908），原名文瑩，字粹伯，號雪漁，錢塘人。咸豐十年（1860）城陷，一門母妻兄弟二十餘人同殉於火，文瑩孤身僅存。出遊楚中，客大冶縣幕，嘗作《述難詩》十二章，自謂長歌之哀，過於慟哭。同治四年（1865）鄉試中式第 67 名舉人，覆試一等第 11 名。七年（1868）考取咸安宮教習第 1 名。光緒二年（1876）會試挑取謄錄第 1 名。三年（1877）會試中式第 11 名，覆試一等第 13 名，殿試二甲第 28 名，朝考一等第 4 名，選庶吉士，散館授編修。充湖南考官，督貴州學政。任滿假歸，遂不復出，主學海堂及養正書塾甚久。工書。著有《幸草亭詩稿》二卷。《晚晴簃詩彙》錄其詩 5 首。〔註40〕

〔註39〕民國《新鄉縣續志》卷 5《宦望》，民國 12 年刻本，第 30 頁；《清史稿》本傳，浙江古籍出版社 1998 年版，第 1428 頁。
〔註40〕《清代硃卷集成》第 42 冊，第 153 頁；民國《杭州府志》卷 146《文苑三》，

高保康，見《崇文書院課藝九集》。

胡上襄（1860～？），錢塘人。廩貢。光緒七年（1881）兼襲雲騎尉，十四年（1888）報捐雙月選用訓導，十九年（1893）捐升同知，分指江西。二十八年（1902）官南昌府同知，二十九年（1903）代理贛縣知縣，旋遭革職。宣統二年（1910）開復原官。〔註41〕

葉赫崧駿序云：

> 浙省之建設學海堂也，垂三十年矣。課藝之選刊也，裒然已成六集矣。其於國家右文造士之意，學者經明行修之原，前撫使亦言之詳矣。今又期屆三年，主講楊君彙編七集將蕆，監院者問序於余，不獲以不文辭。

> 曩者山陽汪文端典學浙中，《立誠編》〔註42〕序曰：吳越於春秋末始通上國，然《左氏內外傳》所記其語言文字，皆儁永奇麗，與齊晉諸國不侔，蓋天性也。然則湖山秀美之氣，鍾毓之靈，千百年來，代有文人，豈待問哉！抑余所期於在堂肄業者，則更有進焉。聞之無本不立，無文不行。我朝以制藝取士，原欲考諸生之學業，以備任使。如陸清獻本理學為循吏，孫文靖發文章為經濟。此外浙產之成大儒、號名臣者，指不勝數。顧其為文也，均非苟焉以從事也。多士既已舉於鄉，行將貢於廷，他日希蹤前哲，為國家宣力，以馴至乎古人不朽之業者，於是編決之矣。遂樂而為之序。

> 光緒十有七年歲在辛卯（1891）六月，撫浙使者葉赫崧駿撰。

葉赫崧駿，見《崇文書院課藝九集》。

楊文瑩序云：

> 光緒己丑（1889），予歸自黔南，乞假養痾，罕聞門以外事。明年冬，學海堂主講陸漁笙前輩將入都，鎮青中丞不以予為不材，延作替人，忝廁斯席，亦既半歲矣。時刻課藝第七集成，監院高君龔甫、胡君仲驥來索敘。敘曰：

> 天下行省書院課藝之刻，歲無慮數萬首，通人視此不齒諸有亡。

《中國方志叢書·華中地方》第 119 號，第 2792 頁；徐世昌編《晚晴簃詩彙》卷 172，中華書局 1990 年版，第 7481 頁；李靈年、楊忠主編《清人別集總目》，安徽教育出版社 2000 年版，第 704 頁。

〔註41〕《清代官員履歷檔案全編》第 8 冊，第 483 頁。

〔註42〕即《浙江立誠編試律古今體詩》。

以故《宋》、《明史・藝文志》，制義不見著錄，而亭林顧氏且有「八股盛而六經微」之歎。雖然，是亦存乎其人耳，難可概言。俞桐川《百二十名家選時文》也，八百年來，巨人魁儒，項背相望。其尤骫骫爲吾鄉望者，則有若于忠肅，有若商文毅，有若王文成。氣節之高，事業之奇且偉，照爛竹素，雷訇萬耳。要其所以爲氣節事業者，定於志，成於學，未嘗不流露於所作之時文。然則目時文爲小道且不可，乃欲過而廢之，謂是不足與於文章之數，奚可哉！

肄業諸君子賢書登矣，仕路近矣，服古諏今，期有用矣。雖他日出處，不必盡同，吾知所志所學，景仰鄉先哲，用寄生平微尚者，必大有其人在也。不材如予，行能無可舉似，加以病廢，而以己所不能而望諸人，竊附朋友相劘之誼。又私冀仁賢輩作，翔踔風雲，各著其氣節事業，捄時艱，翼世教，俾空山枯坐，於世無關重輕之人，得藉口於以言知人，舉疇昔所見文字，詑語人以爲光榮，正匪獨跛不忘履、盲不忘視而已也。

是集前刻制義若干首，大都皆根柢經史、發揮名理之作。後附賦、詩及雜作若干首，風藻豔發，咸有殊觀。凡經漁笙前輩已選定者，蓋十之八云。

歲次辛卯（1891）秋七月，錢塘楊文瑩。

凡制藝36題100篇，賦15題25篇，論5題7篇，古今體詩18題25篇，試帖25題38篇。有評點。

收錄課藝較多者：查光華、沈進忠、姚詒慶、倪震埏、張蔭椿、朱本、黃標、陸懋勳、朱毓琇、馬職塏、陳鋆、陳儀亮、俞省三、周慶熊、來熊、鍾蓀、何慶輔。

14、《學海堂課藝八編》

題「光緒甲午（1894）孟秋開雕」，「掌教楊雪漁先生鑒定，監院許郊、高保康編校」。

楊雪漁（楊文瑩），見《學海堂課藝七編》。

許郊（1827～？），字子社，晚號八八翁，仁和人。廩貢。光緒十二年（1886）官慈谿教諭。〔註43〕

〔註43〕丁丙《許子社郊今歲六十有四，自號八八翁，金謹齋鐫印爲壽，余亦賦此以祝》，《松夢僚詩稿》卷5，《續修四庫全書》第1559冊，第465頁；光緒《慈

高保康，見《崇文書院課藝九集》。

廖壽豐序云：

> 杭垣課士之所，三書院而外曰學海堂者，諸孝廉肄業之地也。杭爲人文淵藪，咸同兵燹而後，弦誦稍稀。故學使者按試所至，衡校文藝，每不逮昔年之盛。至於登賢書，賦鹿鳴，類皆聰穎秀出，可進於文章著作之林。

> 茲選第八集，爲近年以來課作。觀其根柢宏深，繡藻彬蔚，華實兼茂，能自樹立者，鄉先生薰陶樂育之功，可謂盛矣。顧嘗謂書院爲教士之地，而今之書院，每多重文章而輕實學，有考課而無講肄。夫考試者，甄錄已成之才，將以出爲世用。即以文章取士，亦欲以覘其實學，而非徒藻繢之爲工。今以肄業之地，而亦僅講求文字，取已成之材而殿最之，其益於士林亦尠矣。每思取七錄、四部，刪繁舉要，旁及輿地、邊防、祘術諸書，廣度齋舍；更略師程氏分年讀書之法，擇其性之相近者，分占肄習而循序以致其精焉。顧自惟聞見庫薄，又屬海上多事，未之暇及。然杭人不乏好學深思之士，充其嫥精文字之心，以致力於實學，必能窮源竟委，各有所成。茲編所刻，雖僅文字一端，異日穎敏出眾之材，固可於此卜之也。

> 光緒二十一年（1895）六月，撫浙使者嘉定廖壽豐序。

廖壽豐（1836～1901），字谷似、闇齋，晚號止齋，嘉定人。咸豐八年（1858）舉人。考取咸安宮學教習、國子監學正學錄，報捐內閣中書。同治十年（1871）進士，選庶吉士，散館授編修。歷官國史館協修、纂修、總纂、提調，浙江督糧道，貴州、浙江按察使，河南布政使，浙江巡撫。〔註44〕

楊文瑩序云：

> 昔王荊公《上仁宗萬言書》，病當世課試之文章，無當乎天下國家之用，欲變法以造人才。而蘇長公《議學校貢舉狀》，駁之以謂變法與不變法等，古來以言取士，不過如此。論者大率是蘇而非王。

縣志》卷 18《職官下・學官》，《中國方志叢書・華中地方》第 213 號，第397 頁。
〔註44〕《清代官員履歷檔案全編》第 5 冊，第 550 頁；林增平、李文海主編《清代人物傳稿》下編第 3 卷，遼寧人民出版社 1987 年版，第 39 頁。

　　方今中外一庭，時局日新，去古懸絕，取士舊法又駁駁乎有欲
變之勢。持高論者曰：我用我法，聞夏變夷，未聞變於夷。是祖蘇
說而偏執一隅者。識時務者曰：不入虎穴，焉得虎子，幾欲盡棄所
學而學之。是祖王說而變本加厲者。蒙竊以爲皆過也。夫忠敬異尚，
質文殊用，窮則變，變則通，通則久。法非不可變也，所不可變者，
則我中國數千年來老生之常談，風俗、禮義、人心、廉恥，老生常
談也。秉吾家老生之常談，採彼族有益之新法，取精用宏，誰曰不
宜！禮義之弗修，廉恥之弗勵，驅而納諸西學之中，政恐爾時人才
難得，更甚於今日元氣劫孱，求助金石，誠未見其有濟也。比見陶
方之撫軍與某公書云：「上有臥薪嘗膽之大臣，下有斷虀畫粥之志
士，時艱雖亟，庶幾可瘳。」至哉言乎，至哉言乎！

　　文塋性不宜官，歸而忝主是席，忽忽四年矣。每顧名思義，學
海何學，掌教何教，未嘗不面熱汗霑衣也。放口空談，其曷足貴！
獨念吾浙山水萃東南之秀，代有偉人。而茲堂所肄業，又皆登賢書、
近仕路之倫。居平目營心注，於所謂變法不變道者，熟思之，慎擇
之，求當乎天下國家之用，而不唯課試文章之是力。豈遂無人，或
者人不易知，知人不易，風雲昭感，旋乾轉坤之巨手，果出於此堂，
則朝廷方且前席而咨之，鄙人尤將鑄金而禮之。

　　光緒甲午年（1894）七月，選刻課藝第八集告成。屬海上有事，
中有所感，不能已於言，遂書之以爲序。錢塘楊文塋。

凡制藝35題100篇；賦4題7篇，論4題10篇，擬文1題1篇，書後1
題2篇，古今體詩6題8篇，試帖21題30篇。有評點。

收錄課藝較多者：沈進忠、陸懋勳、洪錫承、俞省三、孫榮枝、張蔭椿、
史文、陳儀亮、周易藻、徐宗源、倪震墀。

15、《紫陽書院課藝五編》

仁和王同題籤，光緒八年（1882）仲秋開雕。題「掌教許竹篔先生鑒定，
監院富陽何鎔、仁和許郊編校」。

王同（1839～1903），字肖蘭、同伯，號呂廬，仁和人。肄業敷文、崇文
書院。同治六年（1867）舉人，光緒三年（1877）進士。官刑部主事。歷主
梅青、龜山、紫陽書院及塘棲棲溪講舍，嘗爲詁經精舍監院。又嘗協助丁丙
（1832～1899）補抄文瀾閣《四庫全書》。著有《唐棲志》、《杭州三書院紀略》、

《石鼓文集聯》。〔註45〕

　　許景澄（1845～1900），原名癸身，字拱辰，號竹篔，嘉興人。同治六年（1867）鄉試中式第 7 名舉人，覆試一等第 14 名。七年（1868）會試中式第 16 名，覆試一等第 39 名，殿試二甲第 59 名，朝考二等第 18 名，選庶吉士。散館授編修，歷官出使法德意奧荷五國大臣、出使俄德奧荷四國大臣、總理各國事務大臣、吏部侍郎。八國聯軍進犯大沽，朝議和戰，景澄以主和被殺。追諡文肅。歷主杭州紫陽、桐鄉翔雲書院。著有《西北邊界圖地名譯漢考證》二卷（收入《四庫未收書輯刊》）、《許文肅公遺稿》、《許竹篔先生出使函稿》。〔註46〕

　　何鎔，見《學海堂課藝續編》。

　　許郊，見《學海堂課藝八編》。

　　陳士杰序云：

　　　　浙東西山川雄秀，人文薈萃。而會垣左江右湖，浩瀚澄澈，南峰復高峙雲表，相與映帶其間。生其地者，類多瑰異英特之才。又先後創立書院，以教以育，俾人人專心向學，不以他事紛擾其志氣。於是人材輩出，廁循吏、文苑傳者指不勝屈，不可謂非官師培養效也。自經寇亂，講舍榛莽，其風亦少衰矣。既平，當事次第興復，得還舊觀。十數年來，風會寖盛，三院課藝，經三載而一梓行。

　　　　客冬余奉命撫浙，方八閱月，按課日淺，而適屆其期。監院事者次第以敷文、崇文選藝呈閱，余既序之矣。逾三月，而紫陽課藝亦以次編成。時嘉興許竹篔侍講來主講席，實操選政。余讀之，文非一體，要皆不失清真雅正之旨，尟有佹規錯矩者雜乎其間。

　　　　竊謂制藝代聖賢立言，只取理明辭達。而科舉之文，尤貴合乎有司繩尺，非著書立說比。若艱深其義，鉤棘其詞，或貌為高古，

〔註45〕民國《杭州府志》卷 113《選舉七》，《中國方志叢書·華中地方》第 119 號，第 2193 頁；李靈年、楊忠主編《清人別集總目》，安徽教育出版社 2000 年版，第 49 頁；王同《杭州三書院紀略》前言，《西湖文獻集成》第 20 冊，第 407 頁；李國鈞主編《中華書法篆刻大辭典》，湖南教育出版社 1990 年版，第 988 頁。

〔註46〕《清代硃卷集成》第 28 冊，第 403 頁；章梫《許景澄傳》，《碑傳集三編》卷 6，《清代傳記叢刊》第 124 冊，第 369 頁；高樹《許文肅公年譜》，《國專月刊》第 4 卷（1936 年）第 3 期、第 4 期；光緒《桐鄉縣志》卷 4《建置·書院》，《中國地方志集成·浙江府縣志輯 23》，第 144 頁。

意實凡近，皆非應試正軌，固無取焉。雖然，學者之所以自期，與
余之所以厚期之者，正不但區區文藝已也。本經術以飾治，進文章
而華國，坐言起行，且更有其大者遠者。諸生其無域於制藝一途，
而有負山川之鍾毓，斯可已。

　　　　光緒壬午（1882）秋八月，撫浙使者蓉城陳士杰序。

陳士杰（1824～1893）〔註47〕，字雋臣，湖南桂陽人。肄業嶽麓書院。道光
二十九年（1849）拔貢，選取七品小京官。咸豐間入曾國藩（1811～1872）幕。
後官山東、福建按察使，山西布政使，浙江、山東巡撫。〔註48〕

　　許景澄識云：

　　　　壬午（1882）之春，憂居里門，承乏紫陽講席。院舍咫尺塵市，
　　縠穀所湊，肄業之彥，便於居處，視他院為尤盛。院課藝前列者，
　　積數歲必一選刊，以資觀摩。今歲為大比之期，距前刊又閱四年有
　　奇矣。監院何冶甫廣文、許子社同年，請於大府，裒集諸卷，屬為
　　甄錄。不揣譾陋，擇其尤雅者，得文一百五十餘首。始於六月，至
　　八月而成編。剞劂告蕆，略綴緣起。至於名山故事，文字指歸，前
　　次諸刻，詮敘已備，所不敢贅云。

　　　　嘉興許景澄。

　　凡四書文90題151篇，其中《論語》51題86篇，《學》《庸》5題10篇，
《孟子》34題55篇。有評點。

　　收錄課藝較多者：蔣維城、嚴憲曾、黃開甲、王杰、潘鈵、朱增榮、許
寶傳、高辛元、姚恭堯、劉元銘、都守仁、王希范、沈祖榮、陶玉珂、吳蘭
馨、錢選青。

16、《紫陽書院課藝六集》

　　題「光緒乙酉（1885）中秋開雕」，「掌教吳左泉先生鑒定，前監院許郊
編次，監院吳有倫編校」。

　　吳超（1829～？），原名源，字左泉，號念慈，仁和人。同治六年（1867）
鄉試中式第181名舉人。光緒三年（1877）會試中式第47名，覆試二等第65
名，殿試二甲第132名，朝考二等，授工部屯田司主事。歷主紫陽、敷文、

〔註47〕　卒於光緒十八年十二月十九日，公曆已入1893年。
〔註48〕　王闓運《桂陽直隸州泗洲砦陳侍郎年六十有九行狀》，《湘綺樓文集》卷8，《續
　　　　修四庫全書》第1569冊，第34頁。

春江書院。〔註49〕

許郊，見《學海堂課藝八編》。

吳有倫，字仲蘋，錢塘人。光緒五年（1879）優貢，官慶元訓導。壯歲而卒。〔註50〕

吳超序云：

> 世目時文為小道，論者恒詬病之。高材生以世所詬病也，往往喜談考據、溺詞章，而於時文厭之而不屑為，為之而不求工。無學者又剽竊苟且為之。此時文之所以浮濫而詬病者益眾也。
>
> 夫十三經並列太學，四子書皆經訓也。時文將貫穿百家，扶世翼教，亦炳然談經之作。窮經之詣，訓詁為先，訓詁明而後義理熟，義理熟而後發為文章，淵懿純茂，自成一家。然則訓詁者，文章之階梯，踐其階梯而不窺其堂奧，且從而詬病之，亦持論之謬矣。
>
> 超承乏紫陽講席，兩年於茲。無取聲氣，無有偏徇。其雅正有法者取之，其叢雜失次者斥之。校勘之勤，夜以繼日，亦同學諸君所共諒也。壬午（1882）迄今，積卷已夥，未付手民。因監院之請，裒集而校閱之，得佳構四十餘藝。少不成集，複本善善從長之意，為之博採而彙刊焉。
>
> 昔劉彥和，蕭梁文士耳。其論文也，猶以原道程器為重。誠見乎道義不明，器識不遠，文即瑰偉奇特，亦猶潢潦之無本而已。學者當頡頏乎古人，而無戚戚於一時之貧賤。嗜欲寡則營求少，營求少則歲月寬。學日以懋，品日以純。丈夫不朽之盛業，肇基於此，又何至為世所詬病也？諸生勉乎哉！
>
> 光緒十一年乙酉（1885）仲冬之月，仁和吳超序。

凡四書文60題148篇，其中《大學》1題2篇，《中庸》3題6篇，《論語》39題109篇，《孟子》17題31篇。試帖詩38題58篇。有評點。

收錄課藝較多者：駱長椿、沈祖榮、潘鉶、孫榮枝、嚴憲曾、夏樹立、盧學綸、沈林一、吳寶堅、孫禮潤、褚成昌。

〔註49〕 《清代硃卷集成》第42冊，第317頁；民國《杭州府志》卷16《學校三》，《中國方志叢書·華中地方》第119號，第484頁；吳慶坻《蕉廊脞錄》卷3，中華書局1990年版，第92頁。

〔註50〕 潘衍桐輯《兩浙輶軒續錄》卷50，《續修四庫全書》第1687冊，第110頁。

17、《紫陽書院課藝九集》

題「光緒甲午（1894）仲冬開雕」，「掌教王同伯先生鑒定，監院沈壽慈、楊振鑣編校」。

王同，見《紫陽書院課藝五編》。

沈壽慈（1852～？），原名兆堮，字季蕚，號端崖，會稽人，百墉（字稼村）弟。同治十二年（1873）解元。〔註51〕

楊振鑣（1830～？）〔註52〕，字叔平，杭州人。同治間歲貢，浙江候補鹽大使。光緒十五年（1889）隨薛福成（1838～1894）出使歐洲。〔註53〕

王同序云：

> 杭州書院有三，曰敷文，曰崇文，曰紫陽。每屆三年，彙官師課士文之前列者選刻之，例也。敷文占南山之巔，崇文居西湖之湄，而紫陽則城中而近市，無湖山之美也。敷文創於前明弘治十一年（1498），崇文創於萬曆二十八年（1600），而紫陽僅創於本朝之康熙四十二年（1703）。初爲別墅，迨乾隆中始以書院稱，則又不如敷文、崇文之歷年久遠也。然城中近市，負笈者便之，故肄業者多。而人才蔚起，弦誦之士，校敷文、崇文爲尤盛。
>
> 院在康熙時，尚爲周某之山居，背吳山之麓宋時南園故址。泉石奇秀，中有十二景，爲毛稚黃、王丹麓諸名士詩酒之所。既爲書院，以上有紫陽閣，名紫陽山，與新安之紫陽同名，遂以名其院。而勝景具在，名人到此，每作詩以張之。迨嘉慶時，阮文達撫浙，改看潮臺爲觀瀾樓，又作文以記之。城市而山林，肄業者誦讀之暇，可以遊息眺覽，以發揮其性靈。而其景之最勝者，曰螺泉，涓潔漣漪，可以狀文思之泉湧也；曰春草池，微波瀠洄，可以暢文機之生趣也；曰垂釣磯、筆架峰，奇石林立，可以狀文氣之突兀也。拾級而上，登其巔，觀瀾之樓渺矣，而其址自在。每當潮來，東望匹練浩瀚，如聞其聲，可以狀文勢之濤翻而波譎也。平視萬松嶺，隔城煙如束帶，群山蜿蜒，嵐翠撲眉宇；俯視西湖，鏡奩乍啓，六橋煙柳，奔赴舄下，則又合湖山之美而兼有之矣。且也登其堂曰樂育，

〔註51〕《清代硃卷集成》第259冊，第41頁。

〔註52〕生年據中國收藏網楊振鑣楷書作品款識。

〔註53〕民國《杭州府志》卷114《選舉八》，《中國方志叢書・華中地方》第119號，第2218頁；《出使英法義比四國日記》卷1，嶽麓書社1985年版，第68頁。

日景徽，奉祀紫陽朱子。則肄業其中者，顧名思義，尤當研求性理之學，躬行而實踐之，以求爲名教之完人，非徒以章句之學，弋科第已也。

所愧者，以余讜陋不才，僅僅章句之學，亦未窺閫奧，而忝與同學諸君，講藝於此，蓋忽忽逾三年矣。監院事者，循例以選文見屬。余雖不敏，不敢辭。選刻既竣，復以序見屬。余皇然起而辭曰：「是宜請廖大中丞於論政之暇，爲論文之序弁其首，以爲多士勸也。余則何敢？」而監院事者，敦迫不已。則惟舉是院創置之大略，爲同學述之，亦庶乎居其地，宜知其事之意云爾。至於論文，則吾豈敢？

光緒二十一年（1895）嘉平月，仁和王同識。

凡四書文 48 題 148 篇。有評點。

收錄課藝較多者：吳道升、王儒寶、鮑寬身、鍾駿文、施恂、陳錫周、黃傳鼎、邵孝章、孫晉、王師渾、吳繩祖。

18、《春江書院課藝》

鉛印本，未署刊刻年月。錯字較多，卷首有勘誤表。

任錫汾序云：

文章與世運相轉移，世盛則博大昌明之文多，世衰則虛無怪僻之文出，書契以來，歷歷可數。其轉移之故，仍操之在人。江浙接壤，北自楊子江，南止錢江，極山川之秀靈，尤人文所薈萃。文固山川之氣所發現也，其山川在秦火後得名最早者，莫如富春。當日嚴先生身丁炎運之中阨，復睹承平，終隱釣臺，直駕商山四皓而上之。先生無文可傳其閱歷盛衰，殆深有得於文之外者。倘以光武既操轉移世運之權，聊爲此無文之文爲富春重耶？

青浦陳蓮舫先生，起家儒素，研志歧黃，歸自春明，以醫稱著。其嗣君挹霏，秉承家學，爲學官弟子，以優行列成均。出而爲吏，攝治富春。適奉明詔廢時文八股，以策論課士。挹霏簿書有暇，與此邦賢士大夫遊，將刊春江書院課藝，先屬稿請庭訓。蓮翁與余同寓淞濱，過從最稔，袖稿見示，以余昔綰巡符，觀風問俗，囑爲弁言引重。

余因憶昔奉板輿，兩綰巡符，一拘於棘圍試事，再困於海上籌

防，按部闋如，風俗愧未及過問。今歸養又數稔矣，滄江一臥，定省外幾無餘事，更何敢以荒蕪之筆墨，貽譏誚於俊髦。第重以蓮翁之囑，且喜其克家有子，一展卷而博大昌明，氣象如在目前。既足彌昔時之愧抳霽於轉移之故，洵操之有道，爲富春幸，即爲世幸也。用逞臆說，就正蓮翁，並質抳霽以爲何如？

　　光緒三十年甲辰（1904）三月朔，前浙西觀察使者宜興任錫汾書於淞濱蕙陰堂之實學齋。

任錫汾（1851～1918）〔註 54〕，字逢辛，晚號拙叟，江蘇宜興人。光緒二年（1876）舉人。歷官國史館謄錄、內閣中書、安徽道員、浙江杭嘉湖道、四川川東道、重慶關監督。乞歸後寓居上海。庚子（1900）國難，集同志仿紅十字會赴京津救濟，並設醫藥局、濟急會，保全民命。著有《拙叟詩存》。《晚晴簃詩彙》錄其詩 1 首。〔註 55〕

陳承澍序云：

　　國家教育之法與時爲變通，靳於得人才、沛時用也。故崇本而抑末，則經義勝於帖括。斲雕而爲樸，則策論美於辭賦。乃若列強競爭，其政治藝事之改良，有得之重譯，有見之時報，斟酌時宜，取彼之長，以攻我之闕，此國家通變宜民之微意。學者當決然捨棄錮蔽之習，而以經世致用爲先務之急也。雖然，國有與立，其本亂而末治者否矣。若廢聖賢之義理，忘忠孝之大閑，而以耶佛平權爲宗旨，以民約自由爲口實，則適足以戾時用、長亂陰爾。

　　自朝旨設學堂，改科舉法，海內向風，士習丕變。其有具學堂之團體，而得舉業之方針者，書院是也。聚一鄉邑之才，講習討論，次第其高下，蓋無學堂傾軋標榜之習，而有其聯絡之團體矣。發策以試，暢所欲懷，工拙之率，不能自揜。蓋無風簷局促之患，而有其得失之方針矣。昔胡安定以經義治事教士，今科舉法三場命題之制，蓋師其意。學堂則有專門，有普通。書院課士，雖隘且陋，亦庶幾得其厓略，焉可率然而對哉？

〔註 54〕卒於民國丁巳年十二月二十五日，公曆已入 1918 年。

〔註 55〕惲彥彬《清故光祿大夫頭品頂戴四川川東道重慶關監督任君墓誌銘》，碑立於宜興文管會。此據「任氏論壇」王靜華攝；光宣《宜荊續志》卷 9 上《人物志·治績》，《中國地方志集成·江蘇府縣志輯 40》，第 486 頁；徐世昌編《晚晴簃詩彙》卷 171，中華書局 1990 年版，第 7461 頁。

余以輇才爲富春長，觀其山川雄偉，尤樂其多磊砢奇瑋之士。再稘以來，用文字之契，與諸士友賞析。其學術淹通，而宗旨純正，負明體達用之才者，尤拳拳歎賞之。錄驠副本，積之医衍，重念諸君子濡染翰墨，枉教之盛意，不敢終秘，乃依類編次，付之剞劂。夫士束髮誦習，莫先於鄒魯，闡儒先之閟旨，植名教之始基，故經義首之。稽古居今，以史爲緯，審中外之異，宜決彼己之勝算，故中西政策次之。格致之學，發源天代，抉幾何之閫奧，闢眾蓺之階梯，故算學又次之。都爲一編，得文如干首。雖無良樂之明，差勝聾俗之聽，有欲采風於嚴先生故鄉者，則請以此編爲代表焉。

光緒二十九年癸卯（1903）仲夏，青浦陳承澍識於富春官舍。

陳承澍（1871～？），字益飛，號一蜚，挹罪，青浦人。光緒十七年（1891）優貢第 3 名。朝考一等，分發浙江，歷官寧海、富陽、象山知縣，丁母憂去職，服闋洊升知府。辛亥後任青浦司法長。著有《來蝶軒詩文稿》。《詞綜補遺》錄其詞 1 首。〔註 56〕

凡四書文 6 題 7 篇，五經文 9 題 14 篇，雜文 48 題 75 篇，算學 4 題 4 篇。皆有評語。雜文題如《〈大學〉有「曾子曰」，〈中庸〉有「仲尼曰」，〈論語〉有「孔子曰」，與全書體例迥別，其義安在？》、《天澤辨》、《漢魏六朝三唐之詩皆本於〈三百篇〉，其間有詞意相合者，試詳證之》、《歷代帝王建都之地形勢得失論》、《歷代和戎得失歲幣多寡論》、《諸葛亮治蜀、王猛治秦論》、《自鐵木眞爲蒙古大汗，至忽必烈滅宋，七十年間，拓地之廣，爲歷代所未有。試詳考之，並繫以論》、《富邑義塾本爲訓蒙而設，現值考試改章，蒙學亦當參酌變通。以何項學術爲蒙養之要，義塾向章應否更改，近人新出課蒙之本甚多，以何本爲最善。其各抒所見，備載於篇》、《大學之功，始於格致；周官之制，終以考工；泰西技巧，實本乎此。可知聖賢典籍，無所不包。十三經中，凡與西學相表裏者，當復不少。諸生通經，期於致用，援古可以證今，盍臚舉各條以對？》、《論專制共和政治之得失》、《近人譯西書，有平等、平權、自由之說，試申其義》、《西人稱地球吸月，月吸潮汐，其說然否？》、《拿坡侖似廿四史中何人？》、《滑鐵盧之役爲歐洲戰禍之結局論》、《英入印度，

〔註 56〕《清代硃卷集成》第 372 頁，第 279 頁；民國《青浦縣續志》附編，民國 23 年刊本，第 5 頁；唐振常主編《上海史》，上海人民出版社 1989 年版，第 466 頁；林葆恒編《詞綜補遺》卷 21，上海古籍出版社 2005 年版，第 789 頁。

主客之勢，眾寡之數，萬不相敵，竟轄其全境，果遵何術以致此？》、《英日聯盟於東亞損益何如？》。

收錄課藝較多者：朱邦彥、李永年、夏貞、朱梅羹、朱來、王烈、葛楨清、俞致中、夏鎮邦、朱溎、盛如彭。

19、《浙東課士錄》

周振翰題簽。署「光緒甲午（1894）仲春無錫薛氏開雕，板藏甬上崇實書院」。

周振翰（1865～？），譜名萬成，字祖祐，號子鵬，鄞縣人。光緒二十三年（1897）鄉試中式第 44 名舉人。〔註57〕

薛福成《題辭》云：

> 余備兵浙東，適有法警，籌畫戰守，日不暇給。及款議成，公事稍暇，乃於署西隙地辟爲一園，雜蒔花木，略建亭臺，顏之曰「後樂」，集高材生月課其中。比歲餘，復於園南創立書院，禮請山長以督教之。事甫就而余有楚南之行，乃取前所選詩文雜著，都九十七篇，付之削氏。諸生銳志向學，異時進境，固未可量。彙錄茲編，聊以見一時投戈講藝之樂焉爾。
>
> 光緒丁亥（1887）十二月，布政使銜分巡寧紹臺兵備道新授湖南按察使無錫薛福成題。

薛福成（1838～1894），字叔耘，號庸庵，無錫人。同治六年（1867）副貢。先後入曾國藩（1811～1872）、李鴻章（1823～1901）幕，歷官寧紹臺道、湖南按察使、出使英法義比大臣、都察院左副都御使。著有《出使英法義比四國日記》六卷、《出使日記續刻》十卷、《庸盫筆記》六卷、《庸庵文編》四卷《庸庵文續編》二卷《庸庵文外編》四卷《庸庵海外文編》四卷（皆收入《續修四庫全書》）、《出使奏疏》二卷、《出使公牘》十卷。〔註58〕

目錄前題「李翼鯤校字」。李翼鯤，字瑤臣，號搖程，鄞縣人。諸生。精《文選》及唐宋大家，故於詩賦古文爲特長。卒年三十八。著有《洙泗淵源錄》、《景漢齋詩文稿》。〔註59〕

凡四卷：卷一四書文、五經文 14 題 17 篇；卷二經解、書後、史考等 9

〔註57〕《清代硃卷集成》第 291 冊，第 321 頁。

〔註58〕丁鳳麟《薛福成評傳》，南京大學出版社 1998 年版。

〔註59〕董沛、忻江明《四明清詩略續稿》卷 6，民國 19 年中華書局刊本，第 29 頁。

題 13 篇，題如《高宗伐鬼方解》、《書韓退之〈讀儀禮〉後》、《春秋時越國疆域考》；卷三史論、史考、書後、時務等 23 題 36 篇，題如《漢武帝論》、《張孚敬論》、《〈漢書·古今人表〉不著今人說》、《〈漢書·外戚傳〉書後》、《東錢湖水利議》、《創設海軍用人籌餉策》、《派員遊歷東西洋各國論》、《澳門考》、《英法俄德四國文字言語異同說》；卷四記、書、賦、詩 21 題 31 篇，題如《擬遺愛祠碑記》、《崇實書院記》、《擬陳伯之答邱遲書》、《四明山賦》、《火輪船賦》、《試御氣球賦》、《詠浙東卻敵詩十章》。有評語。

收錄課藝較多者：張美翊、戴鴻祺、鄒宸笙、毛宗鋆、陳星庚、蔣子蕃、鄭德璜、鄭傳綏、李翼鯤、陳康黼、鄭崇敬、陸祖恩。

20、《安定書院課藝》

題「山長周緱雲先生選定」。無序跋，未署刊刻年月。

周學濬（1810～？），字緱雲，烏程人。道光二十四年（1844）榜眼。歷官翰林院編修、山東道監察御史、侍讀學士。總纂《湖州府志》。《國朝詞綜補》錄其詞 2 首。〔註60〕

凡 262 篇，其中：經解 25 題 27 篇，題如：《朋盍簪解》、《吳子使箚來聘解》、《孔門門人弟子說》；賦 105 題 141 篇，題如：《緬甸國貢馴象賦》、《瘦羊博士賦》、《一詩換得兩尖團賦》、《國於蝸之角賦》、《擬庾子山〈小園賦〉》、《管夫人畫竹賦》、《陳平分肉賦》、《一月得四十五日賦》、《電線賦》；雜文 16 題 17 篇，題如：《蕭何曹參論》、《不求甚解論》、《顏魯公治湖州政績考》、《〈讀書分年日程〉書後》、《備荒策》、《繰絲機器利害說》、《擬湖郡重修學宮上梁文》；經文 4 題 4 篇，題如：《西戎即敘》、《曰為改歲，入此室處》；詩七古 16 題 16 篇，題如：《擬溫飛卿〈採蓮曲〉》、《擬東坡〈秧馬歌〉》、《水車行》、《碧浪湖新柳詞》；五古 7 題 7 篇，題如：《五古雜詠》、《蠶婦吟》；七排 4 題 4 篇，題如：《月餅》、《荷花生日》；七律 23 題 24 篇，題如：《擬東坡〈有美堂暴雨〉詩》、《分詠司空圖〈詩品〉句四首》、《和吳穀人先生〈題蘇端明遊迹〉四首》、《晚菊》；七絕 12 題 12 篇，題如：《論詞絕句》、《顧渚茶》、《若下酒》；五排 4 題 4 篇，題如：《枇杷果》、《過石林精舍》；五律 2 題 2 篇，題為：《讀〈郭汾陽傳〉》、《過石林精舍》；詞 2 題 4 篇，題為：《乳燕飛·詠乳燕》、《水龍吟·

〔註60〕 《張文虎日記》同治 8 年，上海書店 2001 年版，第 167 頁；同治《湖州府志》卷首《職名》，同治 13 年刊本，第 1 頁；丁紹儀輯《國朝詞綜補》卷46，《續修四庫全書》第 1732 冊，第 413 頁。

詠白蓮》。文、賦有評點。

收錄課藝較多者：李煊、邱含章、鈕承棨、蔣錫紳、李宗蓮、朱廷燮、陸樹藩、唐德周、愼毓楨、徐步賢、蔣錫綸、錢選、沈炳泰。

21、《最新兩浙課士錄》

題「光緒二十六年（1900）秋，翻刻必究」，「初編論，二三編續出，浙報館選印」。

王同《弁言》云：

> 策論取士之制，濫觴於唐而繼軌於宋，然漢時臨軒親策，已開唐宋之先，其間如董賈班馬，本坐言爲起行，自是韓柳歐蘇後先嗣響。迨明改制藝，於是文人學士皓首於帖括之中，取士之道，始滋詬病矣。
>
> 方今百度維新，朝廷勸勵實學，詔令遍設學堂以爲培才之本，改試策論以覘多士之能，非兩歧也。天下事更始爲難，不得不藉此以轉移士習，使無用者漸歸有用，是論策即學堂之起點也。無如棄置已久，問津者鮮自唐宋諸集外。雖宿學巨儒，不著專稿，揣摩者苦之。今義安契友得文宗所錄歲試藝出示，予見其謬種盡除，一以天擇物競、優勝劣敗爲宗旨，蓋深歎文宗提倡之力，而吾浙不乏通才也。爰更擇近歲紫陽前列若干首，而諸君復選各院課，裒集成編。編分三集，初論二策三義。適崇、紫已改學堂，而學海、詁經、敷文尚未及三年例刊之期，得此卷窺見一斑，當亦士林所爭先快睹也。爰爲述其緣起如此。
>
> 仁和王同識。

王同，見《紫陽書院課藝五編》。

凡論 72 篇。題如《鑄金鎊爲理財今日第一要義論》、《羅馬亂時甚於五代論》、《德謨額拉阮籍陸雲用意異同說》、《孟子法先王荀卿法後王論》、《外交與內政之關係論》、《姚宋優劣論》、《唐明皇瘠己肥天下論》、《春秋時亞東種族之爭論》、《商務兵事相關說》、《改書院爲學堂議》。末附原評。

作者爲詁經、崇文、紫陽、敷文、東城等書院生徒。收錄課藝較多者：陳錦文、樓振聲、沈維霖、王秉珩、周繼瀠、吳忠懷、張獻之、陳天紀、薛炳。

22、《崇川紫琅書院課藝》

題「嘉慶庚辰年（1820）鎸」，「本院藏板」，「山長吳雲士先生選定」。

吳鳴鏞，字雲士，吳江人。少以孝友稱於里。嘉慶五年（1800）舉人。官安徽六安訓導，在任十年，卒於官。〔註61〕

吳鳴鏞序云：

憶自壬申（1812）歲忝攝紫琅講席，越今六載，每年大小課約二十餘次。每課必有賞心之作，珂玕竹箭，茂矣美矣。先是吾師唐陶山夫子莅是州，聽政之暇，日進文士埏埴之，按季捐廉加課，口講指畫。並選刻《崇川課藝》，獎其已能，勉所未至。雖父兄師長之循循亹亹，無以加茲。

鏞初承夫子命來通，猶昕夕面奉訓言，以爲多士勸。諸同人猥以薪傳有自，謬許識途，譚藝數年，交孚如一。【略】書院生童並課，茲所選，生居其七。童試中典雅流動，足以醫庸鈍而利場屋者，亦並登之。採錄稍寬，竊附善善從長之意。此外尚有遍訪原稿未得者，不能無遺憾焉。【略】

嘉慶二十三年歲在丁丑（1818）仲冬下浣，吳江吳鳴鏞書於墨紗池西偏講舍。

唐仲冕序云：

【略】江南通州，爲人文藪。昔余承乏茲土，愛其風俗淳美，多士舒翹。父兄之教先，子弟之率謹，學校間齗齗如也。公餘之暇，常詣紫琅書院，與諸生講學論文，爲分廉以佐膏火。維時張涵齋侍讀主講多年，共敦實學，即兩齋司訓及紳耆董其事者，敬襄文教，無不共恪。爰相與搜羅課藝，刊定一編，以爲多士觀摩助，時己巳（1809）夏六月也。歲壬申（1812），通家吳雲士孝廉來就講席，每評騭課文，講明書旨，輒請正於余，所見無不吻合。諸生請業者，爭先薰炙以爲快。固知槐市中必能譽髦斯士也。

洎丁丑（1817）冬，余權江蘇臬事。雲士自通來謁，袖所選課藝二集相質。閱其文，理眞法密，出入經史，不拘一格，而要以醇

〔註61〕費善慶《垂虹識小錄》卷 9，《中國地方志集成・江蘇府縣志輯 23》，第 498 頁；同治《六安州志》卷 20《職官志五》，《中國地方志集成・安徽府縣志輯 18》，第 330 頁。

正爲歸。合前刻參觀之，足徵砥礪功深，文風日上。從茲精益求精，以學養並優之詣，成體用兼備之才，則五琅靈淑所鍾，豈僅科名鼎盛而已哉！【略】

　　嘉慶二十有三年歲次戊寅（1818）夏六月既望，善化陶山唐仲冕書於江蘇臬司官舍。

唐仲冕（1753～1827），字六枳，號陶山，湖南善化人。乾隆五十八年（1793）進士。歷官江蘇荊溪知縣、通州知州，福建福寧知府、河庫道、按察使，陝西布政使、巡撫。著有《陶山詩錄》、《文錄》。《晚晴簃詩彙》錄其詩 13 首。《國朝文匯》錄其文 5 篇。〔註62〕

　　皆四書文，凡《論語》79 題 127 篇，《學》《庸》21 題 33 篇，《孟子》23 題 31 篇，《補編》5 題 6 篇。有評點。評點偶有緣情之筆，如張麗炎《未之能行》評語：「思清筆健，最得題情。張生性情純篤，資識過人。續學能文，名聞郡邑。余方以大成期之，而所如輒阻，不得志於時。英年遽別，士林惜之。遺稿甚多，聊登一二，以志瓣香云。」王嶒《季康子問仲由　一章》評語：「落落詞高，飄飄意遠，足徵懷抱不凡。生孤寒力學，早歲能文，決爲遠到之器。乃食餼未果，修文遽召。豈眞有才無命耶？覽遺篇，爲之出涕。」

　　收錄課藝較多者：李炳元、王廣廕、丁維璘、王翊清、張應方、顧鴻、李傑、崔景韶、保大章、胡澐、孫廷椿、孫廷琛、胡福、劉煦、宋調元、楊金蘭、馬寶學、徐會曾、徐宗幹、汪道存、謝載坤、徐錫淳。

23、《婁東書院小課》

題「己丑年（1829）」，「嘉定莊東來子涵選，在院肄業諸子同校」。
莊東來，嘉定人。嘉慶三年（1798）舉人。婁東書院山長。〔註63〕
莊東來序云：

　　【略】凡得賦若干篇，後附雜文及古今體詩，其制不同，要在各當體裁，亦猶論賦之意也。刻既竣，因誌之卷端。時道光九年歲在己丑（1829），練川莊東來書。

〔註62〕英和《誥授通奉大夫護理陝西巡撫陝西布政使司布政使唐公神道碑銘》，《續碑傳集》卷 21，《清代傳記叢刊》第 116 冊，第 185 頁；徐世昌編《晚晴簃詩彙》卷 180，中華書局 1990 年版，第 4615 頁；沈粹芬等輯《國朝文匯》乙集卷 54，北京出版社 1995 年影印國學扶輪社石印本，第 2171 頁。
〔註63〕宣統《太倉州鎮洋縣志》卷 12《學校下》，《中國地方志集成・江蘇府縣志輯18》，第 143 頁。

凡 81 篇，其中：賦 23 題 37 篇，題如《滄江風月樓賦》、《詩雜仙心賦》、《紅梅賦》、《水仙賦》、《雪夜訪戴逵賦》；雜文 14 題 17 篇，題如《南宋張魏公論》、《春水船記》、《煙波釣徒贊》、《張天如先生漢魏百三家跋》；古今體詩 17 題 27 篇，題如《題褚河南〈枯樹賦〉後》、《廣寒宮霓裳舞歌》、《詠螢》、《訪七錄齋遺址》、《雁來紅》、《冬日田園雜興》。有評點。

收錄課藝較多者：楊敬傳、胡朝縉、胡朝綬、周元鑒、周元鉁、蔣枚、徐春祺、吳逢甲、蕭應麒、張培基、陸廷璜。

24、《當湖書院課藝》

題「同治戊辰（1868）開雕，本院藏板」，「嘉定城內東坡橋東首高見山刻印」，「山長張浩養梧選」。

張浩（1811～1870），原名承楷，字瀚甫，號少淵、養梧，嘉定人。道光十九年（1839）鄉試中式第 47 名舉人，例選兵部主事。咸豐末避亂來崇善。工詩文，尤精製藝。邑人延主瀛洲書院。越數年病歸。〔註64〕

汪福安序云：

> 癸亥（1863）冬，余攝篆嘉邑。時流亡未歸，萊蕪未闢，城池淹圮，廨舍瓦礫。屢力騾膺斯任，惴惴惟恐不勝。與紳董諸君朝夕擘畫，相其緩急先後而圖之。再閱歲，乃粗有成。念士者，四民之首，士心集則民心歸，士氣和則民氣洽。因於下車之初，首葺書院，措膏火，延請錢又沂廣文、張養梧駕部先後主講其間，每月兩課。士之失業者既歸，民之散四方者亦漸安集。善後諸政，乃能次第舉行。

> 嘉邑素尊理學，尚經術，為東南望邑。其制義亦有典有則，守先軌而不忤時趨。巍科顯仕，接踵而起。甲子（1864）、丁卯（1867）兩鄉闈列名者，累累如貫珠，亦宰斯土者之光也。今秋奉檄調篆平江，匆匆與嘉人別。念自開課以來，已歷五稔，佳文林立，未經選刻，於衷□然。因請駕部選擇付梓，不沒作者苦心，使後起者有所激發，於教育未始無裨。若夫理學、經術與制義相表裏者，此邦之士童而習之，各有淵源。由制義而進求之，所造就益遠大，固不俟余之喋喋也。

〔註64〕《清代硃卷集成》第 136 冊，第 419 頁；民國《崇明縣志》卷 12《人物志·儒林》，民國 19 年刊本，第 59 頁；梁廷燦等《歷代名人生卒年表　歷代名人生卒年表補》，北京圖書館出版社 2002 年版，第 558 頁。

同治七年歲次戊辰（1868），皖懷汪福安撰並書。

汪福安（1826～？），字耕虞，一作耕餘，安徽懷寧人。監生。同治二年（1863）官嘉定知縣。四年（1865）、十年（1871）官常熟知縣。〔註65〕

又有同治七年（1868）張浩序。

凡制藝160篇，其中：《大學》13題17篇，《論語》59題86篇，《中庸》8題11篇，《孟子》37題46篇。有評點。

收錄課藝較多者：葛家善、楊震福、葉聲駿、王鍾福、秦錫元、陳慶甲、嚴肇祥、楊恒福、陸乃勳、趙莪、嚴啓祥、吳甘泉、張日禮、錢元汾、黃宗起、朱元輔、汪壽椿、程嘉樹。

25、《當湖書院課藝二編》

題「光緒丁亥（1887）冬月開雕，本院藏板」，「嘉定城內東坡橋東首高見山刻印」，「楊恒福月如編次，秦錫元、朱澧同校」。

楊恒福（1830～1906）〔註66〕，字行芬、月如，號玉銘，晚號雲岫退叟，嘉定人。與兄震福並以能文名，與葛起鵬、王文思（1831～1886）齊名，有三才子之目。同治三年（1864）鄉試中式第82名舉人。辦理團練善後，敘功保鹽大使。選授雲南阿陋井大使，兼署定遠知縣。旋引疾歸，主講當湖書院二十餘年。著有《闡幽錄》八卷、《修志備採》一卷、《楊氏清芬錄》一卷，以及《雲岫退廬文稿》、《玉銘詩稿》、《南旋記略》。〔註67〕

秦錫元，字善生，嘉定人。光緒十年（1884）歲貢，候選訓導。工制藝，出筆敏捷，能俄頃成篇。授徒三十年，門下甚盛，遠至浙閩皖粵，多有負笈而來者。性孝友。管理賓興、公車、義學等款，均殫心爲之。他如脫驂、惜字、放生等會，亦竭資贊助。年六十七卒。〔註68〕

朱澧，字東侯，嘉定人。恩貢生。品行端方，學有根柢，尤邃於性理。爲文以清眞雅正爲主，間作小詩寄意。授徒三十年，門下有擢高科者。卒年

〔註65〕顧廷龍、戴逸主編《李鴻章全集》2《奏議二》，安徽教育出版社2008年版，第133頁；光緒《重修常昭合志》卷19《職官》，《中國地方志集成·江蘇府縣志輯22》，第278頁。

〔註66〕生卒年據江慶柏《清代人物生卒年表》，人民文學出版社2005年版，第254頁。

〔註67〕《清代硃卷集成》第144冊，第31頁；民國《嘉定縣續志》卷11《人物志·文學》，民國19年鉛印本，第15、17頁；卷12《藝文志》，第2頁。

〔註68〕民國《嘉定縣續志》卷11《人物志·文學》，民國19年鉛印本，第20頁。

七十四。著有《菊隱居詩存》及《菊譜》。〔註69〕

龍景曾序云：

【略】嘉邑素稱文藪，代有聞人。若黃陶庵先生，節義文章，垂光世宙。靡不家置一編，奉爲圭臬。踵其後者，亦隨時以名世。餘韻流風，由來遠矣。余忝蒞斯土，歷有年所。見夫士習，則彬彬爾雅，不隨風氣爲轉移。弦誦之功，於斯爲盛。宜乎都人士之登庠序，掇巍科，操文衡而習政柄，爲海內望邑焉。邇來課士之暇，其鄉之賢士大夫，集其二十年書院月課之藝，得文二百七十餘篇。慮其久而佚也，急付手民，以續前選。【略】

光緒十有四年戊子（1888）二月中和節，順德龍景曾書於疁城公廨。

龍景曾，字錦帆，廣東順德人。舉人。光緒六年（1880）官常熟知縣，七年（1881）兼任昭文知縣。後官嘉定知縣，十四年（1888）離任。〔註70〕

徐爲倬序云：

【略】同治戊辰（1868），已選刻文百數十篇，大都雅正明通、華實並茂之作。迄今又廿年矣，院長楊月如大令復選以付梓。歷時較久，得文益多，五花八門，蹊徑互闢，誠校場之利器、藝苑之美觀也。【略】

光緒十四年歲次戊子（1888）試燈節，陽羨徐爲倬書於儒學署之敬業齋。

徐爲倬，字芝田，宜興人。咸豐九年（1859）舉人。官嘉定教諭。工制藝，得蘊山堂氣格，論者以爲水流花放，最利舉業。顧累試春闈不第，終於學官。能駢文，尤工楹聯，請者無虛日，無親疏厚薄皆應之，著名一時。晚年治古文，攻詞尤力，綿麗可誦。著有《聽玉吟館詞》、《補拙齋詩文》及楹聯、瑣語等稿。〔註71〕

楊恒福序云：

〔註69〕 民國《嘉定縣續志》卷11《人物志·文學》，民國19年鉛印本，第20頁。

〔註70〕 光緒《重修常昭合志》卷19《職官》，《中國地方志集成·江蘇府縣志輯22》，第278、281頁；民國《嘉定縣續志》卷15《軼事》，民國19年鉛印本，第33頁。

〔註71〕 光緒《宜荊續志》卷9中《文苑》，《中國地方志集成·江蘇府縣志輯40》，第538頁。

同治戊辰（1868），張駕部養梧先生有《當湖書院課藝》之選，余及秦君善生同與校讎之役。今歲善生偕章君伯雲、童君翼臣、金君孟翔以續選來屬，且曰：「歷年課卷之所刊優等者，均實諸篋而度之院中，以備選刻。然積之既久，間或散佚，計所存僅十之六七。」蓋自戊辰迄今，已二十年矣。顧余自維譾陋，無以當銓擇之任，固辭不獲。爰發篋觀之，其中琅琅炳炳，美不勝收。茲錄出二百七十餘篇，付之剞劂。同校者，善生暨余弟朱生東侯也。惟課卷既散佚既多，未免有遺珠之憾。刊既竣，爲敍其緣起如此。

光緒十三年歲次丁亥（1887）冬月，楊恒福玉銘甫識於雲岫退廬。

凡制藝 275 篇，其中：《論語》136 題 188 篇，《學》《庸》10 題 11 篇，《孟子》68 題 85 篇。有評點。

收錄課藝較多者：秦錫元、秦鴻瑞、葉聲駿、秦鼎、陳承祿、金念祖、吳邦恒、趙棫、諸晫沆、楊寶瑄、周保璋、黃宗善、周保珪、楊震福、沈恩膏、莊元俊、吳世瑞、俞錫瑞、金文鸞、趙莪、童以謙、陸乃勳、葉克蕃、張曰禮、黃承善、李金聲、葛以浩、俞大信、錢同升。

26、《當湖書院課藝三編》

題「光緒丙申（1896）開雕，本院藏板」，「嘉定城內東坡橋東首高見山刻印」，「楊恒福月如編次，秦錫元、朱澐同校」。

楊恒福、秦錫元、朱澐，見《當湖書院課藝二編》。

孫毓驥序云：

> 余蒞任之明年，當湖書院山長月如楊年丈，以新選課藝若干篇示余。余受而讀之，矍然起曰：是邦之人文盛矣哉！其爲文也，沈潛於性理，出入於經史，有義法，有才氣，而不背乎清眞雅正之旨。所謂先民矩矱、後學津梁者，其在斯乎，其在斯乎！【略】

> 光緒二十二年丙申（1896）四月，署嘉定縣事孫毓驥書於官廨今我亭。

顧承皋序云：

> 蘇、太歲科試，向在鹿城同一試院。曩聞先輩評騭人文，於嘉邑則謂制藝正宗，如歸太僕、黃忠節兩先生，尤卓然挺出，爲後學津梁。厥後作者代興，所爲文皆不遠乎先生典型。

余於辛卯（1891）仲秋，秉鐸來嘍。見夫士習良厚，不染時趨，平日所講求者，類皆有用之學。歲丙申（1896），院長楊月如先生續選《當湖課藝》，將以付梓。批閱一過，大都清真雅正，宜乎今而不背乎古者，誰謂所見不逮乎所聞哉？是爲序。

光緒二十二年丙申（1896）夏月，茂苑顧承皋書於儒學署南窗。

顧承皋（1857～？），原名德焜，字鶴聲，號蓉舫，長洲人，世駿（1818～？）子。光緒八年（1882）鄉試中式第 58 名舉人。十七年（1891）選嘉定教諭。著有《爾雅檢字》、《讀史駢言》。〔註72〕

楊恒福序云：

庚辰（1880）冬杪，余自滇南乞病旋里，即忝主當湖講席。皋比虛擁，十有六年矣。丁亥（1887）歲選刻課藝，亦旣家置一編。自戊子（1888）迄今，與課前列諸卷所積，又頗可觀，僉議續選。爰擇其尤者，得若干篇。間有一二點竄處，管窺所及，猶靳與同志商之。龍邑侯錦颿敘前選云：「濃淡平奇，淺深散正，一以宜乎今而不背乎古爲準則。」今亦猶是意云爾。同校者，秦君善生暨余弟朱生東侯。

光緒二十二年丙申（1896）夏日，楊恒福識。

凡制藝 114 篇，其中：《論語》32 題 56 篇，《學》《庸》11 題 13 篇，《孟子》37 題 45 篇。有評點。

收錄課藝較多者：許朝貴、秦祖望、廖壽圖、王燾曾、許朝宗、張祖寅、莊元俊、李曰鏡、沈恩膏、徐之錦、唐福昌、沈恩孚、毛詒源、譚學濬、張松齡、程嘉樹。

27、《雲間求忠課藝合刊》

題「咸豐丁巳（1857）冬鐫」，「劍南薛覲唐甫、雲間姚衡堂甫仝鑒定，肄業諸生參校」。

薛煥（1815～1880），字覲堂，四川興文人。道光二十四年（1844）舉人，報捐知縣。歷官金山知縣，松江、蘇州知府，蘇松常鎮太督糧道，蘇松太兵備道，江蘇布政使，江蘇巡撫，兩江總督，禮部、工部侍郎，總理衙門大臣。

〔註72〕《清代硃卷集成》第 170 冊，第 211 頁；民國《吳縣志》卷 70 下《列傳·孝義二》，《中國地方志集成·江蘇府縣志輯 12》，第 268 頁；卷 57《藝文考三》，《中國地方志集成·江蘇府縣志輯 11》，第 953 頁。

光緒初赴雲南辦理馬嘉理案。〔註73〕

姚光發（1799～1894），字汝銓，號衡堂、衢塘，婁縣人。道光五年（1825）拔貢第 1 名，朝考一等第 3 名，覆試二等第 6 名，授教諭。八年（1828）鄉試中式第 111 名舉人。九年（1829）選高郵訓導。二十年（1840）會試中式第 109 名。二十一年（1841）補殿試，殿試三甲第 27 名，選庶吉士。散館授戶部四川司主事。歸主雲間、求忠、景賢書院。〔註74〕

薛煥序云：

【略】咸豐甲寅（1854），煥奉命來守茲土。下車之始，軍書旁午。越明春，滬城釋警，稍撥公暇，輒進書院諸生，與之討論文字之業。竊見道光中士之為制藝者，競以滔滔清辯為尚，沿襲之久，或趨剽滑。持衡者懲其流弊，漸以穠麗矯之。近則承學之士，多有效為「尤王體」者。尤王固沿雲間之派而揚其波者也，不善學之，亦流為偽體。誠由聲律排比之中，薪臻乎沉鬱蒼涼之境，則或源或委，必有能辨之者矣。若夫錢鶴灘、董思白諸公，旨清思遠，所託尤尊，則又在風氣未開之先者。鄉型俱在，諸生知所取法乎？煥白愧荒陋，斯事久廢，而諸生殷殷請益，未易量其所至。爰就近年課藝，擇尤雅者若干首，捐廉授梓。刊既成，遂書所見，以為之敘云。

欽加鹽運使銜、江南蘇松太兵備道、歷任蘇松常鎮太督糧道、蘇州松江等府知府，劍南薛煥撰並書。

皆四書文，凡《大學》10 題 10 篇，《論語》82 題 94 篇，《中庸》12 題 14 篇，《孟子》32 題 35 篇。有夾批、末評。

收錄課藝較多者：沈敦禮、黃安瀾、徐良鈺、黃家麟、宣元音、鄔家驤、范顯欽、宋本立、雷封、湯翼、張邦彥、褚鼎言、蔡瑞徵、周景頤、杜錫熊、張雲望、馮頤昌、楊正修、倪士恩、江淵、沈敦福、熊其光、葉蘭、汪巽東。

28、《榮珠課藝》

未署刊刻年月。張修府序云：

〔註73〕郭嵩燾《誥授光祿大夫薛公墓誌銘》，錢保塘《誥授光祿大夫頭品頂戴工部右侍郎總理各國事務大臣薛公行狀》，《續碑傳集》卷 13，《清代傳記叢刊》第 115 冊，第 636、639 頁。
〔註74〕《清代硃卷集成》第 11 冊，第 167 頁；閔萃祥《皇清誥授通議大夫三品頂戴戶部主事姚公墓誌銘》，《式古訓齋文集》卷下，《清代詩文集彙編》第 771 冊，第 463 頁。

蕊珠者，上海書院名也，向惟土著肄業其中。道光丙午（1846）
闈前，諸同人別爲約課，以廣觀摩，故他郡邑人咸與也。始事者王
君季平，閱卷者桐鄉沈曉滄先生，時官海防司馬兼主講也。先生以
名孝廉筮仕，數分校秋試，鑒別如神。是課先後凡七，於王問萊師、
葛君恪庭有國士之目，予亦忝青睞焉。比閱闈藝，則謂數十人中可
操券者，惟問萊師與予。已而果然，遂偕執贄，一時傳爲佳話。今
二十有三年矣。自庚申（1860）夏，鄉閭遭亂，予家所藏圖籍暨生
平應試文字，都付煨爐，而課藝庋置行篋，先一歲攜之來湘，是區
區者殆亦有數存耶？念先生墓草久宿，問萊師、恪庭、季平復相繼
殂逝，其餘諸君聚散存殁，渺不相聞，追憶前塵，愴然欲涕。因手
加校勘，就當日最爲先生激賞者，錄而刊之，得時文試帖如左。【略】

　　　同治七年（1868）十一月既望，嘉定張修府序於衢州客次。

張修府（1822～1880），字允六，號東墅、企崖，嘉定人。道光二十六年（1846）
鄉試中式第 73 名舉人。二十七年（1847）會試中式第 4 名，覆試二等第 50 名，
殿試三甲第 9 名，朝考二等第 11 名，選庶吉士。散館授檢討，歷官永順、永州
知府，代理長沙府。輯有《湘上詩緣錄》、《新安詩萃》，著有《小琅環園詩錄》、
《詞錄》。《晚晴簃詩彙》錄其詩 10 首、《國朝詞綜補》錄其詞 2 首。〔註75〕

　　　凡制藝 19 題 32 篇，試帖詩 6 題 14 篇。

　　　附刻闈墨 12 篇，其中王家亮鄉試（道光丙午科）4 篇、張修府鄉試（道
光丙午科）4 篇、張修府會試（道光丁未科）4 篇。張修府窗稿 23 篇，其中
制藝 6 篇，爲其道光二十四年（1844）、二十五年（1845）間肄業震川書院所
作；又制藝 2 篇，一作於咸豐七年（1857）四月，其時讀禮家居，仲弟偕同
人會課，因擬作以示之；一爲咸豐七年（1857）客武林時拈示沈生礥卿所作，
偶憶及之，默寫付凌生鏡初；試帖詩 15 篇，乃其佐榷衡郡、攝篆永州時，偶
爲生徒拈示所作。

　　　作者 10 人：葛學禮、張修府、王家亮、賈履上、王慶均、沈廷宷、曹樹
耆、徐世榮、周世昌、汪元森。

〔註75〕《清代硃卷集成》第 139 冊，第 195 頁；第 14 冊，第 329 頁；光緒《嘉定縣
　　　　志》卷 16《宦迹》，光緒 8 年刻本，第 67 頁；民國《嘉定縣續志》卷附，民
　　　　國 19 年鉛印本，第 15 頁；徐世昌編《晚晴簃詩彙》卷 145，中華書局 1990
　　　　年版，第 6338 頁；丁紹儀輯《國朝詞綜補》卷 47，《續修四庫全書》第 1732
　　　　冊，第 424 頁。

29、《上海求志書院課藝（春季）》

題「春季課藝」，未知何年。卷首題：

> 俞陰甫先生評閱經學
>
> □□□先生評閱史學
>
> 高仲瀛先生評閱掌故之學
>
> 劉省庵先生評閱算學
>
> 張經甫先生評閱輿地之學
>
> 俞陰甫先生評閱詞章之學

俞樾（1821～1907）〔註76〕，字陰甫，晚號曲園，德清人。道光十七年（1837）副貢，二十四年（1844）舉人。三十年（1850）進士，選庶吉士，散館授編修。歷官國史館協修、河南學政。罷官後歷主蘇州紫陽、上海求志、德清清溪、歸安龍湖等書院，主杭州詁經精舍凡三十一年。著有《春在堂全書》五百餘卷。〔註77〕

高驤麟（1842～？），字仲瀛，一作仲英，浙江仁和人。同治十二年（1873）舉人。官內閣中書，直隸清河道、布政使。〔註78〕

劉彝程，字省庵，興化人，熙載（1813～1881）子。上海廣方言館算學教習，兼任求志書院算學齋長。著有《簡易庵算稿》四卷。〔註79〕

張煥綸（1846～1905/1843～1902），字經甫，號經堂，上海人。肄業龍門書院。主講求志書院輿地之學。光緒四年（1878）創建正蒙書院（後改梅溪書院）。十七年（1891）赴臺掌管基隆金礦局，二十年（1894）返回上海。後為南洋公學、敬業書院總教習。著有《歷代方略紀要》、《救時芻言》、《暴萌錄》、《警醒歌》、《自有樂地吟草》。〔註80〕

〔註76〕卒於光緒三十二年十二月二十三日，公曆已入 1907 年。

〔註77〕繆荃孫《清誥授奉直大夫誥封資政大夫重宴鹿鳴翰林院編修俞先生行狀》，《藝風堂文續集》卷 2，《續修四庫全書》第 1574 冊，第 180 頁。

〔註78〕民國《上海縣續志》卷 9《學校上》，民國 7 年鉛印本，第 16 頁；民國《杭州府志》卷 113《選舉七》，《中國方志叢書・華中地方》第 119 號，第 2193 頁；朱彭壽《清代人物大事紀年》，北京圖書館出版社 2005 年版，第 1331、1544頁。

〔註79〕吳文俊主編《中國數學史大系》第 8 卷，北京師範大學出版社 2000 年版，第 309 頁。

〔註80〕熊月之《近代進步教育家張煥綸》，唐振常、沈恒春主編《上海史研究》二編，學林出版社 1988 年版，第 274 頁；曹福成、楊五雲《中外近現代教育家》，山西人民出版社 1986 年版，第 14 頁。

　　凡 33 篇，其中：經學 4 題 4 篇，題如《問：漢魏六朝至唐人詩無不溯源三百篇，其命意遣詞間有與三百篇合者，能舉其辭否》、《王巡守殷國解》；史學 6 題 6 篇，題如《陶侃、溫嶠論》、《擬陶淵明〈讀史述九章序〉》；掌故 5 題 5 篇，題如《用銀利弊論》、《水師船政議》；算學 4 題 5 篇；輿地 7 題 9 篇，題如《論今南洋各島國》、《問：秦所置縣可考者有幾》；詞章 3 題 4 篇，題為《室中十客傳贊並序》、《周武取士於負薪賦（以題為韻）》、《擬白香山贈友詩》。有評點。

　　作者 17 人：朱逢甲、湯金鑄、鄭興森、吳曾英、許壽衡、秦誠、馮一梅、王履階、顧麟、王念珣、沈祥鳳、瞿慶賢、沈善蒸、姚文棟、李慶恒、姚有彬、朱昌鼎。

30、《上海求志書院課藝（丙子夏季）》

光緒二年（1876）夏季課藝。卷首題：

> 俞蔭甫先生評閱史學
>
> 鍾子勤先生評閱經學〔註81〕
>
> 高仲瀛先生評閱掌故之學
>
> 劉省庵先生評閱算學
>
> 張經甫先生評閱輿地之學
>
> 俞蔭甫先生評閱詞章之學

俞蔭甫、高仲瀛、劉省庵、張經甫，見《上海求志書院課藝（春季）》。

鍾文烝（1818～1877）〔註82〕，字殿才，號子勤，浙江嘉善人。肄業詁經精舍。道光二十六年（1846）鄉試中式第 38 名舉人。再上春官，以縣令注選。歸，絕意仕進，日事著述。同治初入江蘇忠義局為編纂，後主講敬業書院十二年。卒於書院。著有《春秋穀梁經傳補注》二十四卷、《論語序說詳正》、《鄉黨集說備考》、《河圖洛書說》各一卷、《乙閏錄》四卷、《新定魯論語》二十篇。〔註83〕

〔註81〕此據南京圖書館藏本。上海圖書館藏本作「俞蔭甫先生評閱史學，□□□先生評閱經學」。

〔註82〕生卒年據江慶柏《清代人物生卒年表》，人民文學出版社 2005 年版，第 567 頁。

〔註83〕《清代硃卷集成》第 242 冊，第 77 頁；光緒《重修嘉善縣志》卷 24《文苑》，光緒 20 年刊本，第 61 頁；民國《上海縣續志》卷 9《學校上》，民國 7 年鉛印本，第 16 頁；卷 21《遊寓》，第 2 頁。

凡 44 篇，其中：經學 6 題 13 篇，題如《〈周禮〉非周公之書說》、《喜憙說》；史學 4 題 5 篇，題如《魏崔亮停年格論》、《史家天文五行應否有志說》；掌故之學 7 題 7 篇，題如《西北邊防論》、《剌麻教論》、《問社倉、常平倉、義倉之制，與今日辦理積穀，孰為得失》；算學 2 題 2 篇；輿地 5 題 5 篇，題如《問：北方水利自元虞集後屢興屢廢，果不可行歟？抑行之未得其道歟？》、《問：黃河今由大清河入海，視昔由淮入海孰便？》；詞章 7 題 12 篇，題如《四雲詩（各五律一首）：東雲、西雲、南雲、北雲》、《讀諸子（各五古一首）：老子、莊子、管子、晏子、荀子、墨子、韓非子、楊子》、《淨君涼友合傳》。

作者 19 人：朱逢甲、宗汝成、姚文枏、邵如林、範本禮、徐琪、錢國祥、王履階、沈善蒸、許壽衡、王光熊、章耒 2 篇，李慶恒、趙引修、艾承禧、郁震培、馮一梅、丁桂琪、馮熙成。

31、《上海求志書院課藝（丙子秋季）》

光緒二年（1876）秋季課藝。卷首題：

　　　俞蔭甫先生評閱經學

　　　□□□先生評閱史學

　　　高仲瀛先生評閱掌故之學

　　　劉省庵先生評閱算學

　　　張經甫先生評閱輿地之學

　　　俞蔭甫先生評閱詞章之學

俞蔭甫、高仲瀛、劉省庵、張經甫，見《上海求志書院課藝（春季）》。

凡 58 篇，其中：經學 7 題 7 篇，題如《得臣無家解》、《說涪淄》；史學 5 題 11 篇，題如《〈五代史〉不立韓通傳是第二等文字說》、《〈逸周書·史記解〉皮氏、華氏以下諸國可考者有幾》；掌故 6 題 9 篇，題如《開採煤鐵議》、《八旗兵制考》；算學 5 題 7 篇；輿地 8 題 10 篇，題如《擬新譯美人防海新論序》、《問：春秋晉韓地與古韓國是一是二》、《書陳亮上孝宗皇帝書後》；詞章 7 題 14 篇，題如《克敵弓賦（以「克敵之弓，亦名神臂」為韻）》、《秋闈雜詠》、《十二樓懷古（庾樓、迷樓、樊樓、黃樓、文選樓、綠珠樓、景陽樓、花萼樓、籌邊樓、黃鶴樓、燕子樓、岳陽樓）》。有評點。

集中徐琪《秋闈雜詠（調寄醉太平）》八闋，以詞賦秋闈；胡元鼎《秋闈雜詠》樂府八首，分詠《鷺翹翹（聽點名也）》、《蜂歸房（歸號舍也）》、《相公起（領題紙也）》、《樓頭鼓（夜文戰也）》、《號官來（催啓柵也）》、《雁銜蘆

（傾照簽也）》、《鳥逃籠（出文場也）》、《談藝樂（評場作也）》，皆爲科場原生態之寫照。

作者 21 人：朱逢甲、沈善蒸、鄭興森、王履階、華世芳、徐琪、朱寶青、姚文棟、楊象濟、沈祥龍、汪晉德、曹基鏡、胡元鼎、姚文枏、艾承禧、秦誠、沈咸喜、崔有洲、黃致堯、許壽衡、章耒。

32、《上海求志書院課藝（丙子冬季）》

光緒二年（1876）冬季課藝。卷首題：

  俞陰甫先生評閱史學

  □□□先生評閱經學

  高仲瀛先生評閱掌故之學

  劉省庵先生評閱算學

  張經甫先生評閱輿地之學

  俞陰甫先生評閱詞章之學

俞陰甫、高仲瀛、劉省庵、張經甫，見《上海求志書院課藝（春季）》。

凡 51 篇，其中：經學 7 題 12 篇，題如《〈今文孝經〉十八章爲定本說》、《「光於四海」「光」字解》；史學 7 題 8 篇，題如《山濤論》、《唐凌煙閣功臣有無郭子儀考》；掌故 5 題 6 篇，題如《擬與英人論洋藥加稅書》、《論票鹽、綱鹽利弊》；算學 4 題 6 篇；輿地 5 題 7 篇，題如《吳伐郯論》、《規復淮鹽引地議》；詞章 5 題 12 篇，題如《鼯臘墨賦（以「東坡蓄墨，其文如此」爲韻）》、《杜子美集　杜樊川集　李義山集　王右丞集　元次山集　溫飛卿集　孟東野集　韓昌黎集李長吉集　韓致光集》、《冰箸（詞一首限玲瓏玉調）》。有評點。

作者 27 人：朱逢甲、艾承禧、沈善蒸、鄭興森、趙賢書、于爾大、錢其襄、梁雲、姚文棟、錢潤道、沈祥鳳、王保衡、尹熙棟、陳曾彪、顧麟、姚文枏、華世芳、甘克寬、許壽衡、郁晉培、崔有洲、趙引修、康宜鑒、陳炳、鄭炳、楊象濟、金庭葶。

33、《上海求志書院課藝（丁丑春季）》

光緒三年（1877）春季課藝。《中國歷代書院志》影印本，輿地第 79 頁原缺。卷首題：

  俞陰甫先生評閱經學

  沈子佩先生評閱史學

　　　高仲瀛先生評閱掌故之學

　　　劉省庵先生評閱算學

　　　張經甫先生評閱輿地之學

　　　俞蔭甫先生評閱詞章之學

　　俞蔭甫、高仲瀛、劉省庵、張經甫，見《上海求志書院課藝（春季）》。

　　沈曾植（1850～1922），字子培，一作子佩，號乙盦，晚號寐叟，嘉興人。同治十二年（1873）順天鄉試舉人，光緒六年（1880）進士。歷官刑部主事、員外郎、郎中，外務部員外郎，江西廣信知府、督糧道、鹽法道，安徽提學使、布政使、巡撫。嘗主兩湖書院。辛亥後居滬上，爲遺老。著有《海日樓詩集》、《文集》、《日記》等數十種。〔註84〕

　　凡44篇，其中：經學7題9篇，題如《曾孫來止以其婦子解》、《鼎俎奇而籩豆偶解》；史學5題8篇，題如《程子優管仲而劣魏徵，朱子進梁公而黜荀彧，〈榕村語錄〉辨之，其說何如》、《李德裕論》、《〈漢書〉有〈古今人表〉說》；掌故5題6篇，題如《西域設行省議》、《問：西人崇尚洋教，然教中所言，質之洋人格致新理，不合甚多，能悉舉其矛盾處否》、《井利說》；算學4題4篇；輿地5題7篇，題如《漢與匈奴爭車師論》、《問：〈漢志〉於郡國所治縣敘不在首者有幾》；詞章6題10篇，題如《伏生十歲就李充受〈尚書〉賦（以「四代之事略無遺脫」爲韻）》、《撲蝶會（南樓令）》、《花朝考》。有評點。

　　作者21人：何松、林頤山、朱逢甲、華世芳、沈善蒸、沈祥龍、錢潤道、王保衡、趙寶書、張大昌、蔡福鈞、陳士翹、楊象濟、沈祥鳳、沈咸喜、王履垍、韓柳文、唐步雲、湯日贊、朱昌鼎、王釗。

34、《上海求志書院課藝（戊寅春季）》

　　光緒四年（1878）春季課藝。卷首題：

　　　俞蔭甫先生評閱經學

　　　鍾子勤先生評閱史學

　　　高仲瀛先生評閱掌故之學

　　　劉省庵先生評閱算學

　　　張經甫先生評閱輿地之學

　　　俞蔭甫先生評閱詞章之學

〔註84〕許全勝《沈曾植年譜長編》，中華書局2007年版。

俞蔭甫、高仲瀛、劉省庵、張經甫，見《上海求志書院課藝（春季）》。
鍾子勤，見《上海求志書院課藝（丙子夏季）》。

凡 61 篇，其中：經學 12 題 24 篇，題如《古祭祀之樂不用商聲說》、《說新舊》、《笑字形聲考》；史學 8 題 8 篇，題如《揚子雲生卒考》、《〈戰國策〉錄而不敘說》、《讀晁錯〈論貴粟疏〉》；掌故 3 題 3 篇，題如《內閣軍機分合考》、《論長江水師》；算學 4 題 4 篇；輿地 3 題 3 篇，題如《平西域善後事宜策》、《三江諸說異同表》；詞章 7 題 19 篇，題如《漢賦、唐詩、宋詞、元曲（七律各一首）》、《文房四友合傳》。

作者 24 人：朱逢甲、楊敏曾、于邑、孫瑛、徐誦芬、何宗鎬、馮崧甫、葛嗣溁、許景衡、陳鼎、甘克寬、李達璋、鄭興森、章保元、屈元爔、王光熊、郁運中、丁桂琪、楊象濟、沈祥鳳、沈善蒸、崔有洲、周汝翔、廖嘉綬。

35、《雲間郡邑小課合刻》

又名《雲間小課》，為松江雲間、求忠、景賢書院小課合刻。分上中下三卷。題「光緒戊寅（1878）季夏開雕」。

趙祐宸序云：

> 【略】余初奉命守潤州，舊有寶晉書院，毀於兵。余葺而新之，月集其士而課之，激揚誘接，不敢視為具文。士亦爭自濯磨，以副余望。如是者六年。及移守松江，稔知此邦為人文淵藪，書院有三：曰雲間，曰求忠，曰景賢，視潤為尤盛，心益喜。前守江夏楊君，於月課制藝外增設小課，試以雜文詞賦，歲凡六課。甫舉一課，而楊君去任，余踵行之，月一舉焉。又遴其士之尤異者，召而試之官舍，設醴以為敬，分俸以為獎，使人心各儘其所長，亦月一舉焉。【略】
>
> 光緒四年戊寅歲（1878），署松江府事江蘇鎮江府知府鄞趙祐宸序。

趙祐宸，原名有淳（1817～1886），字仲淳、粹甫、粹夫，號蕊史、鶴生，鄞縣人。道光二十年（1840）優貢第 4 名。二十一年（1841）朝考第 3 名，考取八旗官學教習。二十六年（1846）順天鄉試挑取謄錄。咸豐二年（1852）順天鄉試中式第 101 名舉人，覆試一等第 3 名。六年（1856）會試中式第 61 名，覆試一等第 1 名，殿試二甲第 3 名，朝考一等第 3 名，選庶吉士，散館授編修。歷官武英殿協修，國史官協修、纂修、總纂，起居注協修，翰林院撰文，山東學政，左春坊左贊善，日講起居注官，江寧、鎮江、松江知府，

江南鹽巡道，江安督糧道，直隸大順廣道，大理寺卿。《晚晴簃詩彙》錄其詩
1 首。《清詩紀事》錄其詩 1 首。著有《平安如意室詩文鈔》。〔註 85〕

　　程其珏序云：

　　　　【略】厥後忝主濩澤、上黨諸書院十餘年，諸生之才，美不勝
　　收。而所謂深厚、雄博、清疏者，終戛戛乎其難之。

　　　　丙子歲（1876）散授江蘇鄮城，未受篆而委以古婁事。【略】余
　　愧無才，承乏於茲，恒悚然恐貽固陋之譏。乃承諸君子不我遐棄，
　　每於公餘之暇，課習文藝，珠聯璧合，悅目賞心，始恍然於向之所
　　謂深且厚者若而人，雄且博者若而人，清且疏者若而人。而又得時
　　讀郡尊趙粹甫前輩月課之文，益覺置身於太行之巔，疏忽縹緲，千
　　變萬化，竟莫得而形容也，於此歎觀止矣。日積月累，裒然成帙，
　　因商諸郡尊捐廉合刊。集成，遂爲之序。

　　　　光緒四年戊寅歲（1878）清和月，署江蘇婁縣事嘉定縣知縣豫
　　章程其珏並書。

程其珏（1834～1895），字序東，江西宜黃人。同治三年（1864）舉人，十三
年（1874）進士，選庶吉士。歷官嘉定、婁縣、吳江、元和知縣，太倉直隸
州知州。主修《嘉定縣志》、《婁縣續志》。〔註 86〕

　　上海圖書館藏有抄本，內容與刻本相同，抄寫版式亦遵原刻，惟缺下卷。
又，卷首趙序、程序之前，增夏同善序。夏序云：

　　　　【略】丁丑之歲（1877），余同年趙君粹甫自鎮江移守此邦，政
　　事餘暇，以提唱風雅爲事。擇邦人之能文者，饗以肴醴，厚以獎齎，
　　程以訓詁、聲韻、駢散之文，月以爲常。復爲刪潤選定若干卷，從
　　其朔稱曰《雲間小課》。【略】

　　　　光緒五年己卯（1879）夏四月，江蘇督學使者仁和夏同善。

夏同善（1831～1880），字舜樂，號子松，浙江仁和人。咸豐五年（1855）鄉

〔註 85〕《清代硃卷集成》第 375 冊，第 299 頁；第 19 冊，第 325 頁；《清代官員履
　　　　歷檔案全編》第 4 冊，第 299 頁；《翁同龢日記》，中華書局 2006 年版，第 2043
　　　　頁；民國《鄞縣通志·人物編》，鄞縣通志館臨時抽印本，第 341 頁；徐世昌
　　　　編《晚晴簃詩彙》卷 155，中華書局 1990 年版，第 6763 頁；錢仲聯主編《清
　　　　詩紀事·咸豐朝卷》，江蘇古籍出版社 1989 年版，第 11358 頁。
〔註 86〕光緒《撫州府志》卷 44《選舉·舉人》，《中國方志叢書·華中地方》第 253
　　　　號，第 731 頁；倪所安主編《嘉定縣簡志》卷 32《人物》，方志出版社 2008
　　　　年版，第 291 頁。

試中式第 51 名舉人，覆試一等第 1 名。六年（1856）會試中式第 17 名，覆試二等第 28 名，殿試二甲第 21 名，朝考一等第 20 名，選庶吉士，散館授編修。歷官右庶子，左庶子，侍講學士，詹事府詹事，日講起居注官、總辦，兵部、刑部、吏部侍郎。嘗主杭州、蘇州紫陽書院。諡文敬。〔註 87〕

凡 236 篇。卷上賦 31 題 56 篇，題如《賦賦》、《增廣生員賦》、《六經無騎字賦》；卷中雜體文 42 題 73 篇，題如《六宗解》、《項橐考》、《〈毛詩草木蟲魚疏〉非士衡作辨》、《介之推論》、《海防疏》、《擬班孟堅〈循吏傳序〉》、《書蘇文忠年譜後》、《戒厚葬文》、《吳中介士郭先生傳》、《遊小赤壁記》、《擬連珠》、《侏儒贊》、《楊廉夫鐵笛銘》；卷下試帖、五排、七排、五古、七古、七律、七絕 62 題 107 篇，古今體詩題如《擬蘇文忠〈小圃五詠〉》、《折桂閣懷李忠定》、《白燕庵懷袁景文》、《月餅》、《西施菊　楊妃菊　牡丹菊　桃花菊》、《冬柳》、《蠟梅》。有評點。

收錄課藝較多者：吳履剛、馮頤昌、馮端瀇、馮端燮、凌鵬飛、王賡颺、郭福衡、張礽宇、王廷樑、秦端、馮彥昌、章秉、陳鼎常、沈祥龍、張礽勳、王廷材、劉至清、章士杰、李廷楨、秦震。

36、《雲間四書院新藝彙編》

又名《雲間四書院課藝精華類編》，四書院者，雲間、求忠、景賢、融齋。掃葉山房石印本，婁縣姚肇瀛編。自序云：

> 今夫人才如此其眾也，不聚之無以收栽培之效，此書院之所以立也。然聚而不散，雖足為朋友講習之一助，而不能廣其教育之功，此課藝之所以必分校也矣。既由散而聚，復由聚而散，揆諸天地，循環之理，將又有不能不復聚之勢，此《課藝菁華》之所由編也。

> 茸城書院之設，由來已久。曰雲間，曰求忠，曰景賢，向課八股者也；曰融齋，向課經史性算者也。現遵功令，概以策論課士，而融齋則仍其舊。其中英才卓舉之文固不少，積之久而傑構如林，佳什成列。設無人以取其菁華，去其渣滓，集大成以薈萃之，付梨棗以廣流之，使天下有目之人欣然共賞，不特不足以壯都人士之色，抑亦非設立書院之初意，而負作者之苦心也哉。

> 爰集同人，精心搜括，取純粹以精者彙而編之，類凡八，篇凡

〔註 87〕　《清代硃卷集成》第 19 冊，第 93 頁；夏庚復等《先考子松府君年譜》，《北京圖書館藏珍本年譜叢刊》第 171 冊，第 493 頁。

—66—

五百，歷四月而成。余既集是編，因感夫聚必有散，散必有聚，此
蓋天道之常，亦氣運自然之理。今日者由散而聚之，他日是編出而
問世，將見家置一編，人儲一帙，則又由聚而更成散之之勢，此固
余所拭目以俟之者也。於是乎書。

　　　　光緒壬寅（1902）季冬之月，婁縣姚肇瀛自敘。

姚肇瀛（1849～？），字瀛聲，號松泉、崧泉，婁縣人。同治十二年（1873）
鄉試中式第 179 名舉人，覆試一等第 33 名。光緒十二年（1886）會試中式第
11 名，覆試一等第 36 名，殿試二甲第 35 名，朝考二等，授刑部主政。松江
府中學堂創辦人之一。〔註 88〕

　　凡 8 類：講義、論辨（上中下）、策問（上下）、考證、說、解、雜著、
算學，約 500 篇。有評點。

37、《正誼書院課選》

　　題「道光甲午（1834）秋刊，本院藏板」，「山長涇縣朱蘭坡先生選定，
監院來安歐陽泉編次，在院肄業諸生參校」。

　　朱珔（1769～1850），字蘭坡、玉存，號蘭友，安徽涇縣人。乾隆五十九
（1794）年舉人。嘉慶七年（1802）進士，選庶吉士，散館授編修。歷官武
英殿纂修、國史館協修、實錄館校勘、國史館提調、贊善等。以母病歸，前
後主金陵鍾山、蘇州正誼、紫陽書院二十五年。著有《說文假借義證》二十
八卷、《小萬卷齋詩文集》七十二卷，輯有《國朝古文匯鈔》二百七十二卷、
《國朝詁經文鈔》六十二卷、《文選集釋》二十四卷。〔註 89〕

　　歐陽泉，字省堂，安徽來安人。嘉慶六年（1801）拔貢，十三年（1808）
舉人，二十五年（1820）進士。道光十年（1830）官蘇州府學教授。嘗主泗
州夏邱書院。著有《四書直解》、《點勘記》、《省堂筆記》、《歸雲集》、《習勤
軒古文》。〔註 90〕

〔註 88〕　《清代硃卷集成》第 159 冊，第 113 頁；第 56 冊，第 365 頁；陳科美主編《上
　　　　海近代教育史》，上海教育出版社 2003 年版，第 631 頁。

〔註 89〕　李元度《右春坊右贊善前翰林院侍講朱蘭坡先生傳》，《續碑傳集》卷 18，《清
　　　　代傳記叢刊》第 116 冊，第 10 頁；梅曾亮《朱蘭坡先生墓誌銘》，《柏梘山房
　　　　文集》卷 15，《續修四庫全書》第 1514 冊，第 96 頁。

〔註 90〕　道光《來安縣志》卷 10《選舉志》，道光 10 年刻本，第 6、10 頁；同治《蘇
　　　　州府志》卷 57《職官六》，《中國地方志集成·江蘇府縣志輯 8》，第 564 頁；
　　　　光緒《重修安徽通志》卷 229《人物志·文苑八》，《續修四庫全書》第 654
　　　　冊，第 56 頁。

林則徐序云：

> 吳門正誼書院之建，自嘉慶乙丑（1805）始。是時綴學之士，僅半於紫陽。久之人文蒸蒸，乃每進而愈上焉。道光壬辰（1832）狀元吳君鍾駿、會元馬君學易，皆正誼肄業生，於虖盛矣！

> 自創建至今，歷歲三十，所延爲祭酒者，多名德碩儒，而蘭坡先生主皋比最久。先生內行淳篤，十餘年前以翰林侍講直內廷，眷言晨昏。辭榮歸養，循循然爲禮法之宗，故於士能以身教。又研精樸學，務以經義與諸生切劘，故被先生之教者，咸知治經爲先，而不僅以帖括家言隨時俯仰。然鄉會獲雋者，已倍蓰於昔；且一科而兩魁，天下則信乎？學之染人，甚於丹青，而宗經爲文，誠不啻雨太山而潤千里也。

> 顧前之主講者，已屢有課藝之刻。而先生自丁亥（1827）設教以來，閱八寒暑，作者如林，猶未梓以行世。蓋欲合詁經諸文，裒爲大觀，卷帙既繁，選擇宜審。而遠邇傾風之士，咸願先睹爲快。先生輾然笑曰：「是豈矜枕中之秘，不以金針度人哉！」無已則先以丁亥（1827）、戊子（1828）、己丑（1829）三年課藝，選付剞劂，而巨卷之裒，仍有待焉。

> 覽是集者，雖尤片羽之于吉光，然根柢經義，牆宇峻而吐納深，即騰躍變化，終入環內。是先生所以教士，與多士所學爲文者，其宗旨已具於是，而非有餘蘊也。夫文以行立，先生以經教且以身教，經師人師可謂兼之矣。諸生薰陶涵育，務爲經明行修之儒，則又豈僅以帖括家言，弋取科目，畢乃事邪？諸生勉乎哉！

> 道光十四年甲午（1834）仲夏，撫吳使者閩中林則徐撰。

林則徐（1785～1850），字元撫、少穆、石麟，福建侯官人。嘉慶九年（1804）舉人。十六年（1811）進士，選庶吉士，散館授編修。歷官江南道監察御史、杭嘉湖道、江蘇按察使、江寧布政使、江蘇巡撫、湖廣總督、陝甘總督、雲貴總督。諡文忠。著有《林則徐全集》。〔註91〕

陳鑾序云：

> 宮贊朱蘭坡先生湛深經術，以文行受兩朝知遇。年甫艾，決然解組歸，講學吳會。所至人才振起，有鹿洞、鵝湖之風，非僅澹世

〔註91〕來新夏《林則徐年譜新編》，南開大學出版社1997年版。

榮、樂高尚者比也。丙戌（1826）歲，鑾從宮保陶雲汀制府籌運上洋，時先生方主講鍾山，士風日上。會以吳門正誼書院皋比需賢，因請具羔雁迎之，而先生之轍遂東，蓋八年於茲矣。

吳中爲人才淵藪。【略】先生以經術造就多士，務使虛者實之，駁者醇焉。漸漬至今，確有成效。逢掖之徒，懷文抱質，不獨發策決科。登鼇峰、充星使者，多出先生門下已也。【略】課藝美不勝收，先編丁亥（1827）、戊子（1828）、己丑（1829）爲一帙，後將節次增刊焉。昌黎云：「文章豈不貴，經訓乃菑畬。」又曰：「士不通經，果不足用爾。」多士尚及時奮勉，無負先生之明訓乎哉！是爲序。

道光甲午年（1834）夏六月中浣，吳中承宣使者陳鑾撰。

陳鑾（1786～1839），字玉生，號芝楣，湖北江夏人。嘉慶十三年（1808）鄉試中式第 5 名舉人，二十五年（1820）會試中式第 189 名，殿試一甲第 3 名，授編修。歷官武英殿纂修，江蘇松江、江寧、蘇州知府，蘇松太道，廣東鹽運使，浙江按察使，江西、江蘇布政使，江蘇巡撫，兩江總督。著有《耕心書屋詩文集》。〔註 92〕

凡制藝 118 篇，其中：《大學》4 題 9 篇，《論語》22 題 56 篇，《中庸》10 題 34 篇，《孟子》8 題 19 篇。有評點。

收錄課藝較多者：張肇辰、王芝孫、吳鍾駿、馬學易、江文齡、黃增川、陸元綸、潘霽、陳烱、顧本立、胡清綬、王熙源、陳宗元、章辰、徐紹鏊、嚴良訓、蔣賡塤、王光泰、宋元英、洪鼎、程邦瀚。

38、《正誼書院課選二編》

題「道光乙未（1835）春刊，本院藏板」，「山長涇縣朱蘭坡先生選定，監院來安歐陽泉編次，在院肄業諸生參校」。

朱珔、歐陽泉，見《正誼書院課選》。

卷首監院聲明：

監院正堂歐陽示：本院課選二編，奉院長朱鑒定，經諸生參校付鐫。如有抽減篇數，翻刻射利者，訪聞確實，立即指名移究，懲辦不貸。特示。

〔註 92〕《清代硃卷集成》第 6 冊，第 297 頁；方宗誠《贈太子少保江蘇巡撫署兩江總督陳公神道碑銘（代）》，《續碑傳集》卷 23，《清代傳記叢刊》第 116 冊，第 265 頁。

朱琦序云：

> 余昔交金陵講舍凡四載，都人士頗不鄙夷，曾刻文以行。逮丁亥（1827）移席吳門，今計歷年數惟倍。舊春已將前三載課藝擇付剞劂，有林少穆中丞、陳芝楣方伯爲之序。本毋庸贊辭，而肄業生復請續輯庚寅（1830）至壬辰（1832）爲二編，乃引其端曰：文家體制各別，大抵主以理，運以氣，而尤須宗之以經。【略】

> 道光十有五年（1835）春正月，涇蘭坡朱琦撰。

凡制藝 117 篇，其中：《大學》4 題 11 篇，《論語》24 題 76 篇，《中庸》5 題 9 篇，《孟子》8 題 21 篇。有評點。

收錄課藝較多者：馮桂芬、陳烱、洪鼎、陸元綸、胡清綬、徐紹鑿、吳鍾駿、顧文彬、夏曉初、范來治、王芝孫、朱文漣、金鳳沼、劉廷楨、管秀瀛、江文齡、王熙源、王嘉福、顧樹榮。

39、《正誼書院課選三編》

題「道光丙申（1836）春刊，本院藏板」，「山長涇縣朱蘭坡先生選定，監院來安歐陽泉編次，在院肄業諸生參校」。

朱琦、歐陽泉，見《正誼書院課選》。

卷首監院聲明，同《正誼書院課選二編》。

朱琦序云：

> 虞廷三載一考績，至三考乃黜陟幽明，此察吏之法，惟學亦然。

> 周制：三年舉賢能，而庠序間蔚其大成，必及九年。是九年者，官與士之期限也。今之書院，每歲例甄別，教不限年，雖稍異，然主講者歷久宜覘其效，肄業者歷久宜課其程。余之忝斯席經九年矣，文已再刻，三歲爲一集，頃復始癸巳（1833）迄乙未（1835），擇錄成帙。【略】

> 時道光十有六年歲次丙申（1836）秋七月，涇蘭坡朱琦序。

凡制藝 146 篇，其中：《大學》4 題 11 篇，《論語》28 題 76 篇，《中庸》6 題 15 篇，《孟子》10 題 27 篇，五經文 16 題 17 篇。有評點。

收錄課藝較多者：陸元綸、洪鼎、夏曉初、范來治、顧文彬、金鳳沼、馮桂芬、胡清綬、徐紹鑿、李傳楨、陳烱、姚琳、沈毓和、張肇榮、張璐、潘霨、顧紹琮、王希旦、管秀瀛、徐元善、陳仁齡、王芝孫、王嘉福、徐正鑣、邵馨、汪嘉惠、王熙源、范雲逵、顧達尊。

40、《正誼書院課選四編》

題「道光戊戌（1838）秋刊，本院藏板」，「山長涇朱蘭坡先生選定，監院來安歐陽泉編次，在院肄業諸生參校」。目錄末署「蘇城梟轅西首喜墨齋劉建揚刻印」。

朱珔、歐陽泉，見《正誼書院課選》。

卷首監院聲明，同《正誼書院課選二編》。

朱珔序云：

> 課藝已刻三編，至乙未（1835）而止。丁酉（1837）季夏，余移席紫陽，其中僅越年餘，而佳製尚多，因補錄成帙，得一百首。雖持擇未盡確，要斬諸君益進於閎雅之才，猶初志也。附識簡端，用質諸當世。

> 道光戊戌（1838）孟秋，涇朱珔書。

凡制藝 100 篇，其中：《大學》3 題 12 篇，《論語》12 題 42 篇，《中庸》4 題 18 篇，《孟子》7 題 28 篇。有評點。

收錄課藝較多者：洪鼎、潘霨、陸元綸、李傳楨、邵馨、張璐、王熙源、顧文彬、汪嘉惠、姚琳、范來治、徐紹鏊、馮桂芬、蔣嘉鳳、程世勳、王芝孫、金謙。

41、《正誼書院賦選》

題「丁丑（1877）孟夏上海印書局刊」。

凡 24 題 59 篇，題如《梯雲取月賦》、《海日照三神山賦》、《九月九日作滕王閣序賦》、《士先器識後文藝賦》、《雪獅賦》。間附原評。

收錄課藝較多者：汪芑、陸潤庠、馮芳植、趙鈞、胡元瀞、殷詒穀、陶甄、王槇、徐誦芬、柳商賢、徐有珂、楊引傳、汪鶴延、黃賡唐、潘祖謙、府晉蕃。

42、《紫陽書院課選》

又名《紫陽課選》，題「道光辛丑（1841）新刊」，「書院藏板，蘇城小市橋瑾懷齋局刊」，「院長涇朱蘭坡先生鑒定，在院肄業諸生參校」。

朱蘭坡（朱珔），見《正誼書院課選》。

朱珔序云：

> 古之仕焉而已者，多教於庠塾，大夫為上老，士為庶老。逮宋代則有奉祠之例，示優眷舊臣。今之直省設立書院，蓋沿其儀制也。

獨隸會垣者，凡山長充補，必請諸朝廷，特重其事。蘇城書院二，曰紫陽，曰正誼。紫陽主講須奏明，正誼則否。余領正誼逾十年，丁酉（1837）夏量移茲席。【略】

先是，正誼之文編輯四集，傳播已久。傾遂選刻紫陽制藝，相輔而行。東吳固才藪，肄業者率土著，餘外來僅十之一二，又往往互易其處。然則紫陽之人，猶正誼之人，原不分彼此。即論文尚仍前志，要以經術為主，格雖殊，勿背乎理。若夫貌似壯闊而實冗濫，體似簡削而實窘淺，皆屏棄；至剽竊陳因，假冒姓氏，吾黨羞稱，尤宜戒絕。總求合前哲辭由己出之旨，功力所積，弗憚半途。庶荊山之玉，無屈於下和；而柯亭之竹，終賞於蔡邕矣。【略】

時道光二十有一年（1841）歲在重光赤奮若閏三月下浣，涇蘭坡朱琦序。

凡制藝 137 篇，其中：《大學》4 題 9 篇，《論語》23 題 72 篇，《中庸》4 題 16 篇，《孟子》13 題 40 篇。有評點。

收錄課藝較多者：洪鼎、朱榮實、席振逵、劉心龍、胡家錕、王瑋、鄒鳴鹿、張元培、王芝孫、潘寶泉、汪錫珪、蔣鰲、吳增儒、朱成熙、王熙源、張浩、虞廷皋、王與沂、張世棠、汪嘉惠、王恩綬、潘緯、夏曉初、李文沅、陸毓元。

43、《紫陽書院課藝三編》

甲戌年（1874）課藝。題「本院藏板」，「光緒丙子（1876）六月校刊，翻刻必究」，「山長潘順之先生鑒定，監院包桂生編次」。

潘遵祁（1808～1892），字覺夫，號順之，吳縣人，奕雋（1740～1830）孫，世璜（1765～1829）子。道光十七年（1837）拔貢第 1 名，分發試用教諭，考驗一等，官內閣候補中書。二十三年（1843）順天鄉試中式第 185 名，覆試一等第 8 名。二十五年（1845）成進士，改庶吉士。二十七年（1847）授編修，旋乞假歸，不復出。主講紫陽書院二十餘年，造就甚眾，諸生得鼎甲者三人。著有《西圃文集》五卷、《詩詞集》十五卷、《題畫詩》二卷。《晚晴簃詩彙》錄其詩 5 首。《全清詞鈔》錄其詞 2 首。《中國近代文學大系》錄其文 5 篇。〔註 93〕

〔註 93〕《清代硃卷集成》第 99 冊，第 45 頁，俞樾《西圃潘君家傳》，《春在堂雜文六編》卷 3，《清代詩文集彙編》第 686 冊，第 163 頁；徐世昌編《晚晴簃詩

包桂生，字子丹，丹徒人。副貢生，咸豐五年（1855）官蘇州府學訓導，與修《蘇州府志》。工書善畫，筆法蒼勁，不落時蹊。著有《問經堂印譜》八卷。〔註94〕

凡制藝 70 篇，其中：《大學》1 題 4 篇，《論語》7 題 21 篇，《中庸》2 題 10 篇，《孟子》8 題 35 篇。間標明刊刻時刪改字數，有評點。另有試帖詩 50 首。

收錄課藝較多者：秦綬章、何來壽、黃賡唐、王頌蔚、秦毓麒、袁寶璜、貝毓梅、王庚、貝朝炳、李元楨、貝允章、何寶炘、貝傳書、秦夔揚。

44、《紫陽書院課藝四編》

乙亥年（1875）年課藝。題「本院藏板」，「光緒丁丑（1877）十月校刊，翻刻必究」，「山長潘順之先生鑒定，監院方其洪編次」。

潘順之（潘遵祁），見《紫陽書院課藝三編》。

方其洪（1799～？），字雲壑，山陽人。道光八年（1828）中式第 92 名舉人。咸豐四年（1854）官泰州學正。六年（1856）官蘇州府學教授、常熟縣教諭。同治三年（1864）兼署昭文縣訓導。與修《蘇州府志》。著有《環山居士小稿》。〔註95〕

凡制藝 63 篇，其中：《大學》2 題 7 篇，《論語》10 題 36 篇，《中庸》1 題 5 篇，《孟子》2 題 15 篇。間標明刊刻時刪改字數，有評點。另有試帖詩 34 首。

收錄課藝較多者：吳文桂、潘誦彬、王頌蔚、許玨、王祖畬、秦毓麒、殷李堯、吳楨、顧有樑、葉昌熾、秦夔揚。

彙》卷 146，中華書局 1990 年版，第 6367 頁；葉恭綽編《全清詞鈔》卷 22，中華書局 1982 年版，第 1113 頁；任訪秋主編《中國近代文學大系》第 3 集第 11 卷《散文集二》，上海書店 1992 年版，第 108 頁。

〔註94〕同治《蘇州府志》卷首《修志姓名》，《中國地方志集成・江蘇府縣志輯 7》，第 13 頁；卷 57《職官六》，第 565 頁；光緒《丹徒縣志》卷 46《書目》，《中國地方志集成・江蘇府縣志輯 29》，第 96 頁；民國《續丹徒縣志》卷 13《人物六・書畫》，《中國地方志集成・江蘇府縣志輯 30》，第 662 頁。

〔註95〕陶澍《進呈戊子科鄉試題名錄題本》，《陶澍全集》第 5 冊，嶽麓書社 2010 年版，第 269 頁；同治《續纂揚州府志》卷 6《秩官志》，《中國地方志集成・江蘇府縣志輯 42》，第 722 頁；同治《蘇州府志》卷首《修志姓名》，《中國地方志集成・江蘇府縣志輯 7》，第 13 頁；卷 57《職官六》，第 564、570、571 頁；光緒《淮安府志》卷 38《藝文》，光緒 10 年刊本，第 14 頁。

45、《游文書院課藝》

題「同治甲戌（1874）開雕」，「板存蘇州長春巷西口傳文齋刻字店，每部紙張印工大錢壹佰貳拾文」。

李芝綬序云：

> 吾虞書院之設，自宋及明，代有興替。本朝康熙年間，闢地山麓，於昭明讀書臺側，重建書院一區，爲歷任督糧使者延師課士之所，汪杜林殿撰命以今名。百餘年來，文風丕振。庚申（1860）經兵燹，已鞠爲茂草矣。復城後數年，邑紳士慨講舍之不立，請諸大吏籌撥，典商捐款，庀材鳩工，規復舊觀。

> 辛未（1871）懷寧汪公耕餘蒞吾邑，政成民和，尤留心於文教，酌增肄業膏火，以資激勵。旋以憂去，而書院工程尤未蕆事也。甲戌（1874）季夏以書來諗，且囑綬擇辛（1871）壬（1872）兩年院中課藝之尤雅者，裒輯郵寄，公將捐廉，付之手民，爲學者觀摩之助。所期同院諸君，益自鏃礪，學業日精。行見揚芬摘藻，蔚爲國華，當必有蒸蒸然進而日上者，即以是編爲嚆矢可也。

> 昭文李芝綬。

李芝綬（1813～1893），原名蔚宗，字升蘭、緘庵，昭文人。道光十九年（1839）舉人。一再赴禮部試，同遊多海內名士。居鄉又與邑里瞿氏善，遂精於鑒別古籍。所藏日益富，彙編爲《靜補齋書目》。〔註96〕

季念詒序云：

> 【略】虞麓向有游文書院，延師課士，督糧使者主之，兩邑侯亦按月分課焉。庚申（1860）之役，講舍悉毀於寇。陞復後邑人士次第新之，亭臺堂室，漸復舊規。士之肄業其中者，投弋講藝，彬彬乎有可觀焉。

> 歲辛未（1871），懷寧汪公耕餘方任斯邑，撫字黎元，嘉獎士類，而評文校課，咸服其鑒之明而衡之當也。甫逾年，以憂去官，口碑尸祝，至今不衰。而公之不能忘情於虞，亦猶虞民之不能忘情於公也。甲戌（1874）夏以書囑主講李君升蘭，就辛（1871）壬（1872）兩年院課存稿，擇尤雅者裒輯百篇，郵寄省垣，捐廉付梓。

〔註96〕 光緒《重修常昭合志》卷 32《人物·藏書家》，《中國地方志集成·江蘇府縣志輯 22》，第 563 頁。

　　夫虞邑科名之盛，過於他境。固由山川之清淑，而士皆砥學礪
行，更得良有司獎勸而扶植之，爭自濯磨，蒸蒸日上，宜其儲之素
而發之光也。然則斯邑之人文，賢宰之德政，胥於是編乎見之，敢
不揣固鄙而爲之序！

　　　　暨陽季念詒撰。

季念詒（1813～1886），字鈞謀、君梅、芑伯，晚號頤叟，江陰人，芝昌（1791
～1861）子。道光二十九年（1849）順天鄉試中式第 33 名舉人，覆試一等第
7 名。三十年（1850）會試中式第 168 名，覆試一等第 11 名，殿試二甲第 17
名，朝考二等第 8 名，選庶吉士，散館授編修。丁憂居鄉，參與辦理團練。
優游林下二十餘年，歷主紫琅、求志、禮延書院。嘗修通州及江陰志，又輯
庚申（1860）以來江陰死難者爲《忠義錄》十四卷。〔註 97〕

　　龐鍾璐序云：

　　　　【略】吾師翁文端公主講時，有課藝之刻，至今傳誦。咸豐丁
　　巳（1857），先君子繼主是席，有傑構皆錄存之。鍾璐學術淺薄，猥
　　徇觀察之聘，權攝年餘，不能承父師之教，以副邑人士之望，擬將
　　所錄增訂付梓，適粵逆竄亂，稿本無存。今侯（按，指汪福安）刻
　　是編，足爲多士勸，余滋愧焉。【略】

　　　　賜進士及第前經筵講官刑部尚書加四級龐鍾璐拜撰。

龐鍾璐（1822～1876），字華玉、蘊山，號寶生，常熟人。道光二十四年（1844）
鄉試中式第 52 名舉人。二十七年（1847）會試中式第 2 名，覆試一等第 15
名，殿試一甲第 3 名，授編修。歷官侍講學士、國子監祭酒、光祿寺卿、工
部侍郎、禮部侍郎、直隸學政、刑部尚書。諡文恪。著有《文廟祀典考》、《讀
均軒館賦偶存》。〔註 98〕

　　汪福安序云：

　　　　【略】福安辛未歲（1871）宰虞陽，甫下車即行觀風，按月程
　　課。類皆稟經以制式，酌雅以立言，先正典型，於斯未墜。【略】因
　　擇辛（1871）壬（1872）兩年課藝之尤雅者，彙輯編次，付梓人以

〔註 97〕　《清代硃卷集成》第 17 冊，第 57 頁；民國《江陰縣續志》卷 16《人物·政
　　　　　績》，《中國地方志集成·江蘇府縣志輯 26》，第 199 頁；《翁同龢日記》，中華
　　　　　書局 2006 年版，第 2059 頁。
〔註 98〕　《清代硃卷集成》第 14 冊，第 319 頁；龐鍾璐著、龐鴻文等補《知非錄》，《北
　　　　　京圖書館藏珍本年譜叢刊》第 165 冊，第 207 頁。

公同好，俾學者得所觀摩。行見多士舒翹，文章華國，不有蒸蒸日上之風哉！是爲序。

　　　　同治甲戌（1874）季冬月，皖懷汪福安耕餘甫撰並書。

汪福安，見《當湖書院課藝》。

　　凡二卷，制藝 63 題 80 篇。有評點。

　　收錄課藝較多者：殷李堯、歸綱、邵咸亨、陶炳權、曾之撰、徐元標、俞鍾穎、管辰燧、顧鍾瑞、陶文炳、陶文煒、管蘭蓀、李玉麟。

46、《惜陰書舍課藝》

　　無序跋。葉中縫和卷首署「戊申（1848）」。題「院長馮景亭先生評閱，江寧縣教諭宋開第校刊」。

　　馮桂芬（1809～1874），字景亭，號林一、夢奈，晚號懷叟，吳縣人。道光八年（1828）鄉試中式副榜，十二年（1832）舉人，二十年（1840）榜眼，授編修。歷充順天鄉試同考官、廣西鄉試正考官。二十八年（1848），主講金陵惜陰書院。三十年，與修《兩淮鹽法志》。咸豐三年（1853），在蘇州辦團練。十一年（1861），主講上海敬業書院。同治三年（1864），主講蘇州正誼書院。八年（1869），總纂《蘇州府志》。著有《校邠廬抗議》、《說文解字段注考證》、《顯志堂稿》、《夢奈詩存》。〔註99〕

　　宋開第，待考。

　　凡三卷 138 篇：卷一賦，9 題 32 篇，題如《擬楊炯〈渾天賦〉》、《爲政猶沐賦（以「雖有棄發，必爲之愛」爲韻）》、《百官餞賀知章歸鏡湖賦（以「天子賜詩，百官餞送」爲韻）》；卷二詩，包括樂府、五言古、七言古、五言律、七言律、七言絕、試律，31 題 72 篇，題如《擬謝元暉〈鼓吹曲〉》、《擬曹子建〈贈丁儀〉》、《擬東坡〈自金山放船至焦山〉》、《顏魯公放生池懷古》、《西瓜燈（七排十二韻限青韻）》；卷三騷、七、詔、策、啓、書、序、頌、論、銘，14 題 34 篇，題如《擬淮南王〈招隱士〉》、《七勸（論學）》、《擬梁簡文帝〈與蕭臨川書〉》、《楊嗣昌論》。

　　收錄課藝較多者：金和、壽昌、蔡琳、馬壽齡、姚必成、鄭芝、王庭、姚伯鸞、姚近輸、周葆淳、臧汝舟、朱延齡、鄧爾晉、丁有年、樊光溶、朱聲儼、張筠生、王之翰、李鎮、夏家銑、倪嘉祥。

〔註99〕左宗棠《中允馮君景庭家傳》，《續碑傳集》卷 18，《清代傳記叢刊》第 116 冊，第 36 頁；熊月之《馮桂芬評傳》，南京大學出版社 2003 年版。

47、《惜陰書院課藝》

施作霖題簽。題「光緒辛丑（1901）七月刊印」，「山長褚伯約先生鑒定，肄業諸生校字」。

施作霖，字震卿，江寧人。嘗爲王孝煃（1877～1947）《忠烈考》題七古一首。〔註100〕

褚成博（1854～1911）〔註101〕，字百約（一作伯約）、孝通，餘杭人。光緒五年（1879）鄉試中式第 42 名舉人，覆試一等第 54 名。六年（1880）會試中式第 140 名，覆試二等第 79 名，殿試二甲第 70 名，朝考一等第 28 名，選庶吉士，散館授編修。歷官國史館協修、江西道監察御史、禮科給事中、惠潮嘉兵備道。主修光緒《餘杭縣志稿》，著有《堅正堂折稿》二卷。〔註102〕

褚成博序云：

> 昔陶文毅督兩江，創設惜陰書院，遴鍾山、尊經之高材生肄業其中，課以經史，兼及詞賦。其時鐘山、尊經第課制舉，文公慮士人或溺於帖括，無裨實用，思所以轉移其風氣，而默培其根柢，故有斯舉。偉人碩畫，意至深遠。吳絧齋祭酒、馮林一鳴贊、吳和甫侍郎迭主斯席，均有課藝之刻。遭亂板毀，今所存《惜陰書舍賦鈔》四卷，雖得諸煨燼之餘，猶可見其厓略。當道光中葉，承平日久，弦誦之士，第雍容揄揚，潤色鴻業，已足擬高科，享盛名。故文毅創設始意，雖以講習經史爲主，而主斯席者，率偏重詞賦。經史諸作，具體而已，風氣使然，無足異者。
>
> 亂後書院既復，課程一仍其舊。詞翰之美，趨越一時，東西兩齋之刻，掞藻摛華，稱極盛矣。歲戊戌（1898），不佞來主斯席，適值海寓多故，兩宮宵旰，一以培植人材爲急務。竊維人才之出，必原經史，則所以與諸生講習而切劘者，不得不稍易同光以來之故轍，而上窺文毅創設之初心，每課率以一經一史爲題。其時猶未奉裁撤詩賦之明詔，故仍以一賦爲殿。庚（1900）辛（1901）以後，並賦

〔註100〕王孝煃《鄉飲贍談》，《南京文獻》第 22 號，第 5 頁。

〔註101〕生卒年據江慶柏《清代人物生卒年表》，人民文學出版社 2005 年版，第 807 頁。

〔註102〕《清代硃卷集成》第 269 冊，第 21 頁；第 48 冊，第 319 頁；《清代官員履歷檔案》第 5 冊，第 327 頁；沈昱主編《餘杭歷史文化研究叢書·文化名人》，西泠印社 2010 年版，第 124 頁。

裁之。閱四五年，擇經史課作之尤者，得數十首。院生謀付諸梓，視前此所刻，蹊徑一變。文章開乎氣運，有不可強而同者。然昔人遭其盛，而不佞適際其衰，使昇平歌詠之聲，一變而爲慷慨憂時之作，循覽斯編，能無悵惘？迨不佞辭講席以去，而書院遂亦停止。俯仰今昔，尤令人增無窮之感矣。

壬寅（1902）春仲，餘杭褚成博。

凡說、考、辨、論、考、述、訂誤、書後、敘例等 45 題 68 篇。題如：《堯不去四凶說》、《召公不說周公說》、《大夫士廟無主辨》、《漢文帝好刑名元帝好儒論》、《工械技巧物究其極論》、《明正嘉隆萬四朝邊防得失論》、《唐宋兵餉考》、《洪氏亮吉〈補三國疆域志〉訂誤》、《〈無邪堂答問〉書後》、《擬續編〈中西紀事〉敘例》、《〈朔方備乘〉所列北徼喀倫，與光緒七年〈中俄條約〉所列卡倫之名，罕有合者。能據是以推明俄人所侵地界否》、《嘉慶以來增設府廳州縣述》。有評點。

作者 21 人：丁傳靖、侯巽、侯必昌、郜懷沁、侯日昌、侯福昌、曹鈞、陳詒紱、王霆、王畋、吳鍾驥、崇樸、李丙榮、翁長沂、汪震榮、曹昌祐、張紹齡、繆九疇、俞粹蘊、李鴻才、翁長芬。

48、《尊經書院課藝七刻》

題「山長盧雲谷先生鑒定，及門諸子參校」。

盧崟（1836～？）〔註103〕，字雲谷，江寧人。同治六年（1867）舉人，十年（1871）進士，選庶吉士，散館授編修。山東東平州牧聘修志乘，兼龍山書院主講。事竣，入都供職。光緒五年（1879）官雲南學政。任滿後乞歸，十一年（1885）主講尊經、惜陰書院。著有《石壽山房集》四卷。〔註104〕

有廣告頁，云：「江南城聚寶門三山街大功坊郭家巷內秦狀元巷中李光明莊，自梓童蒙各種讀本，揀選重料紙張裝訂，又分鋪狀元境狀元境口狀元閣發售，實價有單」，「狀元閣爵記印」。

盧崟序云：

【略】金陵戡定後，曾文正師首以作育人材爲務，先後延主尊經講席者，爲烏程周先生縵雲、全椒薛先生慰農。崟嘗從兩先生遊，

〔註103〕生年據江慶柏《清代人物生卒年表》，人民文學出版社 2005 年版，第 103 頁。
〔註104〕陳作霖《盧編修傳》，朱鍾萱《盧太史雲谷先生小傳》，盧金策《先嚴行述》，盧前《述編修公事》，盧崟《石壽山房集》卷首、卷末，《南京文獻》第 1 號。

而受知於慰農先生爲深。癸未（1883）春，崟自滇乞養歸，猶朝夕晤先生於薛廬。間談及經義，如曩昔問業時，先生亦過許崟爲深知此中甘苦。

逾一年，先生捐館舍，曾沅圃爵帥聘崟承其乏。自維駑鈍，不克副知遇，以勉繼先生教育之道，又義不獲辭，惟舉曩日所熟聞於先生之言之旨，與諸君子相切劘。其中少年有志之士，亦勃焉奮興，爲文日新月異而歲不同，較前六刻之文，體制一新。以此見諸君子不屑剿說雷同，惟陳言之務去，而於風氣亦無背焉。則豈惟不失惜抱先生善經義之意，由此進而益上，卓然成一家言，可和其聲以鳴國家之盛矣。今年夏，同人謀以課文付梓，以崟爲粗知經義也，乞弁言於其簡端，用敘其崖略如此。

時光緒十五年（1889）六月初伏日，江寧盧崟序。

凡制藝144篇，其中：《論語》33題64篇，《學》《庸》14題22篇，《孟子》33題58篇。有評點。

收錄課藝較多者：秦際唐、陸維炘、陳光宇、許長齡、陸春官、盧金策、周鉞、顧雲、秦匯生、鄭維翰、陳光第、姚佩珩、程祥起、侯巽、沈厚圻、端木沆、施作霖、周其新、鄭維駒、魏家驊、黃宗澤、陳作儀、張學曾、袁國興、孫綬昌、楊炎昌、祝廷熙、湯繩武、夏仁瑞、吳鳴麒。

49、《續選尊經課藝》

題「光緒己丑（1889）上海珍藝書局校印」，「山長盧雲谷先生選定，及門諸子參校」。盧崟序，同《尊經書院課藝七刻序》。

盧崟，見《尊經書院課藝七刻》。

凡制藝352篇，其中《論語》57題162篇，《學》《庸》17題51篇，《孟子》52題139篇。有評點。

收錄課藝較多者：秦匯生、陸維炘、陸春官、盧金策、許長齡、姚佩珩、陳光宇、秦際唐、金還、周鉞、陳光第、魏家驊、陳伯龍、鄭維翰、夏仁瑞、葉文翰、秦寶瑤、鄭維駒、吳鳴麒、端木沆、馬志舉、徐宗績、顧雲、陳作儀、劉國楨、侯巽、王恩綸、伍元芝、沈厚圻、孫綬昌、朱培元、朱蘭芳、龔乃保、王光鑫、祝廷熙、張承沂、萬宗琦、孫啓泰、馬長儒、楊炎昌、袁國興、湯繩武。

50、《金陵奎光書院課藝》

題「光緒癸巳（1893）中夏望三益坐印行」，「山長秦伯虞先生鑒定，上元葉廷琦少堂甫、邱廷鑾和伯甫編次校刊」。

秦際唐（1837～1908），字伯虞，上元人。咸豐十一年（1861）拔貢第 1 名。同治六年（1867）鄉試中式第 171 名舉人。候選知縣。六上禮闈報罷，遂不出。主講奎光、鳳池書院，任傳習所總教員、初級師範學堂教務長。與陳作霖（1837～1920）、鄧嘉緝（1845～1909）、顧雲（1846～1906）、蔣師轍（1847～1904）、何延慶（1840～1890）、朱紹頤（1832～1882）稱「石城七子」。與修《續纂江寧府志》、《上江兩縣志》。著有《南岡草堂詩選》、《文存》、《時文》、《墨餘集》。《晚晴簃詩彙》錄其詩 4 首。《詞綜補遺》錄其詞 2 首。〔註 105〕

葉廷琦，字少堂，上元人。光緒十九年（1893）舉人。江南中等商業學堂國文教員。民國間嘗爲江寧省文廟灑掃會副理事。〔註 106〕

邱廷鑾，字和伯，上元人。光緒十一年（1885）張謇（1853～1926）至江寧，爲孫雲錦（1821～1892）襄校府試卷，拔廷鑾。〔註 107〕

凡 158 篇，其中：賦 42 題 93 篇，題如《漢高祖爲亭長常從王媼武負貰酒賦》、《陳蕃在郡爲徐孺子特設一榻賦》、《寒蟬賦》、《吏行冰上人在鏡中賦》、《一簾紅雨杏花風賦》、《蟹眼已過魚眼生賦》、《花爲四壁船爲家賦》；試帖詩 21 題 35 篇，題如《疏柳一旗江上酒》、《蓬萊文章建安骨》、《青山不改舊時容》；古體詩 4 題 5 篇，題如《苦旱行》、《訪昭明太子讀書臺遺址》；律詩 9 題 17 篇，題如《讀陶靖節詩》、《讀吳梅村詩》、《訪隨園遺址》、《落葉》、《眼鏡》；絕句 5 題 8 篇，題如《後湖棹歌》、《雨花臺晚眺》、《讀國朝人詩》。有眉批、末評。

〔註 105〕《清代硃卷集成》第 148 冊，第 201 頁；陳作霖《秦伯虞司馬誄》，《可園文存》卷 12，《近代中國史料叢刊》第 29 輯，第 432 頁；魏守餘輯《秦淮人物志》，南京市秦淮區地方史志編委會、圖書館 1999 年印，第 129 頁；徐世昌編《晚晴簃詩彙》卷 163，中華書局 1990 年版，第 7107 頁；林葆恒編《詞綜補遺》卷 22，上海古籍出版社 2005 年版，第 828 頁。

〔註 106〕《江蘇省通志稿·選舉志》，江蘇古籍出版社 1993 年版，第 325 頁；璩鑫圭等編《中國近代教育史資料彙編·實業教育、師範教育》，上海教育出版社 1994 年版，第 167 頁；中國第二歷史檔案館編《中華民國史檔案資料彙編》第 5 輯第 1 編《文化》，江蘇古籍出版社 1994 年版，第 553 頁。

〔註 107〕張謇《嗇翁自訂年譜》，《張謇全集》第 6 卷，江蘇古籍出版社 1994 年版，第 846 頁。

收錄課藝較多者：邱廷鑾、葉廷琦、王樹培、王樹禾、李杏生、夏仁虎、夏慶復、程先科、楊汧、李世宏、承先、王立勳、陳景培、龔肇新、鄭師獬、陳鈞、陳鎔、陳豐年、張承熙、邱廷錫。

51、《崇實書院課藝》

共 17 冊，第 1 冊至第 9 冊，同治二年（1863）至十年（1871），每年一刻；第 10 冊，未署刊刻年份；第 11 冊至第 13 冊，同治十三年（1874）至光緒二年（1876），每年一刻；第 14 冊，光緒四年（1878）刻；第 15 冊，光緒四年（1878）五年（1879）合編；第 16、17 冊，光緒六年（1880）七年（1881）刻。

第 1、2 冊題「督漕使者吳鑒定，山長司成錢評選，監院周嘉楨、花芸培校刊」；第 3 冊題「督漕使者吳鑒定，山長司成錢評選，監院梁承誥校刊」；第 4 冊題「督漕使者吳、張鑒定，山長司成錢評選，監院梁承誥校刊」；第 5 至 8 冊題「督漕使者張鑒定，山長司成錢評選，監院梁承誥校刊」；第 9 冊題「督漕使者張、蘇鑒定，山長司成錢評選，監院梁承誥校刊」；第 10 冊未題（按其中收錄 4 篇龐際雲擬作，則時任山長當為龐）；第 11 冊題「督漕使者文、恩鑒定，山長比部吳評選，監院梁承誥校刊」；第 12 至 15 冊題「督漕使者文鑒定，山長比部吳評選，監院梁承誥校刊」；第 16 冊題「督漕使者黎鑒定，山長比部吳評選，監院梁承誥校刊」，第 17 冊題「督漕使者周鑒定，山長比部吳評選，監院梁承誥校刊」。

督漕使者吳，即吳棠（1813～1875）〔註108〕，字仲宣、仲仙，江蘇盱眙人。光緒十五年（1835）舉人。歷官南河、桃源、清河知縣，邳州知州，江寧布政使，漕運總督，江蘇巡撫，閩浙總督，四川總督。諡勤惠。著有《望三益齋詩文鈔》。〔註109〕

山長司成錢，即錢振倫（1816～1879/1880）〔註110〕，原名福元，字侖仙、楞仙，浙江歸安人。道光十五年（1835）舉人。十八年（1838）進士，選庶

〔註108〕生卒年據江慶柏《清代人物生卒年表》，人民文學出版社 2005 年版，第 305 頁。

〔註109〕吳昆田《四川總督吳公事略》、黃雲鵠《吳勤惠公傳》，《續碑傳集》卷 26，《清代傳記叢刊》第 116 冊，第 434、437 頁；林言椒、苑書義主編《清代人物傳稿》下編第 2 卷，遼寧人民出版社 1985 年版，第 76 頁。

〔註110〕其卒年，《安定書院小課二集》方濬頤序作「己卯（1879）」，《梅花書院課藝三集》晏端書序作「庚辰（1880）」。

吉士，散館授編修。典四川鄉試，遷國子監司業。歷主杭州紫陽、淮安崇實、揚州梅花、安定書院。著有《示樸齋駢體文》、《示樸齋隨筆》、《鮑參軍集注》、《樊南文集補編箋注》等。〔註 111〕有《崇實書院賦》，收於《示樸齋駢體文續存》（未刊稿）。〔註 112〕

周嘉楨，睢寧人。廩生。同治元年（1862）官清河教諭。〔註 113〕

花芸培，邳州人。附貢。同治二年（1863）官清河訓導。〔註 114〕

梁承誥（1805～1887），字少卿，江都人。諸生，授徒三十年，十應布政司試而不售。中年遭亂，轉徙兵間，雷以諴（1795～1884）督師揚州，延入戎幕。論功注選教職，授清河教授。遷徐州府學教授，未之官，居漕督幕府者二十餘年。著有《周易圖解》、《毛許字證》等書，皆經亂散佚，今存《獨慎齋詩鈔》八卷。〔註 115〕

龐際雲（1823～1887），原名震龍，字省三，直隸寧津人。道光二十三年（1843）舉人。咸豐二年（1852）進士，選庶吉士，散館以部屬用，簽分刑部。歷官員外郎、江南鹽巡道、兩淮鹽運使、湖北按察使、湖南布政使、湖南巡撫、雲南布政使。著有《十五芝山房文集》。〔註 116〕

山長比部吳，即吳昆田（1808～1882），原名大田，字雲圃，號稼軒，清河人。道光十四年（1834）順天鄉試舉人。歷官中書舍人、刑部河南司員外郎，晚主奎文、崇實書院。總纂或分纂《淮安府志》、《山陽縣志》、《清河縣

〔註 111〕光緒《歸安縣志》卷 37《文苑》，光緒 8 年刊本，第 27 頁；光緒《江都縣續志》卷 28《寓賢列傳》，《中國地方志集成‧江蘇府縣志輯 67》，第 311 頁；民國《續纂清河縣志》卷 11《人物下》，《中國地方志集成‧江蘇府縣志輯 55》，第 1164 頁；邱巍《吳興錢家：近代學術文化家族的斷裂與傳承》，浙江大學出版社 2009 年版，第 42 頁。

〔註 112〕錢仲聯主編《明清詩文研究資料輯叢》，吉林文史出版社 1990 年版，第 152 頁。

〔註 113〕光緒《清河縣志》卷 14《秩官二》，《中國方志叢書‧華中地方》第 465 號，第 138 頁。

〔註 114〕光緒《清河縣志》卷 14《秩官二》，《中國方志叢書‧華中地方》第 465 號，第 138 頁。

〔註 115〕民國《續纂清河縣志》卷 11《人物下》，《中國地方志集成‧江蘇府縣志輯 55》，第 1166 頁。

〔註 116〕《清代官員履歷檔案全編》第 4 冊，第 337 頁；徐世昌《大清畿輔先哲傳》卷 35，北京古籍出版社 1993 年版，第 1253 頁；譚宗濬《挽龐省三方伯前輩（際雲）》，《荔村草堂詩續鈔‧于滇集》，《續修四庫全書》第 1564 冊，第 306 頁。

志》、《安東縣志》。著有《漱六山房全集》。《國朝文匯》錄其文 1 篇。《晚晴
簃詩彙》錄其詩 3 首。〔註117〕

　　督漕使者張、蘇、文、恩、黎、周，分別爲張之萬（或張兆棟、張樹聲）、
蘇鳳文、文彬、恩錫、黎培敬、周恒祺。〔註118〕

　　吳棠序云：

　　　　崇實書院，江南督河使者課士之地也。乾隆三十二年（1767）
　　創於湛亭李公，嗣後各河督踵行不廢。方河工盛時，清淮人士與夫
　　遠方文學彙筆遊斯土者，均得與課於此。書院舊在玉帶河西偏，林
　　木叢蔚，河流環抱，其時物力豐厚，孤寒肄業者藉資饘粥，弦誦不
　　衰，誠盛事也。

　　　　咸豐十年（1860）春，宿永撚寇竄擾浦垣，書院並毀於火。同
　　治元年（1862），棠奉天子命署理漕運總督，駐箚清江浦。於時居民
　　流離，人文寥寂，心竊憫之。爰偕清河吳稼軒比部籌購河北黃氏廢
　　宅，仍舊額爲崇實，延歸安錢楞仙少司成主講，復偕府廳縣分課，
　　規模粗具。司成勤於啓迪，士之來歸者日多。自同治二年（1863）
　　正月至歲杪，已得佳藝若干篇，刊之以爲倡焉。

　　　　以今况昔，時地之盛衰興廢，與人事之枯苑，較然殊矣。而榛
　　莽繁複，畹蘭自馨，冰雪淒屬，孤芳乃見。諸生於清凉寂寞之中，
　　郁鼓舞振興之志，務崇實學，勵實行，以答盛世作人雅化，則鄙人
　　之所日夜冀幸者也。是爲序。

　　　　同治二年歲次癸亥（1863）冬十二月，督漕使者吳棠撰。

以四書文爲主，凡《論語》215 題 307 篇，《學》《庸》30 題 45 篇，《孟子》119
題 157 篇。另有五經文《易》1 題 2 篇，《書》1 題 1 篇，《詩》2 題 4 篇，《春
秋》3 題 5 篇，《禮記》1 題 2 篇。

　　有評點，皆署名。如吳其程《一言以蔽之曰思無邪》評點二則，分別署

〔註117〕高延第《刑部員外郎吳君稼軒墓誌銘》，黃雲鵠《吳稼軒墓表》，《碑傳集補》
　　　　卷 11，《清代傳記叢刊》第 120 冊，第 702、706 頁；沈粹芬等輯《國朝文匯》
　　　　丁集卷 3，北京出版社 1995 年影印國學扶輪社石印本，第 2878 頁；徐世昌
　　　　編《晚晴簃詩彙》卷 137，中華書局 1990 年版，第 5945 頁。
〔註118〕同治《重修山陽縣志》卷 6《職官二》，《中國地方志集成·江蘇府縣志輯 55》，
　　　　第 91 頁；民國《續纂山陽縣志》卷 5《職官》，《中國方志叢書·華中地方》
　　　　第 415 號，第 28 頁。

「吳仲仙漕帥原評」、「楞仙」。錢丹桂《天下有達尊三爵一齒一》評點二則，分別署「武鏡汀郡伯原評」、「楞仙」。錢振倫擬作《且知方也》評點二則，分別署「年愚弟吳棠拜讀」、「吳昆田拜讀」。

收錄課藝較多者：程人鵠、袁長清、張輸、范冕、潘金芝、胡銘恩、汪鴻達、陶璿培、仲大奎、萬立銳、胡譚典、秦大同、潘蘭璘、高鴻鋆、王士錚、劉衛、朱殿芬、潘蘭實、卓世濟、萬立鐶、陳麟鍾、邱寶善、錢丹桂、朱占鼇、孫焭祥、張瑞賢、何其潘、單淮、楊嘉穀、陳家讓、張鏡熙、郭文湘、趙士駿、邱玉符、程鎔、徐嘉、趙鳴鶴、趙象頤、王道坦。

52、《毘陵課藝》

題「光緒丁丑（1877）暮春鐫，板存文煥齋」。爲常州延陵、龍城書院課藝合刊。

譚鈞培序云：

> 毘陵爲江左文物之邦，人才蔚起，冠絕當時。自咸豐初，迭遭兵燹，所在殘破，流離轉徙，不獲安居。操觚之士，浸以荒廢者有之。收復以來，近十年矣，休養生息，涵育薰陶，駸駸乎有復舊之規焉。

> 癸酉（1873）冬，余奉命來守是邦。下車伊始，校閱文風。其才情橫溢、見地開拓者，頗不乏人。於是知前人之流風餘韻爲未泯也。郡城故有延陵、龍城兩書院，爲下帷肄業之所。每月官師兩課，分校而甲乙之。公退之暇，間與諸生講論文體及制行、立身諸大端，誡之曰：吾人讀聖賢書，豈惟是尋章摘句、雕蟲篆刻，以博取科第云爾哉！士先器識而後文藝。器之宏者，所受者大；識之高者，所見者遠。所受者大，所見者遠，然後足以任艱巨而不疑。一旦得志，舉而措之已耳。否則抱膝長吟，若將終身焉。又況有器識者，其文藝斷無不佳者哉！夫植木於山，蓄鱗於淵，優游而涵濡之，必有梗楠之質、鯤鯨之譬，應侯而出者。則今日之月課，即謂爲諸生發軔之基也可。爰哀集所積，擇其尤雅者，付諸手民。惟期與諸生講求實學，砥礪前修，力追先哲宏規，仰副盛朝雅化之意爾。是爲序。

> 光緒二年歲次丙子（1876）仲秋月，知常州府事黔南譚鈞培撰並書。

譚鈞培（1829～1894），字賓寅，號序初，貴州鎮遠人。咸豐九年（1859）順

天鄉試中式第 37 名，覆試二等第 22 名。同治元年（1862）會試中式第 96 名，覆試二等第 34 名，殿試二甲第 68 名，朝考一等第 4 名，選庶吉士。二年（1863）散館二等第 16 名，授編修，充國史館協修。歷官江西道監察御史，江蘇常州、蘇州知府，徐州道，安徽鳳穎六泗道，山東、湖南按察使，江蘇布政使，漕運總督，江蘇巡撫，巴西換約大臣，湖北、廣東、雲南巡撫。著有《譚中丞文集》。〔註119〕

凡制藝 118 篇，其中：《大學》5 題 11 篇，《論語》60 題 70 篇，《中庸》10 題 12 篇，《孟子》18 題 23 篇；經文 1 題 2 篇。有眉評、末評。如史致誥《君子人與》，眉評有「從下句逆探而入，筆勢飄忽」、「神迴氣合」、「莊重不佻」、「筆力雄偉、包孕宏深」、「激昂慷慨、振筆直書」、「無意不周，無語不卓」云云。末評云：「從一與字著想，題位一絲不溢。」

收錄課藝較多者：錢福蓀、韓廷標、周舫、陳清照、吳會甲、趙企翊、卜文煥、李錫蕃、孫方與、史致誥、龔志良、吳振麟、史策光、周毓麒、高槐、孫紹甲、汪炳章、方吉頤、錢寶樹、朱鑒章。

53、《南菁文鈔三集》

題「光緒辛丑（1901）冬日開雕」。

丁立鈞序云：

> 光緒辛丑（1901）十月選刻南菁課文，此三刻矣。
>
> 自乙未（1895）至戊戌（1898）四年課作，散失無存者。乃遴取己亥（1899）迄今，得文共百六十首，立鈞為之編次，一循前刻義例，而篇數倍之。又所為文多指陳世務，辭氣激宕，視前刻稍不侔。意言者心聲，文章之事關世變之遷流歟？雖然，何其遽也。世運之隆也，其文多高簡，又音節和雅可誦。及既衰，每辭繁數而意危苦，有歷歷不爽者。然南菁之初刻也歲己丑（1889），距今十二年；再刻歲甲午（1894），距今七年，不應先後歧異若此。噫！此不能無怵於世變之既亟矣。
>
> 大凡運會既至，捷如風雨。盛夏之時，鬱蒸兼旬不可耐。忽一夕風雨大至，走雷電，飛沙石，震盪萬物，動心怵目，瞬息之頃，而氣候頓異。夫戊戌（1898）以前，盛夏之鬱蒸也。雖有憂時之士，

〔註119〕《清代硃卷集成》第 23 冊，第 411 頁；俞樾《雲南巡撫譚公神道碑銘》，《續碑傳集》卷 31，《清代傳記叢刊》第 116 冊，第 678 頁。

不得不息機觀變，自率其優游泮渙之素。及是大風雨作矣，人世動心怵目之事，日相逼而至，雖忘情者不能屏聞見以逍遙事物之外，又何疑夫茲文之異？昔乎庚子（1900）教閧，倉卒變生，朝野震驚，不遑寧處。獨黌序之子，絃歌如故，漠然是非理亂之無與焉，此亦事之至不順者也。

抑又論之，人世是非理亂之故，本至難言。草野之夫，抒所聞見，冀一效其欵欵之愚者，大都意有所激，未必盡中事理。然蒙以為削之不若存之，何也？人子於父母之疾，無不願得良藥以療之。然三世之醫不可得，則雖告有良藥，終亦遲回疑慮，而莫敢以輕試。及疾之既亟，則不暇顧矣。故慎藥，孝也。然疾既亟，則皇皇焉博求方藥，以冀夫療之或得一當，又人子之至情，不得苟其騖亂者也，是在主方藥者之善別擇而已。且天下無不藥，即己之疾而疾甚，又無必傚之藥，故草野談洽之言，其繁數而危苦者，與過而削之，不若過而存之，亦曰庶幾得一當耳。鄉校之議，輿人之誦，或亦當世采風君子所勿罪歟？

斯役也，刻三月而畢工。任校勘者，陽湖陳佩實、太倉陸炳章、通州達李、無錫蔡文森、婁縣張葆元、元和孫春雷、常熟蔣元慶、東臺楊冰其，乙未（1895）迄戊戌（1898）散失之文，屬江陰王家枚求之，俟補刊。丹徒丁立鈞。

丁立鈞（1854～1902），字叔衡，號雲樵，丹徒人，紹周（1821～1873）子。同治九年（1870）順天鄉試中式第 110 名舉人，覆試一等第 46 名。光緒六年（1880）會試中式第 28 名，覆試一等第 60 名。殿試二甲第 14 名，朝考一等第 29 名，選庶吉士。散館授編修，官至山東沂州知府。辭歸後任江陰南菁高等文科第一類學堂總教習（繼任者丁立瀛，為立鈞堂兄）。著有《歷代大禮辨誤》。〔註 120〕

陳佩實，字少蘅，室名後後山齋，武進人。〔註 121〕

〔註 120〕《清代硃卷集成》第 46 冊，第 271 頁；第 108 冊，第 217 頁；鄭孝胥《清故沂州府知府丁公之碑》，《碑傳集補》卷 26，《清代傳記叢刊》第 121 冊，第 620 頁；民國《江陰縣續志》卷 6《學校》，《中國地方志集成·江蘇府縣志輯 26》，第 96 頁。

〔註 121〕楊廷福、楊同甫編《清人室名別稱字號索引（增補本）》乙編，上海古籍出版社 2001 年版，第 628 頁。

　　陸炳章（1875～？），字菊裳，太倉州。肄業南菁高等學堂、省城學古堂。二十八年（1902）優貢正取第 2 名。日本法政大學畢業，歷官法部七品小京官、蘇州法政學堂教習、江蘇都督府提法司總務科長。〔註122〕

　　達李（1865～1919），字繼聃，通州人。光緒三十二年（1906）參與籌建通海五屬公立中學（今南通中學），建校後任國文、修身、經學教員。民國二年（1913）主省立第六中學（今鎮江中學）講席。〔註123〕

　　蔡文森（1872～？），字松如、處默，無錫人。光緒二十四年（1898）肄業南菁書院，任副學長。留學日本兩年。歸國後與楊蔭杭（1878～1945）等創辦理化學會。三十二年（1906）任縣立師範校長。三十三年（1907）入上海商務印書館爲編譯員。嘗與陸爾奎（1862～1935）、傅運森（1872～1953）等主編《辭源》（1915 年）。著有《實驗簡易理化器械製造法》（1916 年）。編譯《十六國議院典例》（1908 年）、《食物經濟學》（1924 年）。民國十一年（1922）歸里，參與經營九豐麵粉公司。〔註124〕

　　張葆元（1875～？），字蘊和，婁縣人。京師大學堂畢業。江陰南菁高等學堂齋長，上海《申報》總主筆。〔註125〕

　　蔣元慶，字子蕃，一作志範，自號郵樓主人，常熟人。光緒二十三年（1897）拔貢，官學部七品小京官、圖書科副長，入江蘇提學使署充幕賓。民國間入教育部，任同濟大學國文教授。常熟淪陷後爲地方自治會委員。著有《郵樓燼餘稿》、《後漢侍中尙書涿郡盧君年表》。〔註126〕

　　王家枚（1866～1908）〔註127〕，字寅伯，一作寅孫，號吉臣，江陰人。光緒二十年（1894）鄉試中式第 71 名舉人。援例得主事，分度支部浙江司行

〔註122〕《清代硃卷集成》第 373 冊，第 157 頁；敷文社編《最近官紳履歷彙錄》第 1 集，《近代中國史料叢刊》第 45 輯，第 251 頁。

〔註123〕繆建新主編《南通中學百年發展史》，江蘇教育出版社 2009 年版，第 11 頁。

〔註124〕《蔡文森自述》，蔣士棟等編《錫金遊庠同人自述彙刊》，《中國古代地方人物傳記彙編》第 23 冊，第 133 頁；《清代硃卷集成》第 201 冊，第 281 頁；楊絳《回憶我的父親》，楊蔭杭著、楊絳整理《老圃遺文輯》，長江文藝出版社 1993 年版，第 938 頁。

〔註125〕潘懋元、劉海峰編《中國近代教育史資料彙編·高等教育》，上海教育出版社 1993 年版，第 24 頁；朱叔建《我對辛亥革命過程的回憶》，《松江文史》創刊號，松江政協文史組 1981 年印行，第 28 頁。

〔註126〕《政治官報》第 37 冊，文海出版社影印本，第 130 頁；柯愈春《清人詩文集總目提要》，北京古籍出版社 2002 年版，第 1979 頁；國家圖書館編《漢晉名人年譜》第 2 冊，北京圖書館出版社 2004 年版，第 51 頁。

〔註127〕辛於光緒三十三年十二月十五日，公曆已入 1908 年。

走。著有《國朝漢學師承記續編》一卷、《重思齋詩文集》六卷、《貢息甫先生年譜》一卷、《華墅鎭志》四卷、《梓里咫聞錄》二卷。繆荃孫曰:「荃孫主講南菁,見君《擬唐黃文江秋色賦》,知其醞釀深厚,不爲考試所囿者,遂常與君談,知其事事皆有本原。」〔註128〕

待考者:孫春雷、楊冰其。

凡八卷 78 篇,皆經解、考證、論說之文。題如《毋雷同解》、《〈爾雅〉篇目考》、《萬子即萬章說》、《書〈史記·游俠傳〉後》、《〈漢志〉九流不列兵家說》、《魯兩生論》、《魏晉以中正九品取士論》、《宋太祖納女眞貢馬論》、《論歷代互市得失》。

收錄課藝較多者:達李、陳佩實、趙寬、陳開驥、陳銘荃、尤金鏞、陸炳章、金椉基、梅調鼎。

54、《蘇省三書院課藝菁華》

又名《蘇省三書院策論義課藝菁華》、《課藝彙編》。題「光緒壬寅(1902)仲春蟾香山房鐫本」。

竹虛室主《課藝彙編緣起》:

> 環顧全球,歐美諸大邦,鷹瞵鶚視,有以共和而強者,有以合眾而興者。論其闢國之起點,僉曰能群之故。群則通,否則輆;群則靈,否則錮;群則智,否則頑。《禮》曰:「相觀而善之謂摩。」摩以群也。《詩》曰:「他山之石,可以攻玉。」攻以群也。今中國迫於外侮,孤立無群。舾翰之子,束縛於帖括而不自知。
>
> 去秋迭奉明詔,廢八股,試策論,海內志士之挾群策群力者,咸踊躍鼓舞,聞風興起。而吾吳通材碩彥,亦莫不攝其愛力,震其腦筋,以貫通時務爲命脈。院中月課諸作,已茁然露其萌芽。僕不揣固陋,欲以熱力相摩,彙而錄之,分類付梓,亦謂管中窺豹,僅見一斑,以備諸同志觀摩攻玉之助云爾。
>
> 光緒壬寅(1902)仲春之月,竹虛室主識。

竹虛室主,待考。

凡四卷 60 篇,卷一史論 9 題 16 篇,題如《魏絳和戎論》、《諸葛武侯勸農講武作木牛流馬論》、《苻堅拿破侖第一優劣論》、《國朝黃梨洲、顧亭林、

〔註128〕《清代硃卷集成》第 193 冊,第 291 頁;繆荃孫《王生吉臣家傳》,《藝風堂文續集》卷 2,《續修四庫全書》第 1574 冊,第 186 頁。

王船山三先生論》；卷二時務策 10 題 11 篇，題如《問衛藏東三省策》、《問議院策》、《問會同四譯館總理衙門策》、《問各國學校規制策》；卷三四書經義論 8 題 19 篇，題如《夫國君好仁天下無敵義》、《節以制度不傷財不害民義》、《范文子欲釋楚以爲外懼》；卷四雜文 8 題 12 篇，題如《中西農政異同考》、《日本明治維新考》、《通商惠工說》、《讀〈海國圖志〉〈朔方備乘〉〈瀛環志略〉三書合書於後》；附錄算學 2 題 2 篇。附原評。

作者 36 人：彭世襄、范鑠、惲鳴韶、魯林、費廷璜、陸清瀚、孔昭晉、吳麟、樊如蘭、顧禹謨、郁瑚、謝敬仲、王家賓、查駿、楊賡元、王步瀛、沈衡、張保祐、單聞、王登、朱錦綬、黃賡、王銘、鄒登泰、高人俊、高德馨、吳壽甫、顧浩臣、汪增礽、劉瀚如、夏憲彝、彭宰成、楊賡、蔣元慶、王宗苞、卜一。

55、《選錄金陵惜陰書院、浙江敬修堂論議序解考辨等藝》

抄本，上海圖書館藏。字體前後有所不同，當非一人所抄。間有評點。

凡 26 題 38 篇。題如：《漢董仲舒、唐劉蕡對策合論》、《郭子儀、李光弼論》、《三楊論》、《李德裕、寇準、張居正論》、《歷代宦官論》、《李德裕論》、《裴度論》、《趙普論》、《擬陸宣公奏議序》、《剝復說》、《孟蜀石經考》、《五侯九伯解》、《襄三年楚伐吳至衡山，哀十五年至桐汭，衡山、桐汭在今江南何山何水解》、《鄭康成著述今知若干種考》、《重修方正學祠墓記》、《書〈通鑑〉悉怛謀事後》。

作者之中，惜陰書院 15 人：劉壽曾、唐源、朱桂模、陳作霖、汪鍾澤、姜渭、秦際唐、侯宗海、胡垣、劉貴曾、陳鳳藻、章鴻鈞、劉岳雲、甘元煥，以及未署名 1 人。敬修堂 7 人：顧成俊 2 篇，潘恭壽、鄒志初、關瑩、鍾鳳書、董醇、陸人鏡 1 篇。另有邵世鼎《半部論語治天下論》，爲單獨一葉紙，夾在書內。

56、《敬敷書院課藝》

題「山長馬雨農先生評選」，「板存文墨齋」。

馬恩溥（1819～1874），字雨農，芝楣，雲南太和人。咸豐三年（1853）進士。歷官編修、國史館總纂、安徽學政、內閣學士、江蘇學政。卒於太倉。著有語錄、奏議、詩文集若干卷。〔註129〕

〔註129〕光緒《重修安徽通志》卷 139《職官志・名宦》，《續修四庫全書》第 652 冊，

陳澧序云：

> 皖垣敬敷書院，創自操撫李公。雍正間天子頒帑金助膏火，人文甚盛。咸豐癸丑（1853），遭粵逆之亂，廢且十年。洎辛酉（1861）仲秋，王師克安慶。余自江右奉節相湘鄉曾公檄，來守是邦。其時流亡初復，士之來歸，與避亂者，率皆饔飧不給。節相惻然謂：「兵燹以來，士氣頹沮，宜即於次春復書院課士之法，而厚其廩餼，以鼓舞作興之。」因命余董其事。適翰林學士大理馬公督皖學，加意樂育，以振興文教爲己任，於是皖之人士，復知向學。又次年季夏，學士丁內艱，以大理陷於賊，未得歸。會院長楊樸庵先生病卒，節相因邦人之望，敦請學士主講席，輿論大洽，學業益興。今年秋，余裒集所錄課藝若干卷，呈請鑒定。學士爲精選百二十篇，以付剞劂，而命余序之。【略】
>
> 　　同治三年甲子（1864）孟冬之月，知安慶府事閩縣陳澧敬書。

陳澧（1815～1870），字心泉，福建閩縣人。道光二十七年（1847）進士。歷官南安知府、安慶知府、安廬滁和道、武昌道。卒於武昌。著有《求在我齋詩集》、《文集》、《制藝》。〔註130〕

凡制藝 122 篇，其中：《論語》33 題 65 篇，《學》《庸》4 題 9 篇，《孟子》24 題 48 篇。有評點。

收錄課藝較多者：陳守和、孫孚侃、劉鎮鐈、齊光國、程源洛、丁仁澤、吳國椿、吳楫、徐良箴、徐進、胡蓮、吳元甲、宋咸熙、趙錦章、江映樓、賈慶雲。

57、《紫陽課藝約選》

題「光緒辛卯（1891）夏月」，「板藏書院，續選嗣出」。

李成龍序云：

> 新安爲人文淵藪，乾嘉間稱極盛。予於光緒庚寅（1890）奉檄權守是邦，斯時撫皖省者爲歸安沈公，以整頓紫陽書院見屬。既蒞

第 685 頁；楊光復主編《大理白族自治州志》卷 9，雲南人民出版社 2000 年版，第 241 頁。

〔註130〕光緒《重修安徽通志》卷 139《職官志·名宦》，《續修四庫全書》第 652 冊，第 683 頁；民國《懷寧縣志》卷 14《名宦》，《中國地方志集成·安徽府縣志輯 11》，第 314 頁；李靈年、楊忠主編《清人別集總目》，安徽教育出版社 2000 年版，第 1254 頁。

任，汪仲伊大令宗沂適以是年在山主講席，舊曾共事於津門，於是
剔除弊蠹，增修黌舍。司事楊寶森、江承誥兩茂才來謁余曰：課藝
久未刊，諸生愍所稽考。邇者當事重文，衿佩復業。經今十閱月，
課存漸多，已由院長選定試藝、詩賦若干首，用請弁言以行世。【略】。

　　　光緒辛卯（1891）夏四月，知徽州府事丹徒李成鼇序。

李成鼇（1830～？），江蘇丹徒人。由文童於同治二年（1863）投效淮軍。以
軍功升知府。〔註131〕

　　汪宗沂（1837～1906），字仲伊、詠村，號弢廬，歙縣人。同治三年（1864）
優貢第3名。光緒二年（1876）鄉試中式第30名舉人。六年（1880）會試中
式第40名，殿試三甲第57名，朝考二等第29名。授山西知縣，告病歸里，
專心著述。嘗入兩江總督曾國藩（1811～1872）、直隸總督李鴻章（1823～1901）
幕。主講安慶敬敷、蕪湖中江、歙縣紫陽書院。著有《弢廬詩》、《黃海前遊
集》、《五聲音韻論》、《後緹縈南曲》傳奇等多種。〔註132〕

　　凡95篇，其中：《論語》19題35篇，《學》《庸》3題4篇，《孟子》11
題15篇，經藝3題3篇，賦5題5篇，論2題2篇，試帖21題31篇。有評
點。

　　收錄課藝較多者：鮑鴻、江承誥、何宗遜、汪塤、汪廷柱、江友高、胡
兆熊、王日含、吳永涵、潘宗信、葉宗尹、李嘉會、石文璐、張裕傑、汪善
慶、程能之、范國鏞、吳會昌、方秀書、胡殿元、何承培、程恩潽、程昌懋、
吳爾寬。

〔註131〕《清代官員履歷檔案全編》第3冊，第760頁。
〔註132〕《清代硃卷集成》第163冊，第195頁；第47冊，第1頁；劉師培《汪仲伊
　　　　先生傳》，《碑傳集補》卷41，《清代傳記叢刊》第122冊，第547頁；章梫
　　　　《汪宗沂傳》，《碑傳集三編》卷33，《清代傳記叢刊》第126冊，第105頁。

清代書院課藝總集提要
（東南地區以外）

　　著錄清代書院課藝較多者，徐雁平先生有《清代東南書院課藝提要》，筆者又有《〈清代東南書院課藝提要〉補》，皆以浙江、江蘇、安徽三省書院課藝為內容。茲再普查東南地區以外之書院課藝總集，並撰其提要。先以表格列示梗概，再詳述於後。

地　　區		課藝名稱	刊刻（序跋）時間
廣東	肇慶府	1、《端溪書院課藝》	嘉慶二十一年（1816）刻
	廣州府	2、《學海堂集》	道光五年（1825）刻
		3、《學海堂二集》	道光十八年（1838）刻
		4、《學海堂三集》	咸豐九年（1859）刻
		5、《學海堂四集》	光緒十二年（1886）刻
		6、《粵秀書院課藝》	道光二十八年（1848）序
		7、《羊城課藝》	咸豐元年（1851）刻
		8、《應元書院課藝》	同治十年（1871）刻
		9、《菊坡精舍集》	光緒二十三年（1897）刻
		10、《廣雅書院文稿》	抄本
		11、《豐山書院課藝》	光緒十四年（1888）刻
		12、《鳳山書院課藝》	光緒二十六年（1900）刻
直隸	順天府	13、《金臺課藝》	附於《敬修堂詞賦課鈔》
		14、《金臺書院課士錄》	光緒三年（1877）刻

	保定府	15、《蓮池書院肄業日記》	光緒五年（1879）刻
		16、《蓮池書院課藝》	未署刊刻時間
	天津府	17、《會文書院課藝初刻》	光緒七年（1881）刻
江西	南昌府	18、《豫章書院課藝》	道光二十五年（1845）序
		19、《經訓書院課藝》	附於《豫章書院課藝》
		20、《經訓書院文集》	光緒九年（1883）刻
		21、《續刊經訓書院課藝》	光緒十九年（1893）刻
		22、《經訓書院課藝三集》	光緒二十二年（1896）刻
		23、《馮岐課藝合編》	光緒十七年（1891）刻
	廣信府	24、《鵝湖課士錄》	道光二十六年（1846）刻
陝西	西安府	25、《關中書院賦》	道光二十八年（1848）刻
		26、《關中課士詩賦錄》	光緒十年（1884）刻
		27、《關中書院課藝》	光緒十四年（1888）刻
湖南	長沙府	28、《城南書院課藝》	咸豐四年（1854）刻
		29、《東山書院課集》	光緒十八年（1892）刻
		30、《潙水校經堂課藝》	光緒十九年（1893）刻
	衡州府	31、《研經書院課集》	光緒二十一年（1895）刻
		32、《船山書院課藝》	光緒二十六年（1900）刻
	沅州府	33、《沅水校經堂課集》	光緒二十三年（1897）刻
福建	福州府	34、《鰲峰課藝初編》	咸豐五年（1855）刻
		35、《致用書院文集（光緒丁亥）》	光緒十三年（1887）課藝
		36、《致用書院文集（光緒戊子）》	光緒十四年（1888）課藝
		37、《致用書院文集（光緒己丑）》	光緒十五年（1889）課藝
		38、《致用書院文集（光緒庚寅）》	光緒十六年（1890）課藝
		39、《致用書院文集（光緒辛卯）》	光緒十七年（1891）課藝
		40、《致用書院文集（光緒癸巳）》	光緒十九年（1893）課藝
		41、《致用書院文集（光緒甲午）》	光緒二十年（1894）課藝
		42、《致用書院文集（光緒丙申）》	光緒二十二年（1896）課藝
		43、《致用書院文集（光緒癸卯）》	光緒二十九年（1903）課藝
	泉州府	44、《玉屏課藝》	光緒七年（1881）刻
湖北	漢陽府	45、《晴川書院課藝》	同治七年（1868）刻
	武昌府	46、《高觀書院課藝》	光緒十三年（1887）刻

		47、《經心書院集》	光緒十四年（1888）刻
		48、《經心書院續集》	光緒二十一年（1895）刻
		49、《江漢書院課藝》	光緒十七年（1891）、十八年（1892）課藝
	黃州府	50、《黃州課士錄》	光緒十七年（1891）刻
山東	泰安府	51、《鸞翔書院課藝》	光緒三年（1877）刻
四川	成都府	52、《蜀秀集》	光緒五年（1879）刻
		53、《尊經書院初集》	光緒十一年（1885）刻
		54、《尊經書院二集》	光緒十七年（1891）刻
		55、《尊經書院課藝三集》	未署刊刻時間
雲南	雲南府	56、《經正書院課藝二集》	光緒二十九年癸卯（1903）刻
		57、《經正書院課藝三集》	光緒二十九年癸卯（1903）刻
		58、《經正書院課藝四集》	光緒二十九年癸卯（1903）刻
59、《各省課藝彙海》			光緒八年（1882）刻
60、《五大書院課藝》			光緒二十二年（1896）刻
61、《各省校士史論精華》			光緒二十八年（1902）刻

1、《端溪書院課藝》

《中國歷代書院志》據嘉慶二十一年（1816）《竹崗齋九種》本影印。趙敬襄編選。

趙敬襄（1756～1829），字司萬、瑞星，號隨軒、竹崗，江西奉新人。乾隆三十五年（1770）舉人。嘉慶四年（1799）進士，選庶吉士，改吏部主事。二十一年（1816）至二十五年（1820）掌教端溪書院。著有《竹崗齋九種》。〔註1〕

凡四書文 14 題 14 篇。有評點。

作者 14 人：周永鎬、陸作賓、張攀桂、周大經、謝朱衣、雲茂琦、周偉、姚煌、何九圖、符應垣、宋照、白鳳山、湯盤、慕廷椿。

2、《學海堂集》

《中國歷代書院志》據道光五年（1825）啓秀山房刻本影印。題「啓秀山房訂」，「嘉應吳蘭修編校監刻」，「仙城西湖街簡書齋刊刻」。

吳蘭修，字石華，嘉應人。嘉慶十三年（1808）舉人。官信宜訓導，監

〔註 1〕趙敬襄《竹岡鴻爪錄》，《北京圖書館藏珍本年譜叢刊》第 120 冊，第 189 頁。

課粵秀書院。阮元建學海堂，首選蘭修爲學長。工詩文，尤精考據，兼擅算數之學。善倚聲，得姜張宗法。著有《南漢紀》五卷（收入《續修四庫全書》）、《南漢地理志》一卷、《南漢金石誌》二卷、《端溪硯史》三卷，以及《荔村吟草》、《桐華閣詞》。《晚晴簃詩彙》錄其詩 5 首。《國朝詞綜補》錄其詞 5 首。《全清詞鈔》錄其詞 5 首。〔註2〕

阮元序云：

> 古者卿大夫士皆有師法。周公尚文，範之以禮；尼山論道，順之以孝。是故約禮之始，必重博文；篤行之先，尚資明辨。《詩》《書》垂其彝訓，傳記述其法語，學者誦行，畢生莫罄。譬之食必菽粟，日不可廢；居必棟宇，人所共知，奚更立言以歧古教哉？若夫載籍極博，束閣不觀，非學也；多文殊體，輟筆不習，非學也。次困之士，屢黽勉於科名；語上之儔，詎愚蔽其耳目。率曰乏才，豈其然歟？

> 嶺南學術，首開兩漢。著作始於孝元，治經肇於黃、董。古冊雖失，佚文尚存。經學之興，已在二千載上矣。有唐曲江，誠明忠正，求之後代，孰能逮之？迹其初學，乃多詞賦耳。文辭亦聖教也，曷可忽諸？大清文治，由朔暨南。明都著於因民，離曜增於往代。

> 余本經生，來總百粵。政事之暇，樂觀士業。曩者撫浙，海氛未銷。日督戈船，猶開黌舍。矧茲清晏，何獨闃然？粵秀山峙廣州城北，越王臺故址也。山半石岩，古木陰翳。綠榕紅棉，交柯接葉。闢荼數丈，學海堂啓焉。珠江獅海，雲濤飛泛於其前；三城萬井，煙靄開闔於其下。茂林暑昃，先來天際之涼；高閣夕風，已生海上之月。六藝於此發其秀輝，百寶所集避其神采。洵文苑之麗區，儒林之古境也。昔者何邵公，學無不通，進退忠直，聿有學海之譽，與康成並舉。惟此山堂，吞吐潮汐，近取於海，乃見主名。多士或習經傳，尋疏義於宋、齊；或解文字，考故訓於《倉》《雅》；或析道理，守晦庵之正傳；或討史志，求深寧之家法。或且規矩漢晉，熟精蕭《選》；師法唐宋，各得詩筆。雖性之所近，業有殊工，而力

〔註 2〕光緒《嘉應州志》卷 23《人物》，《中國方志叢書》第 117 號，第 420 頁；徐世昌編《晚晴簃詩彙》卷 120，中華書局 1990 年版，第 5164 頁；丁紹儀輯《國朝詞綜補》卷 25，《續修四庫全書》第 1732 冊，第 227 頁；葉恭綽編《全清詞鈔》卷 17，中華書局 1982 年版，第 820 頁。

有可兼，事亦並擅。若乃志在爲山，虧於不至之譏；情止盈科，未
達進放之本。此受蒙於淺隘而已，烏睹百川之匯南溟哉！

　　道光四年（1824），新堂既成，初集斯勒。四載以來，有筆有文，
凡十五卷。潛修實踐之士，聰穎博雅之資。著書至於仰屋，豈爲窮
愁；論文期於賤璧，是在不朽。及斯堂也，升高者賦其所能，觀瀾
者得其爲術，息焉遊焉，不亦傳之久而行之遠歟！

　　太子少保兵部尚書右都御使兩廣總督揚州阮元序。

阮元（1764～1849），字伯元，號芸臺，一作雲臺，江蘇儀徵人。乾隆五十一
年（1786）舉人。五十四年（1789）進士，選庶吉士，散館授編修。歷官少
詹事，山東、浙江學政，兵、禮、戶部侍郎，浙江、江西巡撫，湖廣、兩廣、
雲貴總督，體仁閣大學士。諡文達。著有《揅經室集》，輯有《廣陵詩事》、《淮
海英靈集》、《兩浙輶軒錄》、《經籍籑詁》。〔註3〕

　　凡16卷：卷一至卷十，經解、論說、考證、書後、序跋、賦等75篇，
題如《〈詩〉之雅解》、《白沙學出濂溪說》、《崑山顧氏〈日知錄〉跋》、《四書
文源流考》、《端溪硯石賦》、《擬三月三日蒲澗修禊序》；卷十一至卷十五，古
今體詩289篇，題如《和方孚若〈南海百詠〉》、《初夏書齋四詠》、《賦得司空
表聖〈詩品〉句》、《梓人詩》、《讀杜工部〈秋興〉詩》、《嶺南荔枝詞》；卷十
六附錄與學海堂有關之詩文12篇，題如《新建粵秀山學海堂記》、《新建粵秀
山學海堂碑》、《新建粵秀山學海堂上梁文》、《新建學海堂詩》。

　　收錄課藝較多者：儀克中、徐榮、李光昭、梁梅、熊景星、吳蘭修、吳
應逵、譚瑩、林伯桐、趙均、鄭灝若、張杓、張維屏、曾釗、黃子高、黎國
光、楊時濟、李有祺、梁國珍、陳同、居溥、崔弼、侯康、劉瀛、邵詠、梁
鑒、謝念功、張其翰、李應中、陶克昌、馬福安、何應翰、樊封。

3、《學海堂二集》

　　《中國歷代書院志》據道光十八年（1838）啓秀山房刻本影印。題「啓
秀山房訂」。

　　吳蘭修題識云：

　　　宮保中堂雲臺夫子於甲申（1824）冬選刻《學海堂初集》。自乙
　　酉（1825）春至丙戌（1826）夏，尚經數課，如《釋儒》、《一切經
　　音義跋》、《何邵公贊》皆是。其用江文通雜體擬古諸作，則丙春閱

〔註3〕張鑒等《阮元年譜》，中華書局1995年版。

兵時舟中點定者，今卷十八各詩是也。迨丙秋移節，始設學長料理
季課。嗣後督撫大吏，如成大司寇、李協揆、盧宮師、祁宮保，暨
翁、徐、李、王、李諸學使，皆親加考校，樂育日深。而堂中後起，
亦多聰穎好學之士，蒸蒸濯磨。各體佳卷，蘭修等錄存，積成卷帙。
適嘉興錢新梧給諫遊粵，爲之彙選，至鄧制府課。堂中士屢詢近選，
於是二集刊成。凡爲學指歸，初集敍中隱栝已盡，大抵勗以有本之
學，進以有用之書。蘭修等謹守師法，不敢懲忘。此集卷帙稍增，
而義例如一，因前功也。剞劂事竣，爰述其緣起，綴於簡端。

　　道光十有六年（1836）十月，學海堂弟子吳蘭修謹識。

吳蘭修，見《學海堂集》。

　　凡 22 卷：卷一至卷十七，經解、論說、考證、書後、碑記、序跋、賦等
98 篇，題如《釋儒》、《宗法考》、《〈四書逸箋〉跋》、《餐菊賦》、《讀蔡邕〈郭
林宗碑文〉書後》、《恭擬平定回疆露布》、《擬洗夫人廟碑》、《周濂溪先生像
刻石記》；卷十八至卷二十二，古今體詩 355 篇，題如《用江文通〈雜體詩三
十首〉法擬唐宋元明二十首》、《嶺南無雪擬岑嘉州〈白雪歌〉》、《秋日擬陳簡
齋〈春日〉》、《續天隨子〈漁具詠〉》、《讀〈後漢書〉樂府四十首》、《詠嶺南
茶》、《嶺南刈稻詞》、《論詩絕句》、《粵秀山文瀾閣落成詩》。

　　收錄課藝較多者：侯康、劉嶽、譚瑩、徐良琛、林伯桐、劉步蟾、衛景
昌、李有祺、張其翮、吳儁、孟鴻光、居鍠、胡調德、何貞、石溥、侯度、陳
澧、楊榮、梁梅、吳宗漢、李鳴韶、石炳、康鳳書、崔弼、曾釗、徐國儀、
周仁、張有年、鄧泰、吳蘭修、韓棣華、李應梅、梁鑒、阮榕齡、吳應麟、
許玉彬、周仲良、石元輝、李有常、童杰。

4、《學海堂三集》

　　《中國歷代書院志》據咸豐九年（1859）啟秀山房刻本影印。題「啟秀
山房訂」。

　　張維屏題識云：

　　　　自道光乙未年（1835）《學海堂二集》刻成後，制府、中丞、學
　　使課士如舊。閱己酉年（1849），積卷既多，葉相國命選刻三集。維
　　屏等選爲一帙，釐爲二十四卷，呈請鑒定，以付梓人。會有兵事，
　　今乃告竣，續於《初集》、《二集》之後而印行之。

　　　　咸豐己未年（1859）春三月，番禺張維屏謹識。

張維屏（1780～1859），字子樹，號南山、松心子，番禺人。嘉慶九年（1804）
舉人，道光二年（1822）進士。歷官湖北黃梅、廣濟知縣，南康知府。著有
《松心草堂集》，輯有《國朝詩人徵略》等，後人輯爲《張南山全集》。《晚晴
簃詩彙》錄其詩8首。〔註4〕

　　凡24卷：卷一至卷十八，經解、論說、考證、書後、碑銘、序贊、賦等
139篇，題如《釋士》、《黑水入南海解》、《深衣考》、《文王稱王辨》、《八蠟說》、
《黃侃〈論語義疏〉跋》、《賦賦》、《擬孔融〈薦禰衡表〉》、《明太祖功臣頌》、
《兩漢循吏贊》、《鎮海樓銘》；卷十九至卷二十四，古今體詩438篇，題如《讀
〈漢書〉擬〈西涯樂府〉二十首》、《擬韓昌黎〈秋懷詩歌〉十首》、《農具詩
十二首》、《和陳獨漉懷古十首》、《和四禽詩》、《分和趙雲松〈分校雜詠〉十
二首》、《採桑詞三十二首》、《論詞絕句》。

　　收錄課藝較多者：譚瑩、顏薰、許其光、黎如瑋、黎錫光、潘繼李、劉
嶽、梁鑒、楊榮緒、陳澧、熊次夔、黃以宏、許玉彬、李徵霨、沈世良、丁
照、黃璿、史端、張維屏、招成材、梁梅、夏必顯、李建勳、陳滉、侯度、
虞必芳、張遵、劉康年、漆毅遠、金錫齡、鄒伯奇、尹兆蓉、桂文燦、李應
田、李光昭、陳範、吳文起、蘇鏡、李陽、林璋器、劉若鷗、劉錫章、阮榕
齡、梁琨、吳文任、李應棠、陳惟新、黃沐、劉昌齡、何迺賡、吳俌、劉繹、
張因榮、李長榮、潘其茨、張器、李星輝。

5、《學海堂四集》

　　《中國歷代書院志》據光緒十二年（1886）啓秀山房刻本影印。題「啓
秀山房訂」，「羊城內西湖街富文齋承刊印」。

　　金錫齡題識云：

　　　　《學海堂三集》，咸豐己未年（1859）刊成。嗣後督撫、學使每
　　　年季課，考校如舊。歲月既久，卷帙遂多。陳蘭甫先生選爲四集，
　　　未成而歿。錫齡等編成之，分爲二十八卷付梓。迄今告竣，爰述其
　　　緣起於篇端。

　　　　　光緒丙戌年（1886）春三月，金錫齡謹識。

金錫齡（1811～1892），子伯年，號芑堂，番禺人。道光十五年（1835）舉人。
學海堂學長，禺山書院掌教。著有《周易雅訓》、《毛詩釋例》、《禮記陳氏集

〔註4〕金青茅《張南山先生年譜撮略》，《北京圖書館藏珍本年譜叢刊》第136冊，
　　　第565頁；徐世昌編《晚晴簃詩彙》卷130，中華書局1990年版，第5622頁。

說刊正》、《左傳補疏》、《穀梁釋義》、《理學庸言》、《劬書室遺集》。〔註 5〕

凡 28 卷：卷一至卷二十二，經解、論說、考證、書後、碑銘、序贊、賦等 208 篇，題如《〈周易〉古訓考》、《盤庚說》、《維申及甫解》、《求地中辨》、《〈論衡〉跋》、《陸遜陸抗論》、《南宋中興四將論》、《粵秀山新泉賦》、《擬南越進馴象表》、《粵秀山新建菊坡精舍碑文》、《重修學海堂記》、《閏七夕乞巧文》；卷二十三至卷二十八，古今體詩 328 篇，題如《讀〈張玉笥集〉樂府擬作》、《和陶淵明〈飲酒〉詩》、《讀孟襄陽詩和作六首》、《嶺南懷古》、《松風亭梅花盛開拜東坡先生生日》、《分和宋方孚若〈南海百詠〉》、《論國朝人古文絕句》、《廣州燈夕詞》。

收錄課藝較多者：譚宗浚、劉嶽、譚瑩、梁起、梁金韶、桂文熾、陳璞、呂洪、陳良玉、李徵霨、林國賡、廖廷相、梁于渭、梁玉森、汪瑔、黎維樅、蕭彊常、趙齊嬰、廖廷福、潘珍堂、沈世良、高學燿、朱啓運、顏薰、潘繼李、王國瑞、陳禮庸、鄭權、潘恕、劉昌齡、黎永椿、高學瀛、沈桐、陳瀚、林國贊、何如銓、陳起榮、吳灋、吳志澐、何藜青、鄧維森、桂文燦、金祐基、梁辰熙、李保孺、于式枚、湯金銘、招仲敭、汪兆銓、伍學藻、顏師孔、胡仁。

6、《粵秀書院課藝》

題「粵秀書院課藝（癸卯）」，「南海何文綺樸園評輯，男如駪懷周、侄如駿敬熙、侄孫作翰小梁仝校」。癸卯，道光二十三年（1843）。卷首「戊申（1848）孟冬之晦」梁廷枏序。

何文綺（1780～1855），號樸園，南海人。嘉慶十五年（1810）舉人，二十五年（1820）進士，授兵部職方司主事。告假歸，在省垣教授，從之者日眾。道光二十四年（1844）主講粵秀書院，在院八年。著有《周易補注》、《四書講義》、《一經堂家訓》。〔註 6〕

梁廷枏（1796～1861），字章冉，號藤花亭主人，順德人。道光十四年（1834）副貢。官澄海教諭，充越華、越秀書院監院，學海堂學長，廣東海防書局總纂，粵海關志局總纂。道光二十九年（1849）襄辦夷務，奏獎內閣中書。歷

〔註 5〕金錫齡《八十自述》，《劬書室遺集》卷 16，光緒 21 年刊本，第 19 頁；民國《番禺縣續志》卷 20《人物志三》，廣東人民出版社 2000 年版，第 380 頁。

〔註 6〕簡朝亮《鄉賢何樸園先生傳》，《讀書堂集》卷 6，民國 19 年粵東刻本，第 11 頁。

修《廣東海防彙覽》、《粵海關志》、《順德縣志》，著有《南漢書》十八卷、《南漢考異》十八卷、《南漢文字》四卷、《南漢叢錄》二卷、《南越五主傳》二卷、《南越叢錄》二卷、《耶穌難入中土說》一卷、《蘭崙偶說》四卷、《合省國說》三卷、《粵東貢國說》六卷、《論語古解》十卷、《東坡事彙》二十二卷、《金石稱例》四卷、《續金石稱例》一卷、《書餘》一卷、《藤花亭書畫跋》五卷、《惠濟倉建置略》一卷、《經辦祀典》一卷、《藤花亭散體文》十卷、《藤花亭駢體文》四卷、《藤花亭詩集》四卷、《藤花亭曲譜》五卷、《江南春詞補傳》一卷。《國朝詞綜補》錄其詞 1 首。〔註 7〕

凡四書文 35 題 84 篇，附錄試帖詩 20 題 48 首。皆有評點。

收錄四書文較多者：黃子璣、梁子英、黃璿英、唐承恩、金銘吉、梁子鵬、岑灼文、杜洪元、陳爟可、馮太清、羅家勤。

附錄試帖詩較多者：江仲瑜、黃璿英、黃子璣、羅家勤、馮太清、潘健材、郭瑀榮、梁晉瑛、司徒琳、岑灼文、金銘吉。

7、《羊城課藝》

題「咸豐元年（1851）夏開雕，芸香堂藏板」。陳其錕序云：

> 【略】嘉慶二十五年（1820），郡守程公月川以書院狹隘，欲增廓而圍於市廛，乃合羊石、穗城為一，設膏火，立科條，延師課督，冀垂永久。每屆大比，哥鹿鳴而來者，郡得十六七，文學之盛，彬彬焉與越華、粵秀同風。【略】乃裒歷歲所積，課藝盈千，刪繁汰冗，得百十首付梓，以詔來茲。嗟乎！予弗克偕諸生，砥行立名，馳騖於仁義之域，惟是斤斤焉尋章摘句，較量文藝之末，予能無厚愧也夫！

> 　　咸豐元年（1851）夏六月，番禺陳其錕序。

陳其錕（1792～1861），字吾山，號棠溪，番禺人。嘉慶二十三年（1818）舉人，道光六年（1826）進士。歷官貴州知縣、禮部主事、則例館協修官。十四年（1834）丁艱回籍，十七年（1837）主羊城講席，凡二十餘年。工翰墨，善書，詩文具有家法。著有《陳禮部文集》一卷，詩稿《含香集》四卷、《循陔集》八卷、《載酒集》四卷，詞《月波樓琴言》三卷。《國朝詞綜補》錄其

〔註 7〕《清史列傳》卷 73《文苑傳四》，《清代傳記叢刊》第 105 冊，第 85 頁；民國《順德縣志》卷 18《列傳三》，《中國方志叢書》第 4 號，第 226 頁；丁紹儀輯《國朝詞綜補》卷 39，《續修四庫全書》第 1732 冊，第 354 頁。

詞 4 首。〔註 8〕

凡四卷，制藝 102 題 102 篇。有末評、眉評。

收錄課藝較多者：關鸞飛、黎熾遠、吳象流、趙烜、周夢菱、黎文堯、陳梅修、羅家勤、梁國瓛、唐承恩、陸朝瑞、潘健材、霍景洵、蔡維璿、沈國貞、何廼賡、許瑤光、胡文泰、關正亨、胡保泰、潘平揚。

8、《應元書院課藝》

題「同治辛未（1871）正月刊成」。馮譽驥序云：

> 同治八年（1869）秋，今福建巡撫寶應王公爲廣東布政使，請於大府，即廣州城北應元道觀之前楹，改葺應元書院。集各郡邑鄉舉之士肄業其中，月課時藝詩賦。明年，余歸里，忝主講席。又明年，始彙課藝選刻之，而爲之敍。【略】
>
> 同治十年（1871）正月，高要馮譽驥序。

馮譽驥（1822～？），字仲良，號展雲，高要人。道光二十年（1840）舉人，二十四年（1844）進士。歷官翰林院編修、吏部侍郎、陝西巡撫。被議致仕，僑居揚州卒。工書善畫。著有《綠伽楠館詩存》。《晚晴簃詩彙》錄其詩 12 首。〔註 9〕

王凱泰序云：

> 己巳（1869）庚午（1870）間，余承宣粵東，請於大府，創建孝廉書院。喜得「應元」嘉名，卜爲科第吉兆，其說已詳《敍志略》中。又以粵中第一人及第，向皆未科：番禺莊滋圃前輩，則乾隆己未（1739）也；吳川林芾南前輩，則道光癸未（1823）也。茲值辛未（1871）會試之期，意者大魁又在粵東歟？余五世伯祖，亦以康熙癸未（1703）南宮第一人魁多士，世稱樓村先生，有《十三本梅花書屋圖》，題詠遍海內。因於院之東偏，築屋三楹，植梅十三株，題額如之，並撰楹聯，用沂公和羹語。蓋以梅花爲吾家故事，正爲諸孝廉殷殷期許也。

〔註 8〕光緒《廣州府志》卷 131《列傳二十》，《中國方志叢書》第 1 號，第 330 頁；民國《番禺縣續志》卷 19《人物志二》，廣東人民出版社 2000 年版，第 359 頁；丁紹儀輯《國朝詞綜補》卷 34，《續修四庫全書》第 1732 冊，第 305 頁。

〔註 9〕汪兆鏞編纂、汪宗衍增補《嶺南畫徵略》卷 9，廣東人民出版社 2011 年版，第 159 頁；謝文勇編《廣東畫人錄》，嶺南美術出版社 1985 年版，第 22 頁；徐世昌編《晚晴簃詩彙》卷 145，中華書局 1990 年版，第 6324 頁。

　　比在榕垣，聞院中肄業者共捷九人。及閱金榜題名，順德梁殿
撰燿樞暨脣館選者五人，皆在九人中，深爲之忻慰。適監院王次崖
廣文，寓書於閩云：「梁殿撰號斗南。」余所題仰山軒聯有「海內斯
文尊北斗，天公有意屬南州」之句，又奎文閣聯云：「三臺奎耀臨南
越，八座文星拱北辰」，名字均於聯中預兆，都人士傳爲美談。

　　今選刊課藝，屬余序其簡端。余謂書院之設，薰陶涵育，惟山
長是賴。應元落成時，馮展雲前輩假歸在籍，大府延請主講。前輩
於書無所不讀，於學無所不精，而又循循善誘，孜孜不倦，俾學者
有門徑可尋。設教甫一年，從遊者已卓然有成。竊願同人以有本之
文、有用之學，爭相砥礪。異日名臣大儒，先後輩出，固不僅以科
名顯也。曾官斯土者，能無厚望耶？

　　同治十年辛未（1871）夏五月，撫閩使者寶應王凱泰序。

王凱泰（1823～1875），初名敦敏，字幼徇、幼軒，號補帆，江蘇寶應人。道
光二十三年（1843）優貢，二十六年（1846）舉人。三十年（1850）進士，
選庶吉士，散館授編修。入李鴻章（1823～1901）幕。歷官浙江督糧道、浙
江按察使、廣東布政使、福建巡撫。光緒元年（1875）移駐臺灣，旋卒。諡
文勤。著有《臺灣雜詠》32首、《臺灣續詠》12首（收入《叢書集成三編》）。
〔註10〕

　　凡四書文22題70篇，其中《大學》2題4篇，《論語》12題32篇，《中
庸》4題19篇，《孟子》4題15篇；《論》1題1篇，題爲《石碏論》；說1題
2篇，題爲《河有兩源說》；表1題3篇，題爲《擬李善進〈文選注〉表》；賦
8題21篇，題如《以閏月定四時賦》、《柳汁染衣賦》；試帖詩25題43篇，題
如《賦得政如農功（得「思」字）》、《賦得平上去入（得「聲」字）》、《賦得
腹有詩書氣自華（得「華」字）》。有末評、眉批。

　　收錄課藝較多者：譚宗浚、張士芬、呂紹端、招成章、馮培英、吳大猷、
羅家勸、楊廷訓、李卓華、郭庚吉、梁汝儉、馮敏勝、伍蘭成、黃孔芬、陳
枬。

9、《菊坡精舍集》

題「光緒丁酉（1897）孟冬刊成」。卷首陳澧《菊坡精舍記》云：

〔註10〕俞樾《贈太子少保諡文勤福建巡撫王公神道碑》，《續碑傳集》卷27，《清代傳
　　　記叢刊》第116冊，第461頁。

澧掌教菊坡精舍，方子箴方伯命之曰：「精舍宜有記，吾子宜爲之。」澧敬諾。初，粵秀山有道士祀神之廟，曰應元宮，其西偏有臺榭樹木，曰吟風閣，後改曰長春仙館，遭夷亂廢圮。蔣香泉中丞與方伯議改爲書院，方伯葺而新之，題曰菊坡精舍，言於中丞以澧爲掌教。澧辭，方伯命之再三，乃敬從。始議爲書院時，以書院多課時文，此當別爲課。澧既應聘，請如學海堂法，課以經史文筆。學海堂一歲四課，精舍一歲三十課，可以佐之，吾不自立法也。每課期，諸生來聽講，澧既命題而講之，遂講讀書之法，取顧亭林說，大書「行己有恥，博學於文」二語揭於前軒，吾不自立說也。因而申之曰：博學於文，當先習一藝。《韓詩外傳》曰：「好一則博，多好則雜也，非博也。」又申之曰：讀經史子集四部書，皆學也，而當以經爲主，尤以「行己有恥」爲先。吾老矣，勉承方伯命，抗顏爲師，所以告諸生者如是。諸生欣然聽之。澧遂記之，以答方伯盛意焉。

陳澧（1810～1882），字蘭甫，學者稱東塾先生，番禺人。道光十二年（1832）舉人，六應會試皆不第。嘗官河源訓導，旋告病歸。二十年（1840）任學海堂學長，同治六年（1867）任菊坡精舍山長。著述甚豐，今人輯有《陳澧集》。〔註11〕

廖廷相題識云：

此菊坡精舍課藝，自同治丁卯（1867）迄光緒辛巳（1881），凡十五年，皆陳先生所定。前已刻成十之六，其餘選錄，或未刻，或需再訂者，皆有手記。壬午（1882）春，先生歸道山，稿本存學長陶春海孝廉處，荏苒十餘年，未遑卒業。丙申（1896）秋，因與同門諸友檢點存稿，補所未備，都舊刻重校一過，並取先生所爲《精舍記》弁諸卷首，以見論學大旨，因述其顛末云。

丁酉（1897）四月，門人廖廷相謹識。

廖廷相（1844～1898），字子亮、澤群，南海人。同治九年（1870）舉人。光緒二年（1876）進士，選庶吉士，散館授編修。遭父憂歸，不復出。歷主金山、羊城、應元、廣雅各書院講席，爲學海堂、菊坡精舍學長。著有《三禮

〔註11〕《清史列傳》卷69《儒林傳下二》，《清代傳記叢刊》第104冊，第616頁；黃國聲主編《陳澧集》前言，上海古籍出版社2008年版。

表》十卷、《群經今古文家法考》一卷、《粵東水道分合表》二卷、《順天人物志》六卷、《廣雅答問》六卷，以及《安攘錄》、《讀史箚記》、《金石考》、《文集》等。〔註12〕

凡 20 卷：卷一至卷十四，經解、論說、考證、書後、序跋、箴銘、賦等 119 題 167 篇，題如《釋充》、《太極說》、《讀〈毛詩注疏〉》、《左氏不傳〈春秋〉辯》、《國朝經學家法論》、《書〈史記·信陵君列傳〉後》、《西漢匈奴強弱論》、《水仙花賦》、《朱子像贊》、《九龍泉銘》、《擬韓文公〈五箴〉》；卷十五至卷二十，古今體詩 54 題 188 篇，題如《大魚塘觀魚》、《三月既望南園觀荷》、《分和陳元孝、梁藥亭詠物詩》、《和陳元孝懷古詩》、《菊坡精舍賞菊》、《續王漁洋〈讀三國志小樂府〉》、《歲暮雜詩》。

收錄課藝較多者：黎維樅、譚宗浚、彭學存、梁起、劉昌齡、鄭權、于式枚、王國瑞、林國贊、汪兆銓、梁于渭、廖廷相、陶福祥、林國賡、蘇梯雲、何如銓、桂文熾、廖廷福、陳慶修、陳樹鏞、葉官桃、劉纓、鄧維森、陳昌源、饒軫、李璿光、陳序璠、陳景韓、林祿元、洪景琦、沈棪、許應鑾、馮槐昌。

10、《廣雅書院文稿》

紅格抄本，12 冊，中縫題「無邪堂鈔書格式」。無目錄、序跋、評語。字迹時有不同，當係多人抄錄。

所收為二月至十二月官課、齋課之文，年份不詳。

題目示例。二月官課題：1、陽明解致知格物論；2、兩漢重長安雒陽令說；3、問洋銀盛行，若中國自鑄銀錢，錢於民用便否；4、擬朱子白鹿洞賦（以「廣青衿之疑問」為韻）；5、擬韓昌黎《李花》《杏花》（七古）；6、八索解。二月齋課題：1、孟子大義述；2、讀《困學紀聞》（第十五卷考宋史）七絕；3、朱子著述考；4、續胡文忠《讀史兵略》；5、讀《新唐書·文藝傳》書後。

課藝中有篇幅甚長者，如二月齋課超等第一名楊壽昌《朱子著述考》、六月齋課超等第一名祁永膺《讀朱子詩集傳》等篇皆數十葉。

作者 56 人，名單如下：黎元莊、勞錫瓛、曾文鴻、汪鸞翔、李桂籹、江逢辰、馮祖禧、楊壽昌、勞植楠、羅獻修、吳萃英、龔炳章、顏貽澤、梁成

〔註12〕民國《番禺縣續志》卷 26《人物志九》，廣東人民出版社 2000 年版，第 482 頁；《清國史》第 11 冊本傳，中華書局 1993 影印嘉業堂鈔本，第 967 頁。

久、饒從龍、林鶴年、龍致澤、賓光華、楊傑、李祖培、祁永膺、張資溥、漆葆熙、傅維森、張蔚臻、曾習經、梁宗柏、周樹棠、王光瀛、馮錫環、饒雲翔、王德均、陳慶龢、許壽田、梁寶瑜、易開駿、黃僑生、朱永觀、封元宗、黃樹敏、何穎章、蘇濟才、利建侯、趙宗壇、平遠、馮祖禔、廖佩珣、邱鸎翎、陳倬雲、顧臧、區炳泰、鍾樹榮、施獻璸、伍詮萃、陳桂植、馬呈圖。

11、《豐山書院課藝》

題「光緒戊子歲（1888）仲夏刊於香山官廨」，「香山石岐文雅齋承刊刷印」。

張文翰序云：

> 昔李洪九貽書彭甘亭，令其專攻時文，不可溺於古學。大抵揣摩之家，恒慮古學有妨時文；而好古者又矯之，每詆鄙時文而不屑。其實皆非也。袁簡齋云，不工時文者，詩必不工。余亦嘗謂，無論何家學問，必先從詞章入手；無論何體詞章，必先從時文入手。蓋時文無法不備，尤以讀書窮理為本。此其與古學不特不相背，且直相成。不然勇於科舉者，耳目之間，非時文不親，其勢必至如《顏氏家訓》所嗤而後已。彼覃心經史之儒，又多眼高手生，三條燭爐時，斷斷不能吐一字，此又皇甫持正所謂伐柯而不執柯者也。

> 予幼習舉業，於時文、古學視之並重，不敢有所偏廢。洎官廣州，兩校秋闈，復屢為大府閱各書院課藝及菊坡精舍古學卷。見此邦之士，學通古今者固不乏人，而寸長尺短者亦不少。比權曲江，修九成臺，集諸生會課，並購臺下餘地，擬增建書院，倡明古學，乃事未成，而已受代。丙戌（1886）秋，調香山，其地舊有豐山書院，專以時文課士。余為之月加古學一課，聘黃岊鄉孝廉主講席。香山人才固眾，又得岊鄉誘掖之，期年之間，斐然可觀。爰偕岊鄉選得所課生童時文若干篇，經解、論詩、雜作若干篇，都為一集，付之剞劂。意欲肄業諸生，知時文、古學源出一流，其所造就，當無限量矣。

> 光緒十四年歲次戊子（1888）五月，蓬萊張文翰序於香山官廨。

張文翰，字墨緣，山東蓬萊人。舉人。光緒八年（1882）官番禺知縣。十二年（1886）官香山知縣。十七年（1891）官開平知縣。擢瓊州知府，充善後

局提調。後以宦囊所存金，遍贈宗族交遊，入山隱於黃冠以老。〔註13〕

黃紹昌序云：

歲之丁亥（1887），邑侯張墨緣明府延紹昌主豐山講席，自維譾
陋，再辭不獲，乃請明府酌加生童膏火獎賞額數，並增設古學一課。
計歲中閱時藝一千九百餘首，經說、史論、駢散文、詩賦八百餘首。
明府謂宜擇其尤雅者，刻爲課藝。乃選時藝若干首，呈明府裁定，
付之剞劂，而古學別爲一編。刻既成，乃言曰：

唐以詩賦取士，至宋神宗朝試以經義，是爲八比所自始。厥後
其法愈密，爲之亦愈工，至我朝而極盛矣。然朱子當南宋時，且謂
今人文字全無氣骨，又謂時文之弊已極，日趨於弱，日趨於巧，將
士人志氣消削殆盡。然則流弊至今日，其相習爲風氣者，詎有異於
朱子所云乎？夫文無所謂風氣也，聖賢之道，亙古而不變。能明聖
賢之道，即能爲聖賢之言，文安得而不工，亦安往而不利？若夫中
無所主，乃隨風氣爲轉移，志氣因之而昏，氣骨因之而靡，安在其
能爲文也？

我邑山川雄秀，代有偉人，勳業文章繼起，當未有艾。今明府
勤求物務，慨然以振文風、端士習爲己任。而院中諸君子，復能仰
體賢侯之意，爭自濯磨，賞奇析疑，得以收相長之益。紹昌有深幸
焉。然而朱子云，爲學之道，在於窮理；窮理之要，在於讀書。則
尤願諸君子修學好古，沿流溯源：求之於經，以窮天道人倫之旨；
求之於史，以觀古今政治得失之故；求之諸子，以極其變而拓其才。
經明行修，無蹈朱子所慨，他日發名成業，益當和其聲以鳴國家之
盛，則此編猶嚆矢也。

光緒十四年歲在戊子（1888）正月，黃紹昌序於豐山講舍。

黃紹昌（1836～1895），字芑香、屺香，香山人。從陳澧（1810～1882）遊，
入閩督何璟（？～1888）幕。光緒十一年（1885）中式舉人，年已五十。主
豐山書院講席，任廣雅書院文學館分校。著有《三國志音義》、《佩三言齋駢
體文》、《秋琴館詩鈔》、《帶花荷劍詞》，又與劉燠芬（1849～1913）同輯《香

〔註13〕民國《番禺縣續志》卷13《官師志一》，廣東人民出版社2000年版，第302
頁；民國《香山縣志續編》卷10《宦績》，民國9年刊本，第2頁；民國《開
平縣志》卷30《宦績》，《中國方志叢書》第6號，第262頁。

山詩略》。〔註14〕

皆四書文，兩序中所云古學一編，未見。二卷，卷一《兩論》13題22篇，《學》《庸》4題7篇，卷二《兩孟》19題37篇。是集體例較爲特殊者，在於部分全文之後附錄其他作者所作段落。如陳金垣《未若貧而樂，富而好禮者也。子貢曰：〈詩〉云：「如切如磋，如琢如磨。」其斯之謂與》全文後，附錄楊彤英所作提比；梁煦南《人恒過，然後能改。困於心，衡於慮，而後作；徵於色，發於聲，而後喻》全文後，附錄唐景端所作起講。有評點。

收錄課藝較多者：張寶銘、劉捷元、蔡飛翰、劉從龍、唐崇熙、黃炳章、楊維鼎、鄭榮幹、繆玉書、高步雲、陳金垣、劉嘉鼎、唐景端。

12、《鳳山書院課藝》

光緒二十六年（1900）刊本。題「李邑侯芷香、王邑侯松山鑒定，監院龍景翔監刊」，「李山長拔茹評閱、何山長蘭陔撰序，董事羅豫淞校對」。

李家焯（1844～？），字芷香，湖南長沙人。由監生報捐知縣，分發廣東。歷官定安、順德知縣，連州知州。〔註15〕

王邑侯松山，名崧，安徽皖城人。吏員。光緒二十五年（1899）、二十八年（1902）兩任順德知縣。〔註16〕

李翹芬（1861/1862～1899/1900），字拔茹，順德人。光緒八年（1882）舉人。二十年（1894）二甲進士，選庶吉士，散館授編修。請假回籍，二十五年（1899）主講鳳山書院，卒於院。〔註17〕

何國澧（1859～1937），字定怡，號蘭陔，一作蘭愷，順德人，國澄（字清伯）弟。光緒十四年（1888）舉人，二十一年（1895）會試中式。二十四年（1898）補殿試，成進士，選庶吉士。歷官翰林院編修、國史館纂修、武英殿協修。著有《易闡微》、《古鏡妄言》。〔註18〕

何國澧序云：

〔註14〕民國《香山縣志續編》卷11《列傳》，民國9年刊本，第36頁；何文廣《黃紹昌傳》，《中山文史》第8、9輯合刊，中山市政協1986年印行，第88頁。
〔註15〕《清代官員履歷檔案全編》第8冊，第347頁。
〔註16〕民國《順德縣志》卷7《職官表一》，《中國方志叢書》第4號，第106頁。
〔註17〕民國《順德縣志》卷20《列傳五》，《中國方志叢書》第4號，第246頁。
〔註18〕民國《順德縣志》卷20《列傳五》，《中國方志叢書》第4號，第246頁；順德市博物館編《順德書畫人物錄》，中山大學出版社2001年版，第32頁；江慶柏《清朝進士題名錄》，中華書局2007年版，第1308頁。

　　今天下事變亟矣，於是識時通變之士飆起雲集，尊西法而抑中學，侈經濟而陋詞章，崇策論而卑八股。澧不敏，不能涇渭其間。又生平不敢以才智先人，不敢以侮慢罵世。而竊謂吾人出處，第當守素位之道與務實之學而已。憶戊戌歲（1898）居京師，間與李拔茹前輩論及此，未嘗不心相印也。書院之設，以育才也，賢有司出而鼓舞之，鄉先生相與裁成之，素其位也。而肄業其中者，無論西法、中學、經濟、詞章、策論、八股，皆當實事是求，不此之務而徒以其名，豈有當哉？

　　吾邑鳳山書院，由來舊矣。歲久就塌，而膏伙又不繼。李侯芷香官斯土，葺而興之，捐廉為之倡，又集邑人伙助，增其齋房，厚其膏伙，釐其條教，延拔茹前輩為之師。事粗定而李侯去任，王侯松山踵其成。吾邑人士既被賢有司之鼓舞，又沐鄉先生之裁成，而人才庶幾蒸蒸日上也。

　　是編所錄，皆李、王兩邑侯暨拔茹前輩所識拔者，顧吾披是編而重有感矣。前輩文章學問為一邑之人所矜式，使得寬以歲月，其造就正未可量。奈何天不假年，數月之間，木壞山頹，群悲抑放，豈非吾邑之不幸也哉！顧以譾陋如澧者，謬承講席，其有愧於前輩多矣。然猶幸生平論事，與前輩頗謂不悖。自茲以往，亦惟勤勤懇懇，素位而行，期與諸生相勉於務實之意云爾。刻既竣，而前輩已歿，門下士屬余補序。書竟，投筆三歎。

　　光緒二十六年歲次庚子（1900）十月，順德何國澧撰。

是集包括生員課藝和童生課藝兩類，皆為己亥年（1899）之作，有評點：

1、生員正課文、二月至十一月每月官課文，皆四書文，11 題 33 篇；

2、生員二、三、四、五、六、八、九月齋課文，皆四書文，7 題 19 篇；

3、生員二、三、四、五、七月古學課文，包括經解、書後、論、說、賦等，12 題 22 篇；

4、童生正課文、二月至十一月每月官課文，皆四書文，11 題 33 篇；

5、童生二、三、四、五、六、八、九月齋課文，皆四書文，7 題 20 篇；

6、童生二、三、四、五、七月古學課文，包括經解、書後、論、說、賦等，11 題 20 篇；

7、生員試帖詩，包括甄別和二月至十一月每月官課、齋課、古學課，31

題 97 首。

8、童生試帖詩，包括甄別和二月至十一月每月官課、齋課、古學課，32
題 96 首。

古學部分，間附錄該作者所作律詩、絕句。例如：伍文祥《寇準請幸澶
淵論》附《和梁藥亭春日登粵王臺（用元韻）》七律一首，鄧祐祺《讀史記貨
殖傳書後》附《伏波橋》七絕二首，周泮鍾《杜陵廣廈賦（以「安得廣廈千
萬間」爲韻）》附《和陳元孝夜發甘竹灘》七律一首，羅麗南《讀史記游俠傳
書後》附《石湖春褉》七絕二首。亦皆有評語。

收錄課藝較多者：伍文祥、游濟川、連燊、陳宗翰、黃天簡、周作礪、
蘇作準、羅麗南、周泮鍾、周樹槐、馮炳嵩、周作善、梁葆年、馬贊廷、羅
翼朝、關朝英、陳士熾、陳山燦、李俊熙、龍桂林、龍翰馨、關蘄、何宗敬、
鄧實、羅伯常、張秩彤、岑致祥、羅彤勳、譚治平、何爵書、黃仲陔、陳慶
元、李達、胡壽朋、林齊漢、譚增蔚、廖驚翔、魯仕緒、李夏聲、周廷琛、
何炳森、伍文佺。

13、《金臺課藝》

附錄於《敬修堂詞賦課鈔》（道光二十二年初刻，同治十一年重刻）之後，
胡敬識語云：「余在京主金臺講席，制藝之外，增課詩賦。時越三十餘載，散
失略盡。叢殘數帙，檢自敝簏，不忍棄置，因錄存之。」

胡敬（1769～1845），字以莊，號書農，仁和人。嘉慶六年（1801）舉人。
十年（1805）進士，改庶吉士，散館授編修。歷官武英殿、文穎館纂修官，《全
唐文》、《明鑒》總纂官，安徽學政、侍講學士。歷主金臺、崇文書院。著有
《崇雅堂文鈔》二卷、《詩鈔》十卷、《駢體文鈔》四卷、《應制存稿》一卷、
《刪餘詩》一卷（《續修四庫全書》第 1494 冊）。《晚晴簃詩彙》錄其詩 10 首。
〔註19〕

僅 6 題 6 篇：《擬王子安七夕賦（以題爲韻）》、《觀象臺賦（以乃命羲和
欽若昊天爲韻）》、《春郊馬射賦（以路直城遙林長騎遠爲韻）》、《心正筆正賦
（以公權善書以筆寓諫爲韻）》、《鬥蟋蟀賦（以燈下草蟲鳴爲韻）》、《春草（七
律十首）》。

〔註19〕 胡珵《誥授朝議大夫翰林院侍講學士書農府君年譜》，《北京圖書館藏珍本年
　　　　譜叢刊》第 131 冊，第 375 頁；徐世昌編《晚晴簃詩彙》卷 118，中華書局
　　　　1990 年版，第 5042 頁。

作者 6 人：顧榆、沈道寬、沈履正、沈履正、繆庭桂、方積年。

14、《金臺書院課士錄》

又名《金臺書院課士錄初二合刻》。題「丁丑（1877）新鐫」，「京都□□藏板」，「山長儀徵張集馨椒雲甫選，監院河間齊方書、廂黃旂承玉、廂黃旂海綬、遵化孫孝先參校」。袖珍本，刊刻不精，時有錯字。

張集馨（1800～1879）〔註20〕，字椒雲，江蘇儀徵人。道光二年（1822）舉人。九年（1829）進士，選庶吉士，散館授編修。歷官武英殿纂修，山西朔平知府、雁平道，福建汀漳龍道，陝西督糧道，四川、河南、陝西按察使，貴州、甘肅、河南、福建布政使。後主金臺書院。著有《十三經音義字辨》、《道咸宦海見聞錄》。〔註21〕

齊方書，獻縣人。同治元年（1862）進士。〔註22〕

承玉（1832～？），字信甫、龍輔，號子瑞、潤田，滿洲鑲黃旗人。咸豐五年（1855）鄉試中式第 84 名舉人。〔註23〕

海綬，滿洲鑲黃旗人。副貢。順天府訓導。〔註24〕

孫孝先，遵化人。復設訓導。〔註25〕

張集馨序云：

> 【略】辛未（1871）春，余承萬藕舲宗伯、前京兆王蔭堂大理、張朗山少尹邀主講席，自慚老陋，深以不克勝任爲懼。幸三年來，日與諸生漸摩砥礪，教學相長，故每課必有佳作，積久成帙。【略】
>
> 　同治癸酉（1873）仲秋，儀徵張集馨椒雲甫手訂，時年七十有四。

扉頁署「金臺書院課士錄初二合刻（經古附後）」。國家圖書館所藏二冊，經古未見。皆四書文。初刻凡《論語》24 題 58 篇，《學》《庸》8 題 18 篇，《孟子》7 題 20 篇。有評點。評點間附署名，如「彭芍亭京兆評」、「萬藕舲宗伯評」。二刻無目錄，茲從略。

〔註20〕卒於光緒四年十二月十一日，公曆已入 1879 年。

〔註21〕詹嗣賢《時晴齋主人年譜》，張集馨《道咸宦海見聞錄》附錄，中華書局 1981 年版。

〔註22〕江慶柏《清朝進士題名錄》，中華書局 2007 年版，第 1035 頁。

〔註23〕《清代硃卷集成》第 102 冊，第 297 頁。

〔註24〕《大清縉紳全書・同治十二年秋・直隸省》，榮祿堂刊本，第 1 葉。

〔註25〕《大清縉紳全書・同治十二年秋・直隸省》，榮祿堂刊本，第 1 葉。

初刻收錄課藝較多者：顧有樑、王仁堪、魯世保、劉傳福、陳名珍、李熙文、陳名玨、吳樹梅、劉傳祁、傅鼎、王鵬齡、陸潤庠、馮光逷、馮光元、范家麒、汪文盛、徐寶晉、徐巽言、王緘。

15、《蓮池書院肄業日記》

《中國歷代書院志》據光緒五年（1879）刻本影印，卷七、卷十一有缺。黃彭年序云：

> 予既應聘重主蓮池書院講席，言於合肥相國曰：畿輔先儒，在漢爲毛、韓、董、盧，在唐爲賈、孔，在宋爲邵、程，在金爲趙，在元爲劉，在明及我朝爲蔡、刁、孫、鹿、顏、李。地非乏才也，今非異古也，士非學不成，學非書不廣。富罕藏書，貧不能置書，士窘於耳目，乃溺於科舉。於是籌千金，購書二萬卷，區其類曰經學、曰史學、曰論文，置司書，立齋長，使諸生得縱觀。

> 又言曰：先聖垂教，博文、約禮；湖州設規，經義、治事。屬士以學，未試以文。學海、詁經，彪丙近代，斐然成帙，著作之林。然課試成材，非啓牖向學。限之以命題，慮非性所近也；拘之以篇幅，懼其辭不達也。積日而求之，逐事而稽之，知其所亡，無忘所能。爲者不畏其難，教者得考其實，途有程也，匠有矩也。於是命諸生爲日記，人給以箚，旬而易焉，月論其得失而高下焉。

> 又言曰：門戶不可分，門徑不可不識；陳言不可襲，法式不可不明。彙而存之，刻而布之，得失自知也，長短共見也。匪惟旌之實用，勵之爲學者勗，爲來者勸。於是刊日記，月刻一冊，期年裒之爲初集。

> 光緒五年（1879）三月，貴築黃彭年序。

黃彭年（1823～1891）〔註26〕，字子壽，號陶樓，晚號更生，貴州貴築人，輔辰（1798～1866）子。道光二十三年（1843）舉人。二十五年（1845）會試中式，二十七年（1847）補殿試，成進士。選庶吉士，授編修。歷官湖北、陝西按察使，江蘇、湖北布政使。先後主講關中書院、蓮池書院。總纂《畿輔通志》，著有《陶樓文鈔》（皆收入《續修四庫全書》）。〔註27〕

凡十卷，皆古學。起光緒四年（1878）三月，訖十二月。題如《讀〈易〉

〔註26〕卒於光緒十六年十二月初四日，公曆已入 1891 年。
〔註27〕陳定祥《清黃陶樓先生彭年年譜》，《新編中國名人年譜集成》本。

疑義十條》、《賓於四門，四門穆穆》、《癸未葬宋穆公》、《輯五瑞》、《協時月正日》、《不遂其媾》、《〈中庸〉鄭朱異同說》。與其他書院課藝不同，是集題乃生徒自擬。

作者 10 人：王樹枏、崔權、王鍔、張銓、胡景桂、陳文煜、康澤溥、崔棟、周煥章、黃崇祿。

16、《蓮池書院課藝》

無版權葉，無目錄，無序跋，不分卷。有評點。

凡四書文 13 題 38 篇；雜文 2 題 10 篇，題爲《擬漢文帝以中大夫令免爲車騎將軍，屯飛狐；故楚相蘇意爲將軍，屯句注；將軍張武屯北地；河內太守周亞夫爲將軍，次細柳；宗正劉禮爲將軍，次霸上；祝茲侯徐厲爲將軍，次棘門，以備胡詔》、《〈太極〉〈西銘〉〈通書〉〈正蒙〉總論》；賦 2 題 6 篇，題爲《山海關賦（以「環衛神京，控制三省」爲韻）》、《七夕賦（以「臥看牽牛織女星」爲韻）》；古近體詩 2 題 17 篇，題爲《擬翁森〈四時讀書樂〉》、《詠秋（秋信、秋色、秋聲、秋痕、秋思、秋夢）》；試帖詩 10 題 46 篇。

收錄課藝較多者：金煥祺、陳文煜、白鍾元、齊文蔚、李汝稈、陳汝昌、錢繩祖、孫大勇、康澤溥、朱裕謙、歸樹鴻 4 篇，朱培垿、李純青、李玉生、紀鉅湘、楊斐、孫家楨、王森、蕭培運、王繼庸、李張瑞、李晉、張銓。

17、《會文書院課藝初刻》

署「光緒七年（1881）二月開雕」。

如山序云：

> 童時入家塾，見程子「可惜舉業壞了多少人」語，心竊怪之。比束髮受書，與同學少年涉獵書史，角勝於考證之場，是古非今，相尚名高，薄舉業不屑爲，笑向之所疑者不足怪。且以漢學、宋學互相標榜，而譏時遭忌，弗顧也。迨通籍後，稍悟向之所疑者固非，即不疑所怪者亦非也。夫舉業制義，代聖賢立言，自明迄今，以之取士者垂五百年，人才輩出，至我朝爲尤盛。如柏鄉魏文毅、蔚州魏敏果、安溪李文貞、睢州湯文正、平湖陸清獻，以及桐城方氏、金壇王氏、宜興儲氏，卓然爲名臣，爲碩儒，文章事業，輝映後先，相爲表裏者，代不乏人。良以言者心之聲，行之符，能言聖賢之言者，必能心聖賢之心，行聖賢之行，非徒爲弋取科名地也。

丁丑（1877）夏，予董鹾長蘆。天津會文書院爲郡中舉人肄業
所，流寓者亦與焉。官是邦者，月各有課。董事等舉乙亥（1875）、
丙子（1876）、丁丑（1877）課文，薈萃成冊，將付手民，屬予爲序。
曾子曰：「君子以文會友，以友輔仁。」苟肄業諸君，顧名思義，不
薄舉業，不務名高，以漢學、宋學相砥礪，必能力培根柢，各抒蘊
蓄，發爲文章，以成國家有用之材，它日名臣碩儒，胥於是基焉，
不斬斬以會文畢乃事也，是則予之所厚望也夫！

光緒辛巳（1881）中和節，滿洲赫舍里氏如山壽南甫識於長蘆
鹾署。

如山（1811～？），赫舍里氏，字冠九，滿洲鑲藍旗人。道光十八年（1838）
進士，官詹事府讚賞。值道光末年大考翰詹，如山自帶書籍入試，爲搜檢官
所獲，未入考而革職。家居十年，值太平軍攻陷武昌，其弟多山（？～1855）
殉難。如山冒險南去接靈，竟得武昌府印信，以功獲用。歷官武昌知府、浙
江金衢嚴道、直隸按察使。善書工畫。著有《寫秋軒詩存》。〔註28〕

馬繩武序云：

同治庚午（1870）奉命來守津郡，間課士於輔仁書院。值鄉賢
沈文和選輔仁課藝，見其情文相生，清眞雅正，足表津邑人文之盛。
與蘆臺課藝後先輝映，洵巨製也。

第課藝均繫生童，而舉人不與焉。光緒紀元（1875），邑貢生婁
允孚（舉信）稟請創建會文書院於文廟後隙地，仿照揚州孝廉堂成
式專課舉人。適祝觀察爽庭（塏）攝都轉篆，余爲之請。都轉遂轉
詳合肥李爵相，於鹽課雜款項下歲撥津蚨千緡爲肄業膏火資，都轉
並率同寅捐廉。時丁藩伯樂山（壽昌）以兵備丁憂去職，亦從眾捐
白金若干，凡易津蚨八千有奇。建學舍，置器用，購書籍，餘六千
緡撥交質庫生息，課式經費遂由是出。紳士經理其事者，婁君允孚
又舉孝廉陳挹爽（塏）、楊香唵（光儀）、陳竹卿（法籙），貢生繆子
雲（嗣龍）、王竹溪（錫恩）、李北溟（金海）輪年值事。於乙亥（1875）
二月，爵相開課，洎閱歲而人士滋多。值余權都轉篆，復於雜款項

〔註28〕《清代官員履歷檔案全編》第26冊，第676頁；李濬之《清畫家詩史》庚下，
《清代傳記叢刊》第77冊，第196頁；崇彝《道咸以來朝野雜記》，北京古
籍出版社1982年版，第78頁。

下歲增津蚨五百緡，而津貼遂裕如也。計考課三歲肄業，列正取課藝繕清送院備選者，得百四十餘篇。董事恐日久散失，擬刊初編，以公同好。適丁藩伯權津關道篆，慨捐白金若干為剞劂費。是時如壽南（山）為長蘆都轉，課士會文書院，董事以三歲課藝呈閱，請操選政。

事猶未蕆，而婁允孚等以改建大門、增修學舍相請。光緒五年（1879）仲夏，如都轉偕余履勘地基，估計工程。自都轉倡捐，丁藩伯暨鄭觀察玉萱（藻如）、劉觀察昆圃（秉琳）與余均為出資，其有不敷，紳商士庶捐足之，計得白金二千四百有奇，閱五月而工告成。凡官廨、講堂、學舍、門屏、池橋、廊檻俱備。斯舉也，允孚總理其事，輪年值事者與贊成焉。復舉賈明府子貞（炳元）、華貢生壽莊（械）、梅明經鶴山（寶辰）、李茂才子弟（書麟）分任值年之勞。惟是創新因舊，諸務紛紜，迨光緒辛巳（1881）仲春，清釐就緒，勒石紀事。適課藝之選，如都轉鑒定得八十首，名為《會文書院課藝初刻》。其先後登黃甲、入禮曹、擢詞林，如孔繡堂（傳勳）、王晉賢（恩溎）、沈紹乾（士鑠），均經肄業於初建三年內也。

第思聖學昌明，文教日盛，惟願肄業諸君，體各憲暨董事彙集成帙之意，自光緒四年（1878）以後，將正取課卷送院備選，三年一刻，並爵相決科試卷薈萃成編，由初刻以逮二刻、三刻，相續弗替，是所厚望者也。余羈守保陽，備聞斯舉，因昔曾躬厝其際也，特援筆而記之，俾閱者悉其原委云。

光緒辛巳（1881）端陽節，懷寧馬繩武松圃識。

馬繩武，字松圃，安徽懷寧人。家貧不能自存，入都供軍機處繕寫職。以正指揮外用知州，有政聲。擢天津府，攝天津道，權長蘆鹽運使。遭母喪回籍，蛟水為災，督辦振濟事，以過勞卒於宿松途次。〔註29〕

《例言》云：

一、制藝代聖賢立言，以清真雅正為上。是選取文品不高不低，學有根柢，堪以應制科者為率。其有文涉寒儉，貌為高古者，概不入選。

〔註29〕民國《懷寧縣志》卷18《仕業》，《中國地方志集成・安徽府縣志輯11》，第435頁。

一、一題數藝者，以原取名次先後爲序，於每篇姓氏上標明，不復軒輊其間。

一、原評業已詳明，間有加批者，亦必備載，不復另有品評，致形贅斁。

一、國家最重科名，諸君子應課者，各有科分，故立肄業姓氏一冊，詳細注明。其由副榜應課者，雖另科中式正榜，必先標明。其正榜應課者，雖先中副榜，不復追斁。其有流寓應課者，亦必備載，以志人文之盛。

一、三年中應課者七十三人，而課藝僅列二十四人，以課藝送院備選者只有此數，現就已送者選刊。此三年內如有願將課藝備選者，陸續送院，俟續刻選入。

一、每居三年，選刻一次，相續永久。

凡四書文 49 題 80 篇，其中《大學》12 題 20 篇，《論語》24 題 41 篇，《中庸》5 題 8 篇，《孟子》8 題 11 篇。有評點。

《例言》稱「課藝僅列二十四人」，實則收錄 23 人：趙鑾揚、王恩湛、王兆蓉、解開元、林駿元、尹湝、徐維域、李春棣、張彭齡、沈士鑅、孔傳勳、高炳辰、陳宗鳳、梅映奎、李伯勳、何聚元、朱起鵬、陳價翰、王廷珍、劉鳳洲、鄒廷翰、劉彭年、王銘恩。卷首又有《肄業姓氏》，列出「將課藝送院備選者」24 人，其中齊學瀛未見有文收錄；此外又列出「乙亥（1875）、丙子（1876）、丁丑（1876）三年內肄業者」49 人。

18、《豫章書院課藝》

題「宜黃黃爵滋樹齋閱選，姪秩澍慰農、姪秩韶虞九、男秩榘民生、重姪傳驌蓉生編校」。

黃爵滋序云：

> 書院之設，與府州縣學相爲表裏。自京師有金臺書院，所以著首善之宏模，拓成均之餘緒，各省因之。生徒備獎賞，師長可議斁，典至隆，事至周也。顧士先器識而後文藝。【略】然則文藝雖末，亦曲直美惡之所由見耳。爰自去春迄今，得豫章書院課藝若干作，別而存之；又得經訓書院課藝若干作，附而益之。炳然蔚然，可以觀矣。

> 夫國家鄉會試之制，首四書、八韻，次五經、五策。而學政則

三年一試，優貢十二年一試，選貢經解、詩賦靡不旁及。書院既與
府州縣學相表裏，又況省會爲各州縣之表率，準繩在焉，風氣係之。
此在當事，必非以爲名也。如爲名，則適以藉廢事者之口，故雖興
猶廢；在學者，亦以必非以爲利也。如爲利，則適以便亂眞者之私，
故雖眞亦僞。是故考業必有其常，而程效必有其實。今以皇皇訓士
之規，爲區區售士之術，而猶不能使之一其趨向，易其志慮。匪惟
奉者之過，抑亦主者之咎也。且學者內求，內求則勸勉皆同；文者
外求，外求則好尚非一。夫豈能以一己之好尚，例他人之好尚哉！
然則諸生，其務以學爲勸勉；予之勸勉諸生，亦惟以學爲先務。則
非獨予一己之好尚，而天下古今之所共相好尚也。嗚呼！江河下而
頹可挽，日月逝而景常新。誠知今日之文，不必遽讓於古；則古人
之學，亦何必遽絕於今日哉！刻是集成，姑書以貽今日之論書院者。

　　　道光乙巳（1845）仲秋月，宜黃黃爵滋序。

黃爵滋（1793～1853），字德成，號樹齋，宜黃人。年二十二，以拔貢朝考一
等，爲瀘溪訓導。嘉慶二十四年（1819）舉人。道光三年（1823）進士，改
庶吉士，授編修。歷官福建道、陝西道御史，兵、工科給事中，鴻臚寺卿，
大理寺少卿，通政使司通政使，禮部右侍郎，刑部右侍郎、左侍郎。以戶部
銀庫失察落職，候補六部員外郎。卒於京師。著有《仙屛書屋集》十八卷（收
入《續修四庫全書》）。《晚晴簃詩彙》錄其詩 22 首。〔註 30〕

　　黃秩韶，字虞九。道光十九年（1839）舉人，咸豐三年（1853）進士。
同治五年（1866）官峨眉知縣。〔註 31〕

　　黃秩榘（1817～？），字民生。曾任南昌縣丞。著有《剿辦崇仁會匪事略》
一卷，收入《遜敏堂叢書》。〔註 32〕

　　黃秩澍、黃傳驦，待考。

〔註 30〕孫衣言《光祿大夫前刑部左侍郎黃公行狀》，《遜學齋文鈔》卷 6，《續修四庫
　　　　全書》第 1544 冊，第 354 頁；徐世昌編《晚晴簃詩彙》卷 131，中華書局 1990
　　　　年版，第 5644 頁。
〔註 31〕光緒《撫州府志》卷 44《選舉志・舉人二》，《中國方志叢書・華中地方》第
　　　　253 號，第 729 頁；卷 42《選舉志・進士》，第 701 頁；宣統《峨眉縣續志》
　　　　卷 5《官師志》，《中國地方志集成・四川府縣志輯 41》，第 716 頁。
〔註 32〕杜德鳳編《太平軍在江西史料》，江西人民出版社 1988 年版，第 25 頁；上海
　　　　圖書館編《中國叢書綜錄》第 2 冊，上海古籍出版社 1986 年版，第 335 頁；
　　　　黃細嘉《黃爵滋繫年要錄》，《撫州師專學報》1995 年第 4 期，第 18 頁。

凡四書文 155 篇，其中《大學》4 題 8 篇，《論語》28 題 89 篇，《中庸》3 題 12 篇，《孟子》18 題 46 篇。有評點。附試帖詩 145 篇。

收錄課藝較多者：燕毅、曾書雲、傅濟川、張懋芝、傅起岩、余堅、潘立蓉、許達京、鄭志昀、劉青選、葉寶樹、傅啓沃、袁臣逵、朱輪、蕭炳辰、翟用賓、孫志鈞、萬家彥、辜爲福、夏獻雲、吳榮生、甘大魁、李際會、丁偉文、梅啓照、魏繼禎（一作魏繼楨）、項俊昌。

19、《經訓書院課藝》

附於《豫章書院課藝》，亦題「宜黃黃爵滋樹齋閱選，侄秩澍慰農、侄秩韶虞九、男秩榘民生、重侄傅驪蓉生編校」。當亦成於道光二十五年（1845）。按，筆者所閱湖南圖書館藏本，有目無文。以下所敘，僅據目錄。

凡經解、考證、論說、序記之文 16 題 30 篇，題如《春秋三傳解》、《十五國風次序說》、《明堂月令考》、《孟子年歲事迹考》、《擬經訓書院記》、《擬〈法戒錄〉序》；賦 14 題 31 篇，題如《說士甘於肉賦》、《擬潘岳〈籍田賦〉》、《擬郭景純〈江賦〉》、《蛾子時術之賦》。附古今體詩 100 篇。

收錄文、賦較多者：張懋芝、曾書雲、燕毅、葉寶樹、翟用賓、辜爲福、傅寅、李際會、鄭志昀、朱輪、傅庚、夏獻雲、何元傑。

20、《經訓書院文集》

署「光緒癸未（1883）孟春江西書局開雕」。

國家圖書館藏本兩種，一爲六卷本，三冊，壬午年（1882）課藝；一爲十卷本，五冊，前三冊與六卷本相同，後二冊爲卷七至卷十，癸未年（1883）課藝。又，南京圖書館有十二卷本，六冊，前五冊與國圖藏本內容相同。多出第六冊，爲卷十一、十二，甲申年（1884）課藝。

卷首《經訓書院改章原奏》：

> 江西巡撫臣李文敏、翰林院侍讀學士江西學政臣洪鈞跪奏：爲修整省城經訓書院，更立課程，以崇實學而育人材，恭折仰祈聖鑒事。
>
> 竊維國家儲才之道，首重學校。而作養士子以輔翼學校者，則賴書院。江西省城舊設三大書院：曰豫章，巡撫主之；曰友教，曰經訓，藩臬兩司主之。經訓瓶於道光年間，臬司劉體重所建。他書院課時文，此則專課經解、古文、詩賦。銜華佩實，相輔而行，法

至良，意至美也。

乃行未數十年，寖就廢弛，肄業士子非特不能解經，即論著雜體，亦蕪陋無足觀馴。至以經文課士，臣文敏在皋司任內，以其名實不稱，改課詩賦。思加整頓，旋即升任。臣鈞抵學政任後，深究廢弛之由，力求振興之道，與臣文敏往復籌商，意見相同。查書院基址本隘，齋舍無多，歲久失修，風雨漂搖，不堪棲止。爰飭藩司籌款，葺舊增新，仍令署皋司王嵩齡董理其事。選士擇師，改章設課，約舉更定章程，大端有四：

一、書院向以甄別取士，現仿浙楚等省書院之制，由學政歲科試時擇高才生送院肄業。

一、非住院者不准應課，庶不至徒有應課之名，而無肄業之實。

一、聘延山長，不拘名位籍貫。

一、書院向無書籍，山長束脩、士子膏火，皆形菲薄。現議酌增，並多購經史子集，存儲院內。

本年工竣後，以新章開課，經經緯史，課藝頓覺改觀。江右搢紳，僉以為宜。且請奏明定章，庶垂久遠。臣等伏查江右，夙稱才藪，自宋至明，科目人文之盛，甲於東南。迨入國朝，尤為昌熾。乃以數遭兵燹，戶鮮藏書，浸失師承，惟求速化。夫讀書不根柢經史，而但剿竊程墨，弋取科名，此其弊不惟文風衰替已也。士習之隆污，人才之消長，實隱繫於是。此次更定書院課程，雖曰去故取新，抑亦循名責實，行之久遠。則人文蔚起，必有可觀，庶幾仰副作人之化於萬一。

所有整頓經訓書院緣由，謹合詞恭折具奏，伏乞皇太后皇上聖鑒。謹奏。

壬午年（1882）、癸未年（1883）、甲申年（1884）課藝前各有官師題名、與課同人題名》。

壬午年（1882）課藝六卷，經解、雜文、賦53題146篇，題如《光被四表解》、《《書》今古文師承考》、《六書指事說》、《漢宋學術異同論》、《擬劉孝標〈辨命論〉並序》、《明大禮駁議》、《擬曾文正公〈原才〉》、《漢宣帝詔諸儒議五經同異賦（以「講論六藝，稽合同異」為韻）》、《擬歐陽詹〈暗室箴〉》、《擬王褒〈聖主得賢臣頌〉》；古今體詩13題27篇，題如《擬阮嗣宗〈詠懷

詩〉》、《擬陶靖節〈詠貧士〉》、《經訓書院四時讀書樂》、《贈經訓書院同學諸友》、《擬江文通〈從冠軍建平王登廬山香爐峰〉》。

癸未年（1883）課藝四卷，經解、雜文、賦 42 題 73 篇，題如《大衍之數五十解》、《武王九十三考》、《直而勿有說》、《朱陸異同辨》、《漢元帝毀廟論》、《擬補〈元史・馬端林傳〉》、《書漢書儒林傳後》、《分秧及初夏賦（以「才了蠶桑又插田」為韻）》、《擬陸魯望〈馬當山銘〉》；古今體詩 8 題 15 篇，題如《擬應璩〈百一詩〉》、《擬蘇東坡〈和李邦直沂山祈雨有應〉》、《擬張曲江〈湖口望廬山瀑布〉》。

甲申年（1884）課藝二卷，經解、雜文、賦 37 題 50 篇，題如《共工方鳩僝功解》、《〈康誥〉〈酒誥〉〈梓材〉三篇，書序在成王時，蔡傳在武王時，〈梓材〉下半篇非君誥臣之辭辯》、《召公不說，周公作〈君奭〉說》、《備夷策》、《明宣宗棄交阯論》、《重修經訓書院碑記》、《清風明月不用一錢買賦（以「無價之寶，非錢可買」為韻）》；古今體詩 7 題 17 篇，題如《擬李太白〈古朗月行〉》、《擬吳邁遠〈古意贈今人〉》、《不蕾畬齋懷黃樹齋先生》、《遊百花洲懷蘇雲卿先生》。

壬午年（1882）課藝收錄較多者：胡朋、葉濬、蔡金臺、唐夢庚、章紹曾、華輝、龍學泰、許受衡、徐嘉言、陳志喆、羅裕樟、朱錫庚。

癸未年（1883）課藝收錄較多者：朱錫庚、唐夢庚、歐陽熙、周學濂、許受衡、杜作航、魏煥奎、葉潤書、熊志沂、劉漢、賴叔培。

甲申年（1884）課藝收錄較多者：歐陽熙、許受衡、葉濬、杜作航、曹九成、胡朋。

21、《續刊經訓書院課藝》

光緒戊子（1888）、己丑（1889）、庚寅（1890）年課藝，癸巳（1893）年仲冬江西書局開雕。

卷一 20 題 20 篇，經解考證之文，題如《願與諸侯落之解》、《八陵考》；卷二 13 題 13 篇，賦、論、古今體詩，題如《九九策賦》、《鳥倦飛而知還賦》、《崇拙論》、《擬韓昌黎州齋有懷》、《擬蘇東坡虔州八境圖》；卷三 16 題 17 篇，賦、表、論、序、疏、古今體詩，題如：《今文尚書應二十八宿賦》、《卷耳懷人賦》、《三國名臣論》、《擬謝希逸求賢表》、《擬陸士衡豪士賦序》、《擬郭景純遊仙詩》；卷四 24 題 26 篇，賦、論、銘、箴、古今體詩，題如：《恥賦》、《何武王嘉師丹論》、《擬張昶西嶽華山堂闕碑銘》、《自貶箴》、《思賢亭懷古》。

收錄課藝較多者：沈兆祉、黃大堉、程式穀、黃壽謙、曹伯啓、魏煥奎、余生芝、吳則濟、朱錫庚、唐夢庚、黃錫朋、賴叔培、周學濂、徐運錦。

22、《經訓書院課藝三集》

光緒壬辰（1892）、癸巳（1893）年課藝，丙申（1896）年孟夏江西書局開雕。

壬辰（1892）課藝二卷：卷一 30 題 31 篇，經解、考證、史論、書後，題如《東鄰西鄰解》、《公子朱裳考》、《魯兩生論》、《桓寬鹽鐵論書後》；卷二 30 題 44 篇，頌、贊、對、啓、銘、賦、古今體詩，題如：《蒼帝史皇氏頌》、《鄭康成先生贊》、《擬樊孝謙釋道教對》、《徵刻朱文端公藏書十三種啓》、《石鍾山銘》、《漢武帝秋風辭賦》、《婁妃墓》、《新柳》。

癸巳（1893）課藝二卷：卷一 27 題 28 篇，經解、考證、史論、書後，題如《梓材非命伯禽書辨》、《司馬談論六家要旨書後》、《廣韓退之師說》；卷二 31 題 65 篇，論、贊、序、賦、古今體詩，題如《興廉舉孝論》、《伏羲氏畫卦贊》、《壁上觀戰賦》、《繰絲曲》、《夏日四詠》、《鄱陽湖十六韻》。

壬辰（1892）課藝收錄較多者：蔡藩、魏爕奎、沈兆祉、文廷楷、夏承慶、舒恭瀷、沈兆禕、張承祖、蕭毓薖、朱錫庚、葛成春、胡其敬、李鏡蓉、盧豫章、熊錫榮、姚紹機、彭世芳。

癸巳（1893）課藝，據目錄知有 93 篇。湖南圖書館藏本缺一冊（卷二），故僅知卷一作者情況。收錄較多者：盧豫章、王子庚、賀贊元、魏爕奎、鄒淩瀚。

23、《馮岐課藝合編》

題「光緒十有七年辛卯（1891）孟秋開雕」，「會稽屠福謙時齋選定」。

屠福謙序云：

> 馮川、岐峰兩書院課藝，奉邑生童月課之詩文也。余自丁亥（1887）承乏斯邑，於今五年，案牘之暇，月與多士講藝。錄其尤雅者，彙成此編，以無忘數年來琴床硯席，香火之緣、針芥之契云爾。
>
> 西江自昔爲人文淵藪，而奉新尤望邑。士皆彬雅，有其鄉先正風。【略】是編所錄，大都周規折矩，含英咀華，西江典則，可謂弗墜矣。尤有厚望者，湛經籍，蓄道德。其發爲文章也，淵然煥然，不求工而自工。處則爲碩學，出則爲名臣，於鄉先輩中而取法乎上，

所謂立德、立功、立言，爲三不朽，以仰副我國家較藝掄才之盛意，而非徒以循行數墨、弋獲科名已也。余之所爲諸生勉者，其在斯乎？剞劂告成，爲書數語以弁其端。

　　　　光緒十七年（1891）季冬月，會稽屠福謙序。

屠福謙（？～1893），字時齋、地珊，會稽人。學律於河南，先後佐長吏治刑獄以百數。時吳大澂（1835～1902）爲河北道，尤重之。援例得通判，指省湖南，嗣改知縣。光緒十三年（1887）選知直隸肅寧，以親老告近改選江西奉新，明年五月受事。十八年（1892）調署浮梁，旋移廣豐。十九年（1893）回任奉邑，行至河口卒。〔註33〕

《凡例》十則，略云：

　　一、詩文以清眞雅正爲宗，而大要尤在於切。蓋必切而後能工，方有合於四字之義。是編一秉斯旨。

　　一、理、典、法三者並重，而法尤爲先著。蓋必合法，而後說理運典，具有條緒。詩文同一道也。是編雖入選稍寬，於法尚不多背。

　　一、從十三年（1887）觀風起，至十七年（1891）十月止。所有呈留各卷，一併彙選。因工竣在即，續到之卷，不及選刊。

　　一、制藝不得過八百字。編中間有字數逾額者，因其文尚佳，且係書院之作，未便刻以相繩。照《江漢炳靈集》覆卷之例，量爲選入。

　　一、生童姓名，照原卷刊。有呈請更正者，照更正之姓名刊。其功名由童而生，由生而舉，一以現在爲斷，詳列於前。

　　一、是編從本年七月初發刊，至十一月初完工，寫刻核對，均求詳愼，尚少魯魚亥豕之訛。

凡四書文70題103篇，其中《大學》7題11篇，《論語》24題36篇，《中庸》8題13篇，《孟子》31題43篇。試帖詩65題110篇。有評點。

收錄課藝較多者：謝銘勳、趙啓闓、甘爲美、賴叔培、謝鍾勳、廖壽蕙、廖桂馨、廖廷選、賴郁平、徐熾羔、劉紹曾、費慶霖、涂步衢、鄧仁揚、賴郡平、帥耀衢、廖際隆、彭頤、余從龍、甘鎔、周煥先、趙渠、彭炳藜。

〔註33〕　《紹興縣志資料》第1輯《人物列傳》第二編，民國26～28年鉛印本，第161頁。

24、《鵝湖課士錄》

題「主講鵝湖書院廣豐徐謙白舫、知鉛山縣事上林周兆熊六謙同閱選，書院諸生校字」。

徐謙（1776～1864），字益卿，號白舫，廣豐人。嘉慶十二年（1807）舉人。十六年（1811）進士，選庶吉士。歷官吏部文選司、考功司主事，先後監督儲濟倉、海運倉。丁外艱歸，歷主鹿洞、鵝湖、興魯、昌黎、紫陽、豐溪書院講席。著有《悟雪樓詩存》三十四卷，編有《白鹿詩賦鈔》二卷、《鵝湖課士錄》四卷，又有善籍《桂宮梯》、《孝經廣義》、《桂香鏡》、《闡化編》、《靈山遺愛錄》、《慈航普渡集》、《靈櫬回春集》、《物猶如此》、《弭劫編》、《一卷冰雪》約六十餘種。《晚晴簃詩彙》錄其詩 3 首。〔註 34〕

周兆熊（1806～1859），原名秉讓，字六謙，廣西上林人。道光十四年（1834）舉人，十五年（1835）進士。歷官江西石城、南城、宜黃、龍南、鉛山、會昌知縣，贛州府通判。〔註 35〕

周兆熊序云：

> 丙午（1846）夏初，兆熊攝篆鉛山。甫下車即觀風諸生，繼甄別鵝湖書院，流覽試卷六百有奇，爰拔其尤者肄業院中。時主講鵝湖為吏部徐白舫先生，先生與吾師李蘭卿都轉辛未同年。【略】公餘清暇，邀白舫先生花前命觴，論古譚心，竊喜兩心印合，豈三生石上香火夙因耶？更取諸生課藝之佳者，剪燭共賞，酒酣耳熱，逸興遄飛。當是時也，香遠月清，譙樓鼓靜，池畔水禽，拍拍欲起，顧而樂之，兆熊頓忘此身為簿書中人矣。【略】
>
> 鉛之山軒軒而秀采，鉛之水瀰瀰而清漪，靈淑之磅礴，鬱積久矣。士生其間，英英翹楚，故其吐屬，類多溫文爾雅，有鄉先輩風。是錄也，先生偕兆熊斟酌遴選，非必謂盡可傳之作，而由此根柢彌厚，佩實銜華，以臻大雅之堂，此特嚆矢耳。更期諸生砥德礪行，勿諼師訓，則芸館簪筆也可，名山著書也可，詎不卓然為士林之表

〔註 34〕同治《廣豐縣志》卷 8 之 4《人物·儒林》，《中國方志叢書·華中地方》第 265 號，第 976 頁；柯愈春《清人詩文集總目提要》，北京古籍出版社 2002 年版，第 1105 頁；徐世昌編《晚晴簃詩彙》卷 125，中華書局 1990 年版，第 5355 頁。

〔註 35〕同治《鉛山縣志》卷 11《職官》，同治 12 年刻本，第 19 頁；莫文軍主編《廣西少數民族人物志》，廣西民族出版社 1998 年版，第 10 頁。

歟？是則兆熊所抍目而厚望者吁！【略】

　　時道光丙午（1846）仲冬既望，粵西上林周兆熊書於縣署之荷池西榭。

凡制藝 28 題 45 篇；律賦 6 題 7 篇，題爲《璧馬假道賦》、《剔開紅焰救飛蛾賦》、《雲在意俱遲賦》、《眠琴綠陰賦》、《石井泉賦》、《觀音石賦》。有評點。

收錄課藝較多者：程雲璈、鄭爾音、陳璚、張熾、吳心恬、拱應辰、張承緒、李燿南、傅楨瑞、傅麟瑞。

25、《關中書院賦》

又名《仁在堂律賦箋注》，題「道光戊申年（1848）鐫，玉檢山房藏板」。無序跋。

收錄路德擬作一篇，當即路德所選。路德（1784～1851），字閏生，盩厔人。嘉慶十二年（1807）舉人，十四年（1809）進士。改庶吉士，授戶部主事。十八年（1813）考補軍機章京，以目疾請假歸里。靜攝三年，目復明，以母老不復仕。歷主關中、宏道、象峰、對峰各書院，教人專以自反身心、講求實用爲主，尤以不外求、不嗜利爲治心立身之本。弟子著錄千數百人，所選時藝一時風行，俗師奉爲圭臬。李元度（1821～1887）謂其德行誼爲文名所掩，其詩古文又爲時藝試律所掩。著有《檉華館全集》十二卷（收入《續修四庫全書》）。《晚晴簃詩彙》錄其詩 9 首。〔註36〕

凡律賦 10 題 20 篇，題爲《焦尾琴賦（以「士逢知己，有如此琴」爲韻）》、《細麥落輕花賦（以題爲韻）》、《鑄劍戟爲農器賦（以「寰海鏡清，方隅砥平」爲韻）》、《榴火賦（以「煉就丹砂萬點紅」爲韻）》、《書帶草賦（以「綠滿窗前草不除」爲韻）》、《浮瓜沈李賦（以「南皮之遊，誠不可忘」爲韻）》、《老人星賦（以「元象垂耀，老人啓徵」爲韻）》、《秋菊有佳色賦（以題爲韻）》、《一月得四十五日賦（以題爲韻）》、《望雲思雪賦（以「豐年之冬多積雪」爲韻）》。有詳細評點、箋注。

路德以外，作者 12 人：閻敬銘、胡葆鍔、劉步元、閻敬興、楊駒、谷逢鈞、李應台、吳錫岱、張文源、史采風、楊述縉、董道淳。

〔註36〕《清史列傳》卷 67《儒林傳上二》，《清代傳記叢刊》第 104 冊，第 328 頁；民國《盩厔縣志》卷 6《人物》，民國 14 年鉛印本，第 24 頁；徐世昌編《晚晴簃詩彙》卷 121，中華書局 1990 年版，第 5180 頁。

26、《關中課士詩賦錄》

題「光緒甲申（1884）上海江左書林校刊」。此為翻刻本，刊印不精，時有錯字。包括《關中課士試帖詳注》、《關中課士律賦箋注》兩種。

《關中課士試帖詳注》卷首劉源灝序云：

> 丙申（1836）仲冬，余奉命擢任督糧陝西。關中書院舊有詩賦課，在署考校。次年春間，各士子按時就業，意匠雖極經營，腹笥頗形儉薄。嗣後賢書屆舉，率皆專攻制藝，未遑儷白妃青。比至揭曉，各生徒又旋歸。辛歲應試者寥寥數人，斯事有名無實，余甚悤焉。

> 今春路閏生前輩自關中移講宏道，亟於課文之外，合兩院生徒課以詩賦，郵寄批削比年以來。深喜因憤而啓，各卷竟斐然成章。復寓書釋其尤雅者，細加斧藻，益以箋注。選辭既雍容華貴，注擇備淹博精詳，大可觀也。計自今年三月至十一月，凡得詩賦若干首，彙爲一編，付之剞劂，俾及門者觀摩昕夕，日進精微。即僻壤遐陬，亦得家奉一編，藉擴聞見。洵操觚之榘矱，後學之津梁，其嘉惠士林，豈淺鮮哉！各士子常守勿釋，從此揚扢風雅，鼓吹休明，共鳴國家之盛，庶不負閏生前輩之苦心，亦即余之所厚望也夫！

> 戊戌（1838）嘉平，陝西督糧使者劉源灝序於尺五山房。

劉源灝（1795～1864），字鑒泉，號曉瀛，直隸永清人。嘉慶二十一年（1816）舉人。道光三年（1823）進士，選庶吉士，授編修。歷官揚州知府，陝西督糧道，山東按察使、布政使，光祿寺少卿，湖南按察使，雲南布政使，貴州巡撫，雲貴總督。〔註37〕

《關中課士試帖詳注》收錄試帖詩 70 題 104 篇。

《關中課士律賦箋注》與道光戊申年（1848）刊《關中書院賦》（又名《仁在堂律賦箋注》）內容相同。

《關中課士試帖詳注》作者 18 人：吳錫岱、閻敬銘、胡葆鍔、李標雅、張文源、路愼皋、任葆貞、董道淳、張卿霄、王畊、翁健、陳鳳書、谷逢鈞、徐昀青、姚淳業、路愼莊、李善述、楊駉。另有路德擬作 12 篇。

〔註37〕徐世昌《大清畿輔先哲傳》卷 6，北京古籍出版社 1993 年版，第 181 頁。

27、《關中書院課藝》

題「光緒歲次戊子（1888）孟秋上澣開雕」。葉伯英序云：

> 光緒甲申（1884）春三月，余既選關中書院課文之佳者，得八十篇，付之剞劂，以勵多士。越五載，歲在戊子（1888），柏子俊孝廉主講此席，復選課藝中四書、經文、經解、論賦之屬，共得二百餘篇，續刊之。工竣，出以示余，且屬為序。余視事之暇，批閱諸卷，見其華實並茂，茹古含今，視曩者殆有進焉。昔昌黎云：「業精於勤荒於嬉，行成於思而毀於隨。」人患不學耳，好學未有無成者也。

> 關中為豐鎬舊都，士習樸茂，漢唐以來，名儒輩出，而董江都、張橫渠兩先生為之最。自明代創立關中書院，至於我朝，多士講誦其間，造就人才，指不勝屈。同治時，陝中軍旅既興，加以飢饉，撫斯土者不能顧及文事，以致學舍漸圮，書籍多佚。及兵銷歲稔，多士雖欲勵學，其道無由。馮展雲中丞撫秦時，添設志學齋，甫有規模，即解任去。

> 余既奉撫秦之命，因與貴築黃子壽方伯、長白曾懷清廉訪，籌商經費，先後添建齋房七十七間。凡經史子集及經世有用之書，分類購得善本，儲置院中。議定《志學齋章程》及《讀書課程》，勒之於石。復以子俊孝廉主講味經，訓迪有方，著有成效，因請其主講關中，兼理志學齋事，俾士子講求實學。余復逐月召諸生至署，課以詩文，給予獎賞，學者皆奮興焉。蓋為官為師者，時時以教育為心，斯為士為儒者，孳孳以力學為念，「精於勤而成於思」，昌黎氏之言，豈欺我哉！

> 抑余更有說焉。漢儒有言：「經師易得，人師難求。」而唐之裴行儉則謂：「士先器識，而後文藝。」然則文字詞章猶其末也。願諸生於明經習藝之中，求躬行實踐之益，以孝友忠信植其基，以政事文章達其用，庶幾哉文質得中，體用兼備，西京棫樸之材，且將蒸蒸日上矣。諸生勉乎哉！

> 光緒十四年歲在戊子（1888）孟秋之月，撫陝使者皖懷葉伯英序。

葉伯英（1825～1888），字孟侯，號冠卿，安徽懷寧人。以附貢生捐主事，簽

分戶部。平撚有功，擢道員。歷官清河道，陝西按察使、布政使、巡撫。著有《畿輔治河記》、《畿輔陳臬記》、《關中旬宣公牘》、《關中奏稿》、《耕經堂詩文集》。〔註38〕

柏景偉序云：

> 制義為有宋以來取士良法，範天下於四子六經之中，所言者聖賢之言，所學者必不外聖賢之學。學何？在修己治人而已，《大學》所謂明新也。不能修己，何以淑身？不能治人，何以用世？又安能本所學以著為文章耶？

> 橫渠張子振興關學，蕭貞敏、呂文簡繼之，代有偉人。而馮恭定公實集其成，建關中書院，輯《關學編》，俾學者有所遵守，不至迷於所往。所以牖啟我後人者，豈區區科第云爾哉！顧當時從公遊者，科第亦稱極盛，《壬子書院題名記》文集中可覆按也。詎非理明者辭必達，實至者名必歸，聖賢之學固無害於舉業乎？

> 明季國初諸大家，均堪不朽制義，何可厚非？所病者不從根柢用功，日手一庸爛墨卷而摹仿之。間有售者，則揚揚然號於眾曰：此棘闈捷徑也。風氣所趨，直以文藝為科名之券。

> 方今時事多艱，宵旰憂勞，岸然自命為士，顧如秦人視越人之肥瘠，絕無所動於中。嗟乎！學之不講，聖人所憂，正為此耳！我朝李二曲、孫西峰前後主講關中，闡揚關學，克紹恭定之傳，三輔人士不盡汩沒於詞章記誦者，皆兩先生之力也。厥後路閏生太史主講為最久，自稱友教多年，及門掇科第者百餘人。或以相譽，則神忝形茹，不知所答。蓋所望於諸生者，為真儒，為名臣，如古所謂三不朽者，初非僅以制義為教。以故樫華館中士且有名聞中外為關中光者，關學之一脈長延有自來矣。

> 余承乏此席，深愧性迂學陋，不能挽回風氣，俾士習一歸於正。幸賴葉冠卿中丞、黃子壽方伯、曾懷清廉訪添建齋房，購置書籍，剗除舊染，整頓新規。兩年以來，諸生漸知從根柢用功，不斤斤以剽竊詞華為長技，而躬行之士亦不乏人。故其所作經解、史論、日

〔註38〕《清國史》第11冊本傳，中華書局1993影印嘉業堂鈔本，第175頁；民國《懷寧縣志》卷18《仕業》，《中國地方志集成·安徽府縣志輯11》，第430頁。

記，多有可採，即制義亦尚無卑靡氣習。茲特選二百餘首付諸手民，以為勤學者勸。抑余尤有望焉。同為關中人，當同以關學相屬，孳孳於修己治人之學，科第中人皆聖賢中人，庶無負恭定公書院講學之意也夫！

時在光緒丙戌（1886）孟秋上浣，長安柏景偉序於仁在堂。

柏景偉（1831～1891），字子俊，長安人。咸豐五年（1855）舉人。選授定邊訓導，以回亂未赴任。同治間辦團練，入左宗棠（1812～1885）幕。歸里教授生徒，歷主涇陽涇干、味經、關中書院。著有《灃西草堂集》。《晚晴簃詩彙》錄其詩2首。〔註39〕

凡四書文64題102篇；五經文18題20篇；賦10題10篇，題如《漁父再訪桃源賦》、《明月前身賦》、《擬唐蔣防〈雪影透書帷賦〉》；論9題13篇，題如《史閣部論》、《武侯不出子午谷論》、《地為行星論》；說4題4篇，題如《富貴福澤厚吾生之說》；序1題1篇，題為《禮經釋例序》；書後4題4篇，題如《書魏默深〈籌河篇〉後》；解4題4篇，題如《七日來復解》；辨1題1篇，題為《〈家語〉真偽辨》；考9題10篇，題如《關中形勢考》、《明九邊考》、《一條鞭法原始》；議3題3篇，題如《限田可否通行議》；贊1題2篇，題為《關中先賢贊》；詩10題10篇，題如《擬唐人〈登慈恩寺塔〉》、《擬張茂先〈勵志詩〉》、《漢宮春柳》；算法7題7篇；附《志學齋日記》7題7篇，分別為讀《易經》、《禹貢》、《春秋》、《四書》、《孟子》、《孫子》以及歷代地理志日記。

收錄課藝較多者：薛秉辰、馬承基、李岳瑞、丁士哲、寇卓、程學孔、梁積樟、周毓棠、張如翰、柏震蕃、張恒昌、溫恭、王天培、艾如蘭、董濤、孫篤慶、張靖怡、彭述古、陳濤、張曜斗。

28、《城南書院課藝》

題「咸豐四年（1854）孟夏月鐫，東牌樓陳文蔚堂藏板」。

陳本欽序云：

南城外妙高峰舊有書院，故宋大儒朱、張講學地。今移建城南書院，於茲歷年，大吏延請鄉先生主講，生徒濟濟。而書院課藝之

〔註39〕柏震蕃《行狀》，《灃西草堂集》附錄，《清代詩文集彙編》第718冊，第580頁；《清史列傳》卷67《儒林傳上二》，《清代傳記叢刊》第104冊，第329頁；徐世昌編《晚晴簃詩彙》卷154，中華書局1990年版，第6749頁。

刻，蓋自歸安吳鐵夫、長沙余存吾兩先生後，迄今百餘年矣，未有能繼之者。惟賀蔗農前輩有意集成而又不果，豈文字眞爲造物所忌耶？

余辛丑（1841）春以降服憂解組歸，壬寅（1842）就席城南。時先慈年八十有三，陳情乞養。中間八九年，諸生或遠幕，或宦他方，或以疾終於家。其課藝之佳者，不無散佚。乃一一從而搜輯之，頗費苦心。積歲遂成卷帙，暇輒爲之刪訂，以存其眞。私意竊欲續鐵夫、存吾兩先生之傳，俾資後學有所觀法。會粵寇壬子（1852）秋七月突犯省垣，閱八十一日乃解圍去。而書院官書萬餘卷，及私藏書籍字畫，壹是蕩然無存。且余家附南郭，廬舍皆化爲烏有。蓋一毀於賊，再毀於兵，三毀於濠夫。當是時，戎馬倉黃，四郊多壘。向之面城背城而居者，不下數萬戶，鱗次櫛比，遙遙相望，今則榛莽瓦礫矣。目之所觸，萬念俱灰，幾不知人世間何物尚有存焉者。久之，驚魂稍定，偶檢敝簏中，猶幸平時刪訂諸生課文，存者半而梓者亦半。豈天之未喪斯文與？抑有志者事竟成與？重加補綴，亟付剞劂氏，庶不失鐵夫、存吾兩先生嘉惠學林之至意，即先儒朱、張講學之道，亦於是乎益明。至文取清眞雅正，諸先輩已詳論之矣，不復贅。

咸豐三年（1853）秋九月既望，長沙陳本欽堯農自識於桐桂書屋。

陳本欽，字堯農，長沙人。道光十二年（1832）進士。入詞林，改官軍機章京，遷員外郎。乞養歸，主講城南書院凡十七年。學期經世，不屑以詞章見長。著有《春暉草堂詩存》。《國朝文匯》錄其文 1 篇。〔註40〕

凡七卷，皆四書文。其中《大學》2 題 11 篇，《中庸》4 題 11 篇，《論語》37 題 89 篇，《孟子》21 題 39 篇，有評點。

收錄課藝較多者：蔡曉源、夏藻、皮炳、曹蔭尊、李杭、李源濬、葉其慶、楊會、文德載、黃廷瓚、許如駿、陳瑞昌（原名邦燮）、鄒湘倜、成果道、羅重熙、殷濬、彭鐥、譚文印、許瑤光、張家槐、周世鳳、李元度、唐銓藻、張漢、湯越凡、劉鳳苞、黃兆瑞、李廉正、陳亦韓、陳杕、李黃中。

〔註40〕曾卓、丁葆赤標點《湘雅摭殘》卷 1，嶽麓書社 1988 年版，第 38 頁；沈粹芬等輯《國朝文匯》丙集卷 9，北京出版社 1995 年影印國學扶輪社石印本，第 2526 頁。

29、《東山書院課集》

署「壬辰年（1892）刊」，「長沙胡元玉訂」。胡元玉序云：

> 攸縣東山書院向課時文，歲辛卯（1891）始加課經史詞賦。壬
> 辰（1892）余承乏講席，閱治經諸卷，往往轉抄前說，無所折衷。
> 究其由來，則誤於矜慎之說，致有此弊。夫學與思，不可偏廢者也。
> 以不思爲謹嚴則固矣，以禪販爲淹博則支矣。聖人所謂思不如學者，
> 以其徒思也。若能博學而近思，則雖西河傳經，亦不外致力於此。
> 孰謂畢生獺祭，便詡通經哉！【略】乃取所嘗刊削之作，付之剞劂，
> 傳示學徒，導之致思，以擴所學，庶乎其矯前弊矣乎！所重在治經，
> 故其他從略。
>
> 光緒壬辰（1892）仲冬，胡元玉書。

胡元玉（1860～？）〔註41〕，字子瑞，湘潭人。肄業校經書院。光緒十四年
（1888）優貢。著有《駁春秋名字解詁》、《雅學考》（收入《續修四庫全書》）、
《鄭許字義異同評》、《漢音鉤沈》、《璧沼集》。〔註42〕

王闓運序云：

> 【略】攸先有精舍，專治古經義，請胡學正子瑞主講。一歲而
> 得解義雜文若干篇，爲一集刊之。子瑞序其意詳矣。或恐見者以爲
> 異於新舊經解之學，來質於余。余爲鄭學者，以爲鄭之學在下己意，
> 實宋學之濫觴。學鄭而訾宋，惑之惑者也。說經惟其是，是必有所
> 據。宋之可訾，在無據而臆說。誠得其據，何至道周孔誤哉！墨守
> 許鄭，與篤信程朱，爭勝負於古今，甚無謂也，況夫常州、蘇浙、
> 長沙、茶攸之派別乎？傳曰：「群言淆亂衷諸聖。」敢以質之言經
> 者。
>
> 光緒歲在壬辰（1892）大寒日，王闓運題。

王闓運（1833～1916）〔註43〕，字壬秋、壬父（一作壬甫），號湘綺，湘潭人。
咸豐七年（1857）舉人。幕遊四方，歷主成都尊經書院、長沙思賢講舍、衡
陽船山書院。光緒三十四年（1908）授翰林院檢討。民國初任國史館館長，

〔註41〕 生於咸豐九年十二月二十一日，公曆已入 1860 年。
〔註42〕 《清代硃卷集成》第 380 冊，第 57 頁；曾卓、丁葆赤標點《湘雅摭殘》卷 13，
　　　　嶽麓書社 1988 年版，第 589 頁；柯愈春《清人詩文集總目提要》，北京古籍
　　　　出版社 2002 年版，第 1650 頁。
〔註43〕 生於道光十二年十一月二十九日，公曆已入 1833 年。

旋辭歸。著有《王湘綺先生全集》。〔註44〕

　　凡經解、考證、雜文、詩賦 37 題 40 篇，題如《震爲龍說》、《雀無角鼠無牙解》、《來牟二麥辨》、《十二食十二衣考》、《楚狂接輿名字考》、《〈史記〉立循吏、酷吏兩傳論》、《讀〈晉書・陶侃傳〉書後》、《梁亭竊灌楚亭瓜賦》、《擬杜工部〈詠懷古迹五首〉》、《擬韓昌黎〈山石〉》、《步虛詞》。

　　作者 19 人：余德沅、余德廣、楊宗泰、董策、文毓林、陳淩霄、劉蘭、單躍龍、蔡言章、何緯、文墨林、蔡康壬、楊宗潮、丁大猷、丁松茂、文藝林、劉從龍、胡國瑞、羅博。

30、《潙水校經堂課藝》

　　光緒壬辰年（1892）課藝。題「潙水校經堂課藝弟一集」，「光緒癸巳（1893）倣聚珍版印行」。

　　廖樹蘅序云：

　　　　【略】自道咸以降，自朝著以至名都大邑，士多蔽於俗學，時人所謂「高第之子，未窺六籍，已入翰林」是也。寧鄉叢爾邑，又何怪其然！

　　　　光緒丙子（1876），樂山唐大合蓬洲權知縣事。以邑士多局於咫聞，乃時進之於庭，而課以經史詩文之學，復推俸餘以資其膏火。一時綴文之子，乃漸知以通經學古爲重。顧不久受代去，以後或作或輟。縣人以育士之貲，不能盡煩長上，乃稍稍裹置田畝，購書籍。今甘肅提督周公渭臣，復大出槖金以擴充之。於是士之爲學愈有藉，而風氣乃日益開。

　　　　余以罷騖喬擁臯比，已兩年於茲。每發題課士，必有一二愜心之作，未忍任其散佚。齋館多暇，乃擇其尤雅飭者若干篇，付諸剞氏，用活字板排刷，以公同好。【略】

　　　　光緒癸巳（1893）首夏，縣人廖樹蘅敍於玉潭書院之遜學齋。

　　廖樹蘅（1840～1923），字蓀畡，寧鄉人。廩貢生。遊周達武（1828～1895）、陳寶箴（1831～1900）幕。主玉潭書院。後以主持礦務聞名。歷官宜章、清泉訓導，兼治礦務。辛亥後退老於家。著有《珠泉草廬文集》、《詩鈔》、《茭源銀場錄》、《武軍紀略》、《祠志續編》、《自訂年譜》。《晚晴簃詩彙》

〔註44〕王代功《清王湘綺先生閩運年譜》，《新編中國名人年譜集成》本。

錄其詩 3 首。〔註45〕

凡 13 題 23 篇，題爲：《決汝漢排排泗淮而注之江解》、《陽鳥攸居解》、《桑維翰、景延廣謀國得失論》、《賈誼、陸贄、蘇軾孰優論》、《鄧湘皐先生〈修城十略〉書後》、《崇祀鄉賢議》、《識山樓賦》、《齊人延年請合水工，開大河上領，出之胡中賦》、《韓蘄王湖上騎驢賦》、《漢武帝開西南夷以通大夏賦》、《明吉邸宮人斜詞》、《湘中詠懷古迹詩》、《詠古二首》。

作者 15 人：岳翰東、陳起凡、周之翰、李運鴻、李正鈞、楊文鍇、陶忠洛、劉翰良、鄧湘甲、錢維祺、宇文彰、易煥離、趙翼雲、成鎮奎、曾振鈞。

31、《研經書院課集》

題「光緒乙未（1895）立春刊成」，「湘潭胡元玉訂」，「益智書局承刊」。

胡元玉，見《東山書院課集》。

張預序云：

> 歲壬辰（1892），使者案試衡郡，取錄經古，衡陽、清泉、衡山三屬較多，意其必有所本也。於時郡東五里有船山書院，專講經術，衡、清之士多遊焉；若衡山，則猶未有專經課士之所也。越甲午（1894）再過其地，既偕邑令謝侯謁南嶽歸，侯告余研經書院成，規制閎敞，亞於船山，因趣往觀之。相其陰陽，則背衡面湘，盤鬱奇偉；升其堂室，則誦弦在户，迎拜莘莘。蓋余是行也，上登名山，下游精廬，賢侯佳士，左酒醴而右衿韍，以相從焉，其樂又何極也。門人湘潭胡君元玉適爲其院之長，課試經業，彙成一集，求序於余，將以刊佈鄉閭，遍給初學，俾知所效，異日人文蔚起，必更有可觀者。

> 吾聞衡山地險民悍，訟盜繁興，言治者率以興學爲未暇。故專經之院，前此未有。【略】今書院之成，謝侯倡之以爲養，胡君長之以爲教，將使闔邑之士皆知向學，即可令闔邑之民皆不爲非，其用意當不僅以掇巍科、工述作爲一二高材生期望。而此集之刻，猶此意也。衡山父老，苟因此益擴充之，以相期於久遠，則轉相敎學，由是正士習、移民俗，無難也。南嶽巖巖，監觀於邇，其必無爲嶽神羞。而人文之盛，鍾爲申甫，又安知不於是得之也。使者有振興士習之責，故於是集尤樂爲之序，即以爲記書院之緣起也，亦無不可。

〔註45〕 徐一士《談廖樹衡》，《一士類稿》，中華書局 2007 年版，第 180 頁；徐世昌編《晚晴簃詩彙》卷 179，中華書局 1990 年版，第 7863 頁。

光緒甲午（1894）十月，湖南督學使者錢唐張預序。

張預（1840～1910），字孟凱、子虞，號南孫、慕陔、虞盦，錢塘人。同治四年（1865）拔貢第 1 名。六年（1867）鄉試中式第 228 名舉人，覆試一等第 4 名。光緒九年（1883）會試中式第 2 名，覆試一等第 37 名，殿試二甲第 6 名，朝考一等第 8 名，選庶吉士，散館授編修。歷官國史官、會典館、功臣館纂修、協修，翰林院撰文，清秘堂總辦，教習庶吉士，湖南學政，歸主敷文書院。以保送知府分發江蘇，歷松江、蘇州，奉母諱去官。後入張之洞（1837～1909）幕，又與修《江蘇通志》。著有《崇蘭堂遺稿》八種二十四卷。《晚晴簃詩彙》錄其詩 6 首。〔註46〕

凡經解、詩賦 47 題 67 篇。題如：《三〈易〉考（並考太卜所掌之〈周易〉與孔子所繫之〈易〉是否一書)》、《問：〈尚書〉百篇本有「大戊」，今本書序脫漏其目，然既有所入，則必有所省。江、孫所定，似均失之。試以卓見訂正百篇之數》、《夏屋渠渠解》、《五藥考》、《「有婦人焉」誤字訂》、《衣字象形說》、《共和共伯和辨》、《〈漢書·古今人表〉不列漢人說》、《擬唐太宗〈小池賦〉》、《聽秋蟲賦》、《紈扇歌》、《從軍行》、《七夕詞》、《祝英臺近·七夕》。

收錄課藝較多者：戴魁、羅轟、秦瀅瀚、柳旭、王香餘、楊輝、勞謙、羅守珪、趙昺焱、侯錫光、周衍恩、周幹、羅守玟、譚森柏、羅守璋。

32、《船山書院課藝》

又名《船山書院課藝初集》。題「光緒庚子（1900）刊於東州」，「長沙湘潭王壬父夫子閱定」。無序跋。

王闓運，見《東山書院課集》。

凡八卷 90 篇，皆經解考證之文：卷一《易》、《書》8 題 9 篇，題如《受福王母解》、《大路贅路次路先路後路考》；卷二《詩》15 題 15 篇，題如《居東東征異地考》、《長庚啓明釋》；卷三《周禮》9 題 11 篇，題如《六寢考》、《九旗載建同異考》；卷四《禮經》2 題 2 篇，題為《禮服各有主名，不可通用，詳考諸經所言，分別為表》、《朝服表》；卷五《禮經》14 題 15 篇，題如《釋壹》、《卒辭他辭釋》；卷六《春秋》22 題 23 篇，題如《會以國地例說》、《其餘皆通解》；卷七《禮記》12 題 12 篇，題如《婚為酒食，召鄉黨僚友，宜用

〔註46〕　《清代硃卷集成》第 257 冊，第 71 頁；第 51 冊，第 17 頁；唐文治《張子虞先生墓表》，《茹經堂文集三編》卷 8，《民國叢書》第 5 編第 95 冊，第 15 頁；徐世昌編《晚晴簃詩彙》卷 174，中華書局 1990 年版，第 7616 頁。

何禮，經傳有見否》、《四田三田考》；卷八《論語》、《尒疋》3 題 3 篇，題如《瑚槤喻子貢解》、《洵龜解》。有評點。

收錄課藝較多者：劉袞、廖昺文、劉映藜、李金戣、彭瑞齡、劉嶽屏、喻謙、王衛清、程崇信、譚麥、謝玉立、蔣繼燊、陸堃、向燊、尹梓森、秦溁瀚、劉榮炳、謝鴻儒、何增文、陳璟。

33、《沅水校經堂課集》

光緒二十三年（1897）刊。題「湘潭胡元玉訂」、「長沙梁益智書局承刊」。

胡元玉，見《東山書院課集》。

凡經解、考證、史論、書後、表、古近體詩 54 題 73 篇，題如《子母牛解》、《文王捨伯邑考而立武王，微子捨其孫腯而立衍說》、《問：瀟湘之稱古矣。據〈水經注〉觀之，則瀟乃水貌，湘乃水名，非有兩水也。今永州有瀟水北流注湘，此水當為古之何水？何時強易其名為瀟？試考訂之》、《直不疑償亡金論》、《書後漢陳忠〈增立捕盜法疏〉後》、《沅郡各礦表》、《擬庾子山〈和趙王喜雨詩〉》、《登雁塔擬李白〈登金陵鳳皇臺〉》、《蜘蛛》、《蟋蟀》、《論詩絕句（限詠國朝人）》。

收錄課藝較多者：黃忠基、孫家勳、田梓材、向禮徵、楊世炳、楊澧、張伯良、黃忠銘。

34、《鼇峰課藝初編》

題「咸豐乙卯（1855）秋鐫」，「書院藏板」。郭柏蔭序云：

> 鼇峰為十郡二州人才薈萃之藪，先輩主講席者迭有課藝之選。今歲鄉試屆期，梓人循例以請。自維學植短淺，不能有所標樹，為多士準繩。惟此三年中所為苦爭力辯者，如制局欲正，跅弛者擯勿收；措語欲醇，雜糅者置勿錄。譬御者之授綏執策，範我驅馳，終不屑為詭遇，庶幾於聖賢立言宗旨無所牴牾。若夫詞采有穠纖，篇幅有修短，此則各憑其才分之所至，不能強不同而使之同也。刊成後謬識數語於簡端。
>
> 咸豐乙卯（1855）七月既望，侯官郭柏蔭。

郭柏蔭（1807～1884），字遠堂，侯官人。道光八年（1828）舉人，十二年（1832）進士，選庶吉士，授編修。歷官御史、給事中、主事、江蘇布政使、湖廣總督。嘗主清源、玉屏、紫陽、鼇峰等書院。著有《天開圖畫樓文稿》、《變雅

斷章演義》、《嘐嘐言》、《續嘐嘐言》。〔註47〕

　　皆四書文，凡《大學》3 題 5 篇，《中庸》6 題 8 篇，《論語》46 題 60 篇，《孟子》21 題 27 篇。有評語。

　　收錄課藝較多者：趙慶瀾、魏秀孚、鄭甸、林家駱、楊叔懌。

35、《致用書院文集（光緒丁亥）》

　　題「光緒丁亥（1887）年」，「板藏致用堂惟半室」。

　　凡經解、雜文 34 題 45 篇，題如《用九用六解》、《荀彧論》、《「仲氏任只，其心塞淵。終溫且惠，淑慎其身。先君之思，以勖寡人」講義》、《二十有二人考》、《釋造》、《程畏齋〈讀書分年日程〉跋》、《補韓文公〈擬范蠡與大夫種書〉》。

　　作者 20 人：黃增、高涵和、林群玉、陳寶璐、黃元晟、林昌虞、陳蕁、王元稱、陳鴻章、池伯煒、李錦、魏起、林珸、鄭鎈、林應霖、鄭兆禧、高蒸、葉筠軒、蕭健、方家澍。另有林壽圖、謝章鋌擬作各 1 篇。

36、《致用書院文集（光緒戊子）》

　　題「光緒戊子（1888）年」。

　　凡經解、雜文 31 題 44 篇，題如《九男解》、《問福建茶市利弊》、《〈微子篇〉父師少師考》、《東山牛頭寨銘》、《懲忿窒欲說》、《賈誼、董仲舒、劉向贊各一首》、《讀〈伸蒙子〉》、《殷周之際人心風俗論》。

　　作者 16 人：高涵和、李錦、林群玉、黃元晟、何爾鈞、林應霖、陳景韶、王元稱、陳鴻章、力鈞、黃增、李穎、官惟賢、郭曾熊、周景濤、黃彥鴻。

37、《致用書院文集（光緒己丑）》

　　題「光緒己丑年（1889）」。

　　凡經解、雜文 34 題 47 篇，題如《相人偶疏證》、《公既定宅伻來來解》、《漢宋小學論》、《周三大祭樂不用商說》、《福州常平倉及義倉考》、《讀韓文公〈進學解〉》、《擬閩闈增建號舍碑記》、《孔子刪詩辨》、《續司馬文正〈保身說〉》。

〔註47〕《清史列傳》卷 55《大臣畫一傳檔後編十一》，《清代傳記叢刊》第 102 冊，第 644 頁；民國《閩侯縣志》卷 69《列傳五下》，民國 22 年刊本，第 24 頁；《福州歷史人物》第 8 輯，福州市委宣傳部、社科所印行，第 75 頁；《福建省志·人物志（上）》，中國社會科學出版社 2003 年版，第 473 頁。

作者 21 人：力鈞、黃元晟、林應霖、池伯煒、林珵、黃彥鴻、高燕、林
珣、董元亮、林群玉、魏起、周長庚、歐駿、吳秉堃、梁孝熊、方家澍、郭
曾熊、蕭健、丁芸、蔡琛、陳鴻章。

38、《致用書院文集（光緒庚寅）》

題「光緒庚寅年（1890）」。

凡經解、雜文 30 題 45 篇，題如《天子無下聘論》、《囊橐考》、《〈洛書〉
即九疇說》、《論古書序目在後》、《西南其戶考》、《釋馘》、《續〈左海文集·
義利辨〉》、《駢體文源流正別說》。

作者 20 人：王元穉、黃元晟、魏起、力鈞、葉大綬、池伯煒、黃彥鴻、
劉涵、陳鴻章、毛毓灃、郭曾熊、陳祖新、高鳳謙、董元亮、蕭健、林應霖、
陳景韶、陳培蘭、林群玉、周長庚。

39、《致用書院文集（光緒辛卯）》

題「光緒辛卯年（1891）」。

凡經解、雜文 33 題 52 篇，題如《孟嘗、平原、信陵、春申四君論》、《釋
必》、《王若曰猷解》、《劉更生不交接世俗論》、《讀〈載馳〉》、《受小共大共解》、
《蝝氏蝺讀蝂辨》、《季春出火季秋內火解》、《常平倉法本周禮考》。

作者 18 人：王元穉、池伯煒、丁芸、黃增、陳景韶、黃彥鴻、陳鴻章、
陳祖新、林師望、黃元晟、陳培蘭、鄭猷宣、劉祖烈、陳望林、高燕、沈翊
清、陳俊灼、歐駿。

40、《致用書院文集（光緒癸巳）》

題「光緒癸巳年（1893）」。

凡經解、雜文 31 題 45 篇，題如《關石和鈞解》、《春秋戎狄患說》、《北
魏高謙之請鑄三銖錢論》、《南交下當有「曰明都」三字，應補否考》、《閩中
學使三沈公詠》、《孟侯寡兄釋義》、《萬紅友〈詞律〉書後》、《釋義誼》。

作者 18 人：黃增、王元穉、林師望、沈翊清、蔣仁、丁芸、陳鎬、葛調
鼎、劉祖烈、黃元晟、陳祖新、陳君耀、江畬經、周誠孚、何學新、董元亮、
黃大琮、林揚光。

41、《致用書院文集（光緒甲午）》

題「光緒甲午年（1894）」。

凡經解、雜文 33 題 50 篇，題如《五帝考》、《九族今古文述義》、《雨

無正解》、《掌固司險說》、《海防議》、《「小子同未在位」小子指成王辨》、
《《史記》傳儒林不傳文苑論》、《光緒重建鎮海樓碑記》、《寶應王文勤公
像贊》。

收錄課藝較多者：黃增、陳祖新、陳鍾慶、丁芸、劉祖烈、陳鴻章、林
師望、黃彥鴻、力鈞、陳培蘭、鄭駿、龔毓元。

42、《致用書院文集（光緒丙申）》

題「光緒丙申年（1896）」。

凡經解、雜文 36 題 60 篇，題如《《詩》毛傳、鄭箋言嫁娶時月兩義不同
辨》、《無欲則靜虛動直論》、《邦布釋》、《節性惟日其邁說》、《讀〈洪範〉篇
首八十八字》、《讀〈鹽鐵論〉》、《祥符沈公塑像記》、《《孟子》七篇，史公謂
自作，韓文公謂其徒作考》。

收錄課藝較多者：王元稺、陳祖新、黃彥鴻、葉大章、陳鍾慶、葉大輅、
劉文奬、陳聚星、汪耀聲 3 篇，廖毓英、蔡書林、陳祖謙、董元亮。

43、《致用書院文集（光緒癸卯）》

題「光緒癸卯年（1903）」。

凡經解、雜文 25 題 41 篇，題如《象刑解》、《《論語》記諸賢稱謂釋例》、
《《三百五篇》當諫書說》、《邶鄘衛分風說》、《《魏志》夏侯曹合傳論》、《讀
蘇文忠〈代張方平諫用兵書〉》、《孟子游梁齊考》、《荀卿法後王論》、《朱氏〈無
邪堂答問〉書後》、《長樂謝先生教思記》。

收錄課藝較多者：陳祖新、葉開第、汪涵川、陳元禧、陳紀誠、陳鎬、
林志烜。

44、《玉屏課藝》

題「光緒辛巳年（1881）刊」，「書院藏版」。曾兆鼇序云：

> 余司玉屏講席十有八年於茲矣，與諸生以文藝相切磋，甚相得
> 也。客秋山居多暇，聚舊課將錄而梓之，而庚午（1870）以前存者
> 寥寥。因就近歲掇拾，得文百二十篇，一以清真雅正為主，其浪逞
> 才華者置弗錄。竊維文藝，末也；德行，本也。廈自薛珍君、陳希
> 儒以文學崛起一隅，至宋而朱文公官其地。故士生其間，多能文章
> 而尚節義，蓋遺風餘韻，至今猶有存者。夫豪傑百世猶興，況去大
> 賢之世若此其未遠耶！後生小子有能不囿流俗、聞風興起者，又豈

　　僅以區區文藝見哉！諸生勉旃。

　　　　　光緒辛巳（1881）中秋前一日，閩縣曾兆鼇識。

曾兆鼇（1816～1883），字玉柱，號曉滄，閩縣人。道光十四年（1834）舉人，二十四年（1844）進士。歷官刑部浙江司主事、陝西候補知府、候補道臺。歷主廈門玉屏書院、泉州清源書院、福州越山書院。〔註48〕著有《曉滄遺詩》一卷（民國35年鉛印本）。

　　皆四書文，凡《大學》8題9篇，《中庸》10題11篇，《論語》61題69篇，《孟子》27題31篇。有評點。

　　收錄課藝較多者：王尊光、王步蟾、呂澂、鄭亨（原名捷亨）、呂寅、曾士玉、陳丹桂、王步瀛、方兆福。

45、《晴川書院課藝》

　　題「山長蕭子錫先生手定，受業黃陂張兆基、漢川劉德馨、漢陽王粹忠、黃陂劉輝、孝感徐傳習編次同校」。「起丙寅（1866）至戊辰（1868），計文壹百貳拾伍首」。「同治七年歲戊辰（1868）仲秋鑴」，「板藏漢陽府晴川書院，翻刻必究」，「漢口鎮陳明德大房承辦刊刷」。

　　蕭延福（1834～？）〔註49〕，字疇九，號子錫，黃陂人。咸豐元年（1851）舉人，六年（1856）進士。選庶吉士，授吏部主事。與修《黃陂縣志》。〔註50〕

　　其父蕭良城（1797～1866），字漢溪，黃陂人。道光元年（1821）舉人，十三年（1833）進士。歷官翰林院編修、詹事府詹事、右春坊右庶子、日講起居注官、咸安宮總裁、湖南學政、翰林院侍讀。歷主河南大梁、彝山、河陽書院，湖北龍泉、晴川書院。〔註51〕

　　張兆基，黃陂人。同治九年（1870）舉人。〔註52〕

　　劉德馨（1838～？），字劍芝，漢川人。同治九年（1870）舉人。官歸州

〔註48〕張天祿主編《福州人名志》，海潮攝影藝術出版社2007年版，第465頁；陳峰編纂《廈門古籍序跋彙編》，廈門大學出版社2009年版，第200頁。

〔註49〕生年據江慶柏《清代人物生卒年表》，人民文學出版社2005年版，第706頁。

〔註50〕同治《黃陂縣志》卷6《舉人》，《中國方志叢書·華中地方》第336號，第569頁；卷首修志名單，第30頁。

〔註51〕同治《黃陂縣志》卷8《人物志》，《中國方志叢書·華中地方》第336號，第932頁；曾國藩《復啍蕭子受蕭子錫》，《曾國藩全集·書信八》，嶽麓書社1994年版，第6023頁。

〔註52〕同治《黃陂縣志》卷6《舉人》，《中國方志叢書·華中地方》第336號，第574頁。

學正。光緒三十一年（1905）官耒陽知縣。輯有《驚風辯證必讀書》。〔註 53〕

王粹忠，漢陽人。參與纂輯《漢陽府忠節錄》。〔註 54〕

劉輝，字景陶，黃陂人。光緒二十二年（1896）至二十三年（1897）官安東知縣。〔註 55〕

徐傳習，待考。

鍾謙鈞序云：

> 江漢之水發源於岷嶓，浩淼奔騰數千里而匯於大別。生其地者，得山川奇氣，發爲文章，宜有汪洋恣肆之觀，而能探源乎經史，旁涉乎諸子百家，如江漢之能納眾流而朝宗於海也。然尤賴乎國家作育涵濡，與鄉先生之裁成。郡有晴川書院，舊矣。名儒碩彥，多出其間。軍興以來，鞠爲茂草。余守是邦之明年，與都人士謀而新之，延黃陂蕭漢溪宮詹主講席。先生負重望，學者聞風而歸，弦誦大興。迨先生歸道山，哲嗣子錫太史實繼厥緒。所以教士者，一如先生。文風益蒸蒸起，捷春秋闈者踵相接。

> 太史服闋，當入都。予謂宮詹兩世，敦崇實學，教行桑梓，因與權郡守陳君仲耦議刊其課藝，旋經太史選訂百二十餘首。其爲文皆準經酌雅，一祛浮靡之習。夫乃歎太史與其先公教澤，入人之深且神。亦冀學者勉植根柢，發爲事業，而大顯於時，且不僅以文章科第盛也。證以山川鍾毓之靈，當必有起而副吾望者，則將以此編爲之券也。是爲序。

> 同治七年歲在戊辰（1868）八月，權漢黃德道知漢陽府事岳陽鍾謙鈞撰。

鍾謙鈞（1805～1874），字雲鄉，湖南巴陵人。道光二十四年（1844）報捐從九品，分發湖北。歷官沔陽鍋底司巡檢、漢陽知府、武昌知府、漢黃德道、廣東鹽運使。〔註 56〕

〔註 53〕　《清代官員履歷檔案全編》第 29 冊，第 149 頁；同治《漢川縣志》卷 3《選舉表》，《中國地方志集成・湖北府縣志輯 9》，第 67 頁；《耒陽市志》第 17編《人大、政府、政協》，第 550 頁；嚴世芸主編《中國醫籍通考》第 3 卷，上海中醫學院出版社 1992 年版，第 4152 頁。

〔註 54〕　楊家駱主編《天平天國文獻彙編》第 9 冊，臺北鼎文書局 1973 年版，第 88 頁。

〔註 55〕　民國《安東縣志》卷 3《沿革》，《中國地方志集成・遼寧府縣志輯 16》，第 88 頁。

〔註 56〕　光緒《巴陵縣志》卷 34《人物志七》，《中國地方志集成・湖南府縣志輯 7》，第 147 頁；《岳陽市志》，中央文獻出版社 2002 年版，第 74 頁。

蕭延福序云：

【略】先君宮庶公以丙寅（1866）就聘郡之晴川，余奉慈諱得隨侍。是秋先君棄養，當事命余踵焉。摘埴冥行，今且兩年，課文多斐然可觀者。頃當事諈諉選刻，便課士觀摩。就中多寡，損益之，改易之，間摘瑜以補其瑕。時促集得一百二十餘首，弁其端而繫之說，以相勗曰：

讀書人要讀書，讀書要明理，要求實。《學》《庸》《論》《孟》，爲學爲政理也；經史子集，皆其詮注，非徒供時文標題者。即時文之興，亦正覘胸之所蘊。誠體味四子書，果有心領取其所記問，有得者融會出之，自然親切可味。據爲拜獻之資，必皆致用之選。庶於國家取士以制藝，意有當云。

黃陂蕭延福書於漢陽郡城晴川講堂，同治七年歲戊辰（1868）中秋。

凡《大學》4 題 12 篇，《論語》26 題 56 篇，《中庸》3 題 7 篇，《孟子》20 題 50 篇。有評點。

收錄課藝較多者：黃燮森、張兆基、劉德馨、熊應琛、蕭延祿、汪昌照、王粹忠、胡大經、汪雲藩、馮翊清、白熙純、王樹梅、徐慶雲、徐傳習、劉畯、白合章、李又庚、夏桐華。

46、《高觀書院課藝》

題「光緒丁亥（1887）冬月開雕」，「山長王琳齋先生鑒定，監院姚大亨、夏建寅、陳瑞珍、鄭其泰編校」。王景彜序云：

我省舊有江漢書院，課湖北一省士也；有勺庭書院，課武昌一郡士也。獨無江夏縣書院。相沿日久，士林缺望，亦首邑之闕典也。同治歲，髮逆淨掃，楚北肅清，始得高觀山道院舊基，建立高觀書院。然堂構維新，而規模未備。光緒壬午（1882）癸未（1883）之交，彭芍亭大中丞從邑紳之請，撥款入奏。鄉先生復合力勸捐，膏火有資而書院之條目以成。書院既成，議委余以校文事。余不敏，曷克勝此任，然又義不容辭。開課以來，兢兢校閱，瞬已三年。其間陸彥順、羅雲五、嚴莘雲、龍艮山四大夫，次第宰我邑，極力振興，士氣益奮。而陳玉六、夏斗南、姚鏡涵、鄭筱珊四學博，先後來監院，皆知文者，亦皆嗜文者。恐佳文之就淹沒也，乃取官師之

課前列之文，籌資備抄，屬余點定。余擇其尤者二百數十篇，先行
付梓。義取其確，防其似也；辭取其典，防其靡也；音節取其鏗鏘，
防其澀也；機調取其流動，防其滯也。不錄異說，懼其背朱注也；
不尚奇格，懼其捨康莊也。華充以實，質有其文。薰香摘豔，斐然
可觀矣。余之評騭，未必盡合所願。吾邑之士，仰承大中丞啓基之
殷，曲體賢令尹培植之厚，深念鄉先生創造之艱，發憤爲雄，相觀
而善，拔幟文壇；亦端表士習，會而通之，擴而充之，經濟裕則爲
名臣，性道融則爲理學，俾傳述者捐吾邑爲通德之門、鳴珂之里焉。
庶幾縣書院之設，與郡書院、省書院相與以有成也。爰述數言，就
正有道。

　　　　光緒十三年丁亥（1887）陽月，王景彝撰。

王景彝（1815～？），字琳齋，江夏人。道光十七年（1837）拔貢，官黃梅教
授、安陸府教授。咸豐己未（1859）舉人，授浙江西安知縣，調永康知縣。
晚主高觀書院。著有《琳齋詩稿》（又名《寶善書屋詩稿》）。《晚晴簃詩彙》
錄其詩 2 首。〔註 57〕

　　夏建寅，字斗南，江夏人。舉人。光緒九年（1883）官襄陽訓導。〔註 58〕

　　姚大亨、陳瑞珍、鄭其泰，待考。

　　四書文 74 題 233 篇。目錄後署：「右文自光緒甲申（1884）起，至丙戌
（1886）止，共計二百三十三篇。丁亥（1887）以後課卷，俟選定續刊。」

　　收錄課藝較多者：張用賓、王斯傑、劉蔭棻、胡孔福、徐蔭松、劉兆熊、
李兆瑞、丁禧瀚、胡孚巽、白彙書、柳煊、姚虞 4 篇，丁煥章、杜玉麟、張
基煒、張尙賓、蔡滋旭、呂玉彬、丁保樹、齊崑、馬駿、陳兆葵、胡沅、胡
汝瑚、楊鑄、陳拔、鄭壽黎、范迪襄、李成蹊、胡治中、沈和鈞、陳珍、張
序賓、夏良材、任祖培、陳崇禮、胡鴻逵、趙興賢、李象賢。

47、《經心書院集》

　　題「光緒戊子（1888）冬仲湖北官書處刊」。左紹佐序云：

〔註57〕王景彝《琳齋詩稿》自序，《清代詩文集彙編》第 660 冊，第 53 頁；柯愈春
　　　　《清人詩文集總目提要》，北京古籍出版社 2002 年版，第 1504 頁；徐世昌編
　　　　《晚晴簃詩彙》卷 157，中華書局 1990 年版，第 6834 頁。
〔註58〕光緒《襄陽府志》卷 19《職官志》，《中國方志叢書・華中地方》第 362 號，
　　　　第 1243 頁。

學術難言也，文字之於爲學又難言也。課試之作，不必有所感而生，有所積而後發也，其於文字又難言也。然而量才評力，非此不能得其勤惰明蔽之迹，是又不可以已也。尋其勤惰明蔽之迹，因而致之，而奮發磨礱之事隨之以起，人材又往往出於其間，作興之機，將於是乎在。曩者粤之學海堂、浙之詁經精舍，皆有《一集》、《二集》、《三集》行世，風氣所趨，雖未必犁然有當於人人之心，要亦極一時作者之選。

經心書院創立巳二十三年，余自庚午（1870）迄於癸酉（1873），肄業其中者四閱寒暑。丁亥（1887）之冬，奉諱里居，制軍壽山裕公、中丞樂山奎公招余承乏講席。余誠欲與鄉邦才俊共覘吾黨之盛，亦藉以補余前此荒廢失時之咎，欣然適館，非敢抗顏而爲師也。

書院課藝，前山長先師寶應劉先生曾刻一帙，未成卷，以費絀而止。余乃請於制軍、中丞，因書局手民，每課登選數藝，隨時刊印，以資振屬。其各官課，係李觀察篁西校閱，約以各爲訂定，較若畫一。懼一人嗜好，不足盡文字之變也。

經心書院，顧名思義，宜以治經爲先，詞章亦必由經學出，乃爲有本。諸生精研穎異者不少，其間體例，時有得失，未能盡爲是正。院中書籍，間有未備，考一事或不能竟其端委。初時蓄意良奢，要俟數年歸於醇茂耳。

既余服闋，都中知舊時以書見責：本無山澤之姿，豈復以林泉自詭？拂拭塵衣，遂復北上。古人云：文字之契，通於性命。此間之樂，亦何能一日忘也！乃裒其一年所得，釐爲四卷，命曰《經心書院集》。此余一人所閱，又舊識門徒子侄輩，或引嫌不與，齋課又廑在一年內，楚材實不盡於此。將有續出者，可以觀焉。

光緒十五年（1889）上春人日，應山左紹佐。

左紹佐（1846～1927），字季雲，號笏卿、竹笏，應山人。弱冠受知於張之洞（1837～1909），調經心書院爲高才生。同治十二年（1873）選拔朝考一等，以小京官分刑部，進主事。光緒二年（1876）轉榜。六年（1880）進士，點庶常，散館仍改刑部主事。先後官法曹三十年，其間曾主講經心書院。後官郎中、軍機章京、監察御史、給事中，出爲廣東南韶連道。辛亥鼎革，避居滬濱，與諸巨公結汐社。迫於家境，復至京師。晚與樊增祥（1846～1931）、

周樹模（1860～1925）過從最密，人號「楚三老」。著有《蘊眞堂集》、《延齡秘錄》、《竹笏齋詞鈔》、《竹笏日記》。《晚晴簃詩彙》錄其詩 5 首。《詞綜補遺》錄其詞 2 首。《全清詞鈔》錄其詞 5 首。〔註59〕

凡四卷：卷一、卷二經解 10 題 49 篇，題如《鄭君箋詩多以韓易毛說》、《禹河故道遷徙考》、《辟雍解》、《千乘之國解》；卷三論著 7 題 22 篇，題如《荀卿論》、《讀韓昌黎〈守戒〉書後》、《勸桑樹議》、《科舉論》；卷四詩賦 16 題 46 篇，題如《謁曾文正公祠》、《擬杜工部諸將五首》、《苦熱行》、《擬陶淵明〈讀山海經〉詩一首》、《積雨賦》、《惟楚有材賦》。

收錄課藝較多者：陳培庚、張增齡、周以存、陳曾望、楊介康、錢桂笙、王家鳳、黃覲恩、李心地、石超、姚虞、陳之茂、陳嗣賢、李文藻、劉景琳、王廷儒、高崇煦、婁正寅、朱筠聲、舒福清。

48、《經心書院續集》

題「光緒乙未（1895）冬仲湖北官書處刊」。譚獻序云：

課士以經訓文辭者，所以勸讀書求通材也。夫學期有用，約先以博，古昔聖賢之道術，以《詩》、《書》、《易》、《禮》、《春秋》植之，以諸子百家史乘輔之，經綸潤色，見知見仁，無空言也。

國家沿明制，以四書五經義取士，而提學試有經古，春秋試有策對，欽定十三經、廿四史、九通，旁及群籍，著錄四庫，頒示天下學官，所以造士通聖賢微言大義之歸、古今治亂興衰之故，非不備也。而世俗之士，歆僥倖，徑簡易，帖括自封，房行徒究，甚至畢生未誦五經之全，里塾不睹史家之籍。人才升降，其以是乎？其以是乎？

湖北經心書院，吾師今督部張尚書前督學時所締創，規模與阮文達詁經精舍、學海堂略同。儲書萬卷，集十郡一州之高材生，課以經訓文辭。於是荊璞呈其瑤，隋珠不閟其光，蒸哉士風爲之一變矣。

〔註59〕傅岳棻《應山左笏卿先生墓碑》，卞孝萱、唐文權編《民國人物碑傳集》卷9，團結出版社 1995 年版，第 611 頁；李安善《著名學者左紹佐》，《應山文史資料》第 1 輯，應山縣政協文史資料委員會 1986 年印行，第 160 頁；徐世昌編《晚晴簃詩彙》卷 172，中華書局 1990 年版，第 7515 頁；林葆恒編《詞綜補遺》卷 78，上海古籍出版社 2005 年版，第 2919 頁；葉恭綽編《全清詞鈔》卷 35，中華書局 1982 年版，第 1842 頁。

　　光緒庚寅（1890），獻應招來主講席，多士劬學，商量邃密。
壬辰（1892）歸臥里門，此間虛席以待者一年，癸巳（1893）重
來，五載於茲。前主講應山左比部於戊子歲（1888）有《經心書
院集》之刻，今談藝山齋，廣續裒集官師課作，得文筆三百篇，
編錄一仍舊例（見孔學使《湖北校士錄》者不復登）。惟是中外宦
達者，亦有風流雲散者，無從搜討，必多遺珠，就所甄眷排比成
書而已。夫學期有用，又豈以經訓文辭已哉！是願多士益究聖賢
微言大義，務通古今始亂興衰。己自行此則也，物自成此德也。
知本知末，知終知始。夫惟大君子講舍偶名之義，求心得勿守章
句幾矣夫。

　　　　光緒二十有一年（1895）冬十二月既望，仁和譚獻仲修敍。
譚廷獻（1832～1901），改名獻，字仲修，號復堂，仁和人。同治初遊福建學
使徐樹銘（1824～1900）幕。六年（1867）舉人，屢試禮部不售。歷官秀水
教諭，安徽歙縣、全椒、合肥，不數年告歸。晚主經心書院。著有《復堂文》、
《復堂詩》、《復堂詞》、《復堂日記》，輯有《篋中詞》。今人輯有《譚獻集》。
〔註60〕

　　凡十二卷。卷一、卷二「說經」，29題44篇，題如《納約自牖說》、《程
楊易傳合論》、《讀〈鄭風·風雨〉篇》、《孟子之學長於〈詩〉〈書〉說》、《〈春
秋〉闕文說》、《顧亭林經學論》；卷三至卷五「考史」，48題89篇，題如《老
子與韓非同傳論》、《〈太史公自序〉書後》、《書〈後漢書·獨行傳〉後》、《〈元
史·儒學傳〉論》、《曹參論》、《明季東林復社論》、《宋十科舉士法議》、《范
至能〈攬轡錄〉跋》；卷六至卷八「著述」，34題70篇，題如《求志篇》、《知
恥說》、《道與德為虛位辨》、《辨僞》、《擬元次山〈惡圓〉〈惡曲〉》、《亭林、
黎洲、船山三家學術論》、《書方植之〈漢學商兌〉後》；卷九至卷十二「辭章」，
65題109篇，題如《夜明祭月賦》、《江城五月落梅花賦》、《擬謝惠連〈雪賦〉》、
《湖北輿圖山川頌》、《擬張茂先〈勵志詩〉》、《冬懷詩》、《漢上迎秋》、《擬輯
〈湖北詩徵〉序例》、《夏日遊琴臺記》、《卓刀泉銘》。

　　收錄課藝較多者：黃雲魁、郭拱辰、鍾龍瑞、甘鵬雲、賀汝珩、朱楙春、
劉銘勳、陳倫、雷以震、劉培鈞、甘葆眞、雷以成、周昌甲、王廷梓、張正

〔註60〕夏寅官《譚獻傳》，譚獻《諭子書一》，《碑傳集補》卷51，《清代傳記叢刊》
　　　　第123冊，第265、273頁。

鈞、許鍾岳、徐蔭松、陳鴻儒、丁彝、權量、陳則汪、黃炳琳、夏先鼎、趙增典、姚汝說、劉邦駿、郭定鈞、卓從乾、黃廷爕、馬文炳、張瑞國、周家藩、周之楨、陳鴻勳、范孟津、朱衣。

49、《江漢書院課藝》

二冊，題「光緒辛卯年（1891），山長周鑒定」和「光緒壬辰年（1892），山長周鑒定」。

山長周，即周恒祺（約 1823～1892），字子維，號福皆、福陔，黃陂人。道光二十六年（1846）舉人，咸豐二年（1852）進士。選庶吉士，授編修。歷官山西道、京畿道監察御史，工科給事中，山東督糧道、鹽運使、按察使，廣東按察使，福建、直隸布政使，山東巡撫，漕運總督。光緒八年（1882）致仕回籍，終老武昌。嘗主江漢書院。〔註 61〕

所收皆為四書文，有評語。

辛卯卷 10 題 31 篇。每題皆收前三名所作，惟末題增收「四十名蘇逢庚」所作一篇。

壬辰卷 10 題 33 篇，每題皆收前三名所作，惟首題增收「四名陳略」、第二題增收「一等百二十名陳略」、第五題增收「五名陳略」所作 3 篇。

第五題陳略位列一等百二十名，其評語云：「以題之曲折為文之波瀾，入手處淩空將全局一提，頓屹立如萬仞壁，至結尾則浩乎瀚乎，百川歸於海矣。因詩中連出三韻，故抑之。」

辛卯卷收錄課藝較多者：朱懋春、余靖、張道瀛、陳曾望。

壬辰卷收錄課藝較多者：徐蔭松、陳略、卓奎元、胡瑞霖、陳曾望。

50、《黃州課士錄》

題「光緒辛卯（1891）刊於黃郡」。「山長周錫恩編定」，「黃岡鍾鵬程校字，羅田王葆周覆校」。

周錫恩（1853～1900）〔註 62〕，字蔭常，號伯晉、是園、幼珊，羅田人。光緒二年（1876）優貢第 3 名，五年（1879）鄉試中式第 22 名舉人。九年（1883）會試中式第 66 名，覆試一等第 17 名，殿試二甲第 51 名，朝考一等第 54 名，選庶吉士。散館授編修，充國史館、功臣館纂修，翰林院撰文。主黃州經古

〔註 61〕周君適《周恒祺事略》，《黃陂文史》第 1 輯，黃陂縣政協文史委 1988 年印行，第 90 頁；《清代硃卷集成》第 321 冊，第 10 頁。
〔註 62〕生於咸豐二年十二月二十三日，公曆已入 1853 年。

書院，又嘗校閱兩湖書院課藝。著有《傳魯堂遺書》。〔註 63〕

鍾鵬程，黃岡人。清末仁湖北文普通中學堂教員。民國間創辦鍾家崗小學。〔註 64〕

王葆周（1854～？），字文伯，羅田人，葆心（1869～1944）兄。縣學廩生。肄業兩湖、江漢、黃州經古書院。歷任順直、雲南、兩粵、湖北、四川等官書局委員。民國間任鄉議長、區公立兩等小學堂堂長。〔註 65〕

李方豫序云：

> 國家文運昌熾，冠軼前古。十八行省，皆置講院，時藝而外，旁及經古。士之肄業院中者，旬鍛月煉，鬱爲偉材，典至巨也。
>
> 方豫忝守黃郡，於茲五年矣。郡人士之文藝，既相與討論而切究之，惟經古向無專課，亟擬興建，有志未逮。歲在己丑（1889），南皮制軍自兩粵移督荊楚。下車伊始，首以挽文教爲急。既建兩湖書院於鄂垣，復爲黃州增經古書院，禮延羅田周伯晉編修主講。編修以名翰林負高譽，襄歲典省試，所得皆秦中雋才。既主斯席，釐定規條，甄拔瑰異，寒暑遞嬗，卷軸遂多。手訂課士錄四卷，屬爲弁言。方豫不敏，何足以序茲編？竊念權人才之消長，辨士習之眞僞，定學術之純駁，皆繫乎提倡之有人。今制府嘉惠後進，復得編修講貫啓迪，俾士之英異秀特者，不囿於時而進於古。而荒落如方豫者，亦稍塞教士之責，其慚幸爲何如耶！至於向學之源流，藝文之利病，編修言之詳矣，方豫固無庸贊一辭焉。
>
> 光緒辛卯（1891）四月，江都李方豫敘於黃州官廨。

李方豫（1837～1895），字荊南，江都人。由監生報捐員外郎，籤分工部。同治六年（1867）中式順天鄉試舉人。考取軍機章京，入直樞垣十年，以謹密稱。外任黃州、武昌知府。卒於官。〔註 66〕

〔註 63〕 《清代硃卷集成》第 52 冊，第 169 頁；王葆心《清故翰林院編修周是園先生墓誌銘》，《碑傳集補》卷 9，《清代傳記叢刊》第 120 冊，第 559 頁。

〔註 64〕 《學部會奏核議湖北文普通中學堂辦學人員獎案分別獎駁折》，《政治官報》第 42 冊，文海出版社影印本，第 183 頁；《黃岡縣志·教育篇》第 2 章《普通教育》，武漢大學出版社 1990 年版，第 470 頁。

〔註 65〕 《清代硃卷集成》第 379 冊，第 245 頁；葉賢恩《王葆心傳》，崇文書局 2009 年版，第 16 頁。

〔註 66〕 《清代官員履歷檔案全編》第 4 冊，第 178 頁；民國《江都縣續志》卷 22《列傳第二》，《中國地方志集成·江蘇府縣志輯 67》，第 722 頁。

周錫恩序云：

　　吾黃人文號爲冠楚。上章攝提之歲（1890），總督南皮張公、太守江都李公開經古書院於郡城。甄溉高材，勵進樸學，惠至渥也。招錫恩爲院長，自維學術繆雜，行能亡算，無足激揚風教，振發桑梓，不模不範，夙夜靦顏。爰與李公釐定課士章程，厥分四目：一曰考訂之學【略】；一曰性理之學【略】；一曰經濟之學【略】；一曰詞章之學【略】。

　　凡厥四科，略陳舊曆。專精爲上，博通實難。其偏近也以姿，其孤造也以學，其博觀約取也以書籍之廣博澔汗，其繼長增高也以師友之討論削奪。吾黃山水清遠，材俊彬蔚，飆興雲作，其在今乎！自庚寅（1890）夏迄辛卯（1891）春，諸生課作，千有餘篇。茲擇其尤雅，刊若干卷。譬萬寶燕息，璀璨在目；五音繁會，琅璈鏗耳。黃之秀瑋，亦已繁矣。昔荀卿居楚，號爲大師；彥眞還蜀，倡厥里學。振興鄉校，僕非其人。若宋玉稱曲，喜譽郢人；李實進賢，先記同里。各私其鄉，亦古今之公誼也。

　　其捐資付削人者，曰成都楊君葆初、無錫薛君誠伯、嘉善沈君來峰、新野陶君柳泉、泰順劉君葉川、容縣封君少霞、鐵嶺彭君潤堂、長安梅君次山，皆令於黃而賢者也，紹有選錄，以俟方來。

　　光緒重光單閼（1891）春二月，羅田周錫恩敍於黃州汪氏逸園。

卷末《黃州課士錄題辭》有王懋官、霍鳳喈等30餘人題辭，又有楊壽昌跋。

凡八卷：卷一「考訂」13題15篇，題如《釋蜾蠃》、《祝祭於祊解》、《《荀子》引《詩》考》、《黃州入江諸水源流考》；卷二「性理」12題24篇，題如《學源於思說》、《原心》、《國朝學案得失論》、《擬程子「視聽言動」四箴》；卷三「經濟」13題21篇，題如《保甲源流利弊說》、《黃州險要論》、《長安應建陪都議》、《湖北水利策》；卷四至卷八「詞章」，其中賦13題41篇，題如《漢章帝詔選高材生受學賦》、《擬謝希逸〈月賦〉》、《寒溪寺老桂賦》、《梅影賦》；雜文2題6篇，題爲《擬楊子雲百官箴》、《聚寶山銘》；詩12題96篇，題如《論黃州詩絕句》、《擬蘇子瞻〈武昌銅劍歌〉》、《黃州古迹五詠》、《秋陰、秋雨、秋晴》、《洋器四詠（顯微鏡、時辰表、電燈、氣球）》。有評點。

收錄課藝較多者：夏仁壽、童樹棠、王葆心、鍾鵬程、梅作芙、王懋官、曹集蓉、聞宗穀、范曾綬、葉啓壽、胡浩、謝椿、魯家璧、劉鵬、帥培寅、王葆周、李自英、霍鳳喈。

51、《鸞翔書院課藝》

袖珍本，題「光緒三年（1877）春三月，四明茹古齋校印」，「梁溪楊延俊菊仙氏選定，在院肄業諸生參訂」。

楊延俊序云：

> 蓋聞士爲四民之首，士風厚則民風亦淳。自來正本清源之治，未有不以培養士風爲先務者也。

> 肥邑舊有鸞翔書院，余自去秋來宰斯邑，循例觀風，而投卷者寥寥，所作亦殊少愜意，豈盡士之不率教歟？豈誠誘掖而獎勸之者無其術歟？詢其故，則因歷年經費短絀，肄業諸生童無以爲膏火資也。特爲捐廉，廣其獎賞。每遇課期，屬吾友朱君臨川評閱諸生課卷。臨川爲吾鄉績學士，屢躓棘闈，改司金穀，而所好不存焉。暇復時手一編，咿唔不輟。故其閱文也，奇正濃淡，有美畢收，而悉以理眞法密爲的。每遇佳篇，擊節稱賞，偶有疵累，皆爲商改盡善。或題蘊未盡者，擬作以暢其義。童卷不敢重勞，命長子宗濂參校。諸小題兒輩所擬居多，亦尚有思致。一載以來，諸生童佳文林立，臨川慫恿梓存，以爲多士勸。余樂其孜孜不倦，得與諸生童共相發明也。因擇其尤雅馴者，付諸剞劂，並識其緣起雲。

> 時在咸豐五年乙卯（1855）七月上澣，知肥城縣事梁溪楊延俊識。

楊延俊（1809～1859）〔註67〕，字籲尊，號菊先、菊仙，江蘇金匱人。道光二十四年（1844）舉人，二十七年（1847）進士。官肥城知縣，政尚寬宏，尤愛士，捐俸贈鸞翔書院諸生膏火。每逢月課，必自擬數篇以爲法程。所編《鸞翔書院課藝》，遠近風行，家有其書。與鄉試同年李鴻章（1823～1901）私交甚篤。〔註68〕

〔註67〕生卒年據江慶柏《清代人物生卒年表》，人民文學出版社2005年版，第249頁。
〔註68〕光緒《肥城縣志》卷5《學校志》，肥城市市志辦1995年整理翻印本，第434頁；楊景煾《近代無錫楊氏先人傳記事略類稿》，北京市新聞出版局準印本，第1頁。

　　皆四書文，包括前刻、續刻，凡《學庸》3 題 6 篇，《論語》15 題 38 篇，《孟子》18 題 44 篇。其中 2 篇有目無文，目錄作「見本稿」。有評語。

　　收錄課藝較多者：楊宗濂、李慶之、李允協、胡淑貞、楊雲、徐炳烈、李允懋、朱光照。

52、《蜀秀集》

題「光緒五年己卯（1879）刊於成都試院」。

譚宗浚序云：

　　　　【略】曩者制府盱眙吳公、學使翰林前輩南皮張公，慨然憫絕學之榛蕪，悼儒風之寥闃，創興黌塾，榜曰尊經，妙選時髦，量加程校。凡夫窒衡，宿彥黌序，英才咸願過馬肆以嘶風，躍龍門而跋浪矣。余以輇材，謬持使節，雖被高軒之寵，實增短綆之慚。間嘗召巾褐以談文，偕章縫而樹講，謂經師派別，遞衍於累朝，而正學昌明，莫隆於昭代。【略】

　　　　今者諸生，焠掌專精，齊心嗜學。歲歷三稔，制逾千篇，爰彙菁華，都為一集。如遊錦市，披純續以千重；似擷珠林，收美理之六寸。若夫通經所以致用，學古所以入官。行見桓郁名家，獲參禁近；黃香驟貴，高議雲臺。平當以明《禹貢》而治河，董相以習《公羊》而決獄。必有勒鴻勳於策府，效獻替於承明者。即不然而鏟迹遐陬，發聲幽藪，訂藏山之業，望重淵騫；著仰屋之書，富逾陶頓，千秋無恨，一卷足傳，此又各視其人之遭際矣。

　　　　光緒五年（1879）十月，提督四川學政侍讀銜翰林院編修譚宗浚序。

譚宗浚（1846～1888），原名懋安，字叔裕，南海人，瑩（1800～1871）子。咸豐十一年（1861）鄉試中式第 47 名舉人。同治七年（1868）會試挑取謄錄。十三年（1874）會試中式第 275 名，覆試一等第 15 名，殿試一甲二名。歷官編修，四川學政，國史館協修、纂修、總纂，功臣館纂修，翰林院撰文，雲南糧儲道、按察使。十四年（1888）告疾歸，卒於旅次。著有《希古堂文集》十二卷、《荔村草堂詩鈔》十一卷、《遼史紀事本末》十六卷。《晚晴簃詩彙》錄其詩 26 首。〔註 69〕

〔註 69〕《清代硃卷集成》第 38 冊，第 187 頁；唐文治《雲南糧儲道署按察使譚叔裕先生墓碑》、馬其昶《雲南糧儲道譚君墓表》，《碑傳集補》卷 19，《清代傳記

張選青題識云：

右《蜀秀集》九卷，學使譚叔裕編修所定也，刻成屬任儺校。

學使嘗語選青曰：「蜀才甚盛，美不勝收。茲編所錄，特其一斑耳。」至試場律賦，向係低二格，與題目平寫。今悉跳格寫，與全書一律，亦仿李昉等《文苑英華》暨近人黃樹齋侍郎《賦彙海》例也。其中文字偶有刪潤者，多係學使改筆，或參用他卷之作。以無關宏旨，不復覼縷。亦有文字略有小疵而未及更改者，則以風簷寸晷，下筆不能自休，姑仍之以存其本色。閱者錄其尺瑜，略其微纇可已。

光緒五年（1879）十月既望，前任江津儒學訓導兼管尊經書院監院事漢州張選青識。

張選青，漢州人。咸豐元年（1851）舉人。官江津訓導。〔註70〕

凡九卷：卷一至卷五，經解、考證、論說、書後、頌讚等 41 題 65 篇，題如《王用亨於岐山解》、《犧尊象尊考》、《六書說》、《于定國論》、《讀〈史記·衛青霍去病傳〉書後》、《擬王子淵〈聖主得賢臣頌〉》、《擬柳子厚〈乞巧文〉》、《三月三日浣花溪修禊序》；卷六、卷七，賦 30 題 53 篇，題如《擬宋玉〈釣賦〉》、《擬荀子〈箴賦〉》、《峨眉山賦》、《詩賦》、《讀書宜識字賦》、《漢武帝通西南夷賦》、《東坡以檀香觀音像壽子由賦》；卷八、卷九，古今體詩 44 題 238 篇，題如《讀謝康樂遊覽詩擬作八首》、《擬顏延之〈五君詠〉》、《擬李長吉〈十二月樂詞〉》、《讀杜少陵五律和作》、《蜀中十二樓詩》、《論漢碑絕句》、《論蜀詩絕句》、《前蜀雜事詩》、《後蜀雜事詩》。

收錄課藝較多者：楊銳、毛瀚豐、邱晉成、范溶、張祥齡、曾培、張肇文、戴孟恂、廖登廷、張孝楷、鄧宗岳、任國銓、米沛霖、傅世洵、吳廷佐、宋育仁、王安璧、徐煥、周道洽、周尚赤、張驤、丁樹誠、岳嗣儀、羅長玥、謝龍章、鄒增祜、張梓、焦鼎銘、陳芬、寧緗、劉沆、賴耀南。

53、《尊經書院初集》

《中國歷代書院志》據光緒十一年（1885）刻本影印。題「湘潭王壬父夫子閱定」。

叢刊》第 121 冊，第 269、274 頁；徐世昌編《晚晴簃詩彙》卷 166，中華書局 1990 年版，第 7244 頁。

〔註70〕同治《續漢州志》卷 7《選舉》，《中國方志叢書·華中地方》第 388 號，第 139 頁。

王壬父，即王闓運，見《船山書院課藝》。

丁寶楨序云：

尊經書院之設，蓋有見於當時之讀書者自初入塾時，率皆人執一經，至老而卒，無隻字之獲解，有志者憫焉。因特立一院，以爲攻經之地，俾士之入其中者，顧名思義，朝夕濡染，漸以自恥其鄙陋，而因以悟其荒經蔑古之非，亦「百工居肆，以成其事」之意也。

雖然，經豈易言解哉！夫自古聖賢，於身世間動靜之爲，以至名物象數之細，罔不身習其事，心知其義，灼然有合於道，而又多聞見以闕其疑殆。蓋慎之至慎，始著爲語言文字，以傳後而行遠，誠所謂「百世以俟聖人而不惑」者矣。自秦火後，典策散失，先聖之心傳亦與俱燼。漢世大儒輩出，遠承墜緒，迄不可得，不能不於斷簡零編中循章櫛句，以求古聖精義於微茫渺忽之間。然用心太深，亦間有偏駁不醇之憾。甚矣，其難也。自後世解經者日眾，類多不顧其義理之安，而惟章句之新奇是務。馴至穿鑿附會，破碎決裂，幾使先聖載道之文至於不可通曉。議者因是反以漢儒章句之學爲病，此豈其情也哉！

憶余嘗至書院課士，必進諸生而語之曰：生等解經，貴求心得，必得於心而後能有合於古，有合於古而後能有益於身。今觀所刻，中有院長壬秋先聖所作《釋蒙》、《退食自公》等篇，解說精當，言皆有物，與余所言貴求心得之論適相符合。又觀其自記曰：今願與諸生先通文理，然後說經，理通而經通。旨哉斯言！誠後世說經者不易之準繩矣。蓋漢儒藉章句以求古聖之義理，義理明而章句之學愈顯，後人背義理以求顯著之章句，義理病而章句之病益深。吾嘗怪夫今世之解經者如行路然，日履康莊而故欲闢荊榛以自矜爲坦途也，豈不謬哉！刻書成，諸生問弁言於余，因是以爲之序。

光緒十一年（1885）春三月，平遠丁寶楨書。

丁寶楨（1820～1886），字稚璜，貴州平遠人。道光二十三年（1843）舉人。咸豐三年（1853 年）進士，選庶吉士，授編修。歷官湖南岳州、長沙知府、山東按察使、布政使、巡撫，四川總督。諡文誠。著有《丁文誠公遺集》、《奏議》。〔註71〕

〔註71〕閻敬銘《皇清誥授光祿大夫頭品頂帶太子少保兵部尚書都察院右都御史四川

易佩紳序云：

【略】國家右文之治，超越往古。蜀之文學，視各行省未稱極盛。光緒初元（1875），學使張公與督部吳公始立尊經書院。今督部丁公尤加意經營，爲諸生擇師。王壬秋院長實來不數年，蜀才蔚起，駸駸乎與兩漢同風矣。

諸生裒其課藝，請序於余。余觀其說經之文必依古法，其他詞賦亦皆言之有物，蓋妙乎言語，通乎政事，而不悖乎德行者。余少年志在用世，視經生文人皆不足爲。壯年始知反求於德行，而言語、政事、文學聽其自至。今老矣，德不加進，學亦無成，然竊願當世經生文人不以文學自限，而充其德行、言語、政事爲世用也。今世變方新，古之文所不載，則將謂古之學皆無用。蓋驚於猝臨，未暇審耳。試一審之，則古之文無不該，必力追乎古之德行、言語、政事，而後有濟，是在善學者爲蜀士望，不僅爲蜀士望也。

光緒十一年乙酉（1885）孟夏月，四川承宣使者易佩紳序。

易佩紳（1827～1906）〔註72〕，字秉良、笏山，號健齋，晚號遯叟，湖南龍陽人。咸豐五年（1855）優貢第1名。考取八旗官學教習，先後充補正藍旗、鑲黃旗教習。八年（1858）順天鄉試中式舉人。從軍，轉戰數千里。同光間官貴州安順知府、貴東道、按察使，山西、四川、江蘇布政使。著有《通鑑觸緒》、《詩義擇從》（皆收入《四庫未收書輯刊》）、《函樓詩鈔》、《詞鈔》、《文鈔》。《晚晴簃詩彙》錄其詩5首。《詞綜補遺》錄其詞3首。《全清詞鈔》錄其詞2首。〔註73〕

王祖源序云：

張孝達學使之創建尊經書院也，其章程，諸生應課佳卷，帖示講堂。非以明不私，特以蜀士三萬，而院額百名，縣鵠國門，使學射者知所觀摹耳。戊寅（1878）冬，督學使者南海譚編修曾拔其尤，

總督贈太子太保諡文誠丁公墓誌銘》，丁寶楨《丁文誠公家信》附錄，山東畫報出版社2012年版，第377頁。

〔註72〕生於道光六年十二月八日，公曆已入1827年。

〔註73〕《清代硃卷集成》第379冊，第365頁；《清代官員履歷檔案全編》第4冊，第175、547頁；易順鼎《先府君行狀》，《易順鼎詩文集》卷37，湖南人民出版社2010年版，第1753頁；徐世昌編《晚晴簃詩彙》卷154，中華書局1990年版，第6752頁；林葆恒編《詞綜補遺》卷97，上海古籍出版社2005年版，第3633頁；葉恭綽編《全清詞鈔》卷24，中華書局1982年版，第1251頁。

刻《蜀秀集》，粗得包舉眾藝，表見群英，識者謂與詁經、學海相頡
頏。三年燈火，成學斐然，於此歎蜀才之善變也。

己卯（1879）春，制府丁公視學考程，橫經課士。忻門戶之已
成，惜眞傳之未啓，於是禮延鴻儒，模楷多士。湘潭王壬秋先生，
學本成天，言能化物，盡發何鄭之覆，直升屈宋之堂，豈曰今之學
人，實乃古之達士。院生喜於得師，勇於改轍，宵晰不輟，蒸蒸向
上。而先生樂其開敏，評改塗乙，不厭詳説。每一帖示，等石經之
初立，若左賦之方成，四方觀臨，刀簡複沓。學者既苦抄寫之多勞，
又恐魯魚之滋誤，請付梓人，乃成是集。公餘卒讀，竊以研經則搜
大義而蔣支離，製辭則屏晚近而宗院謝。苟比《蜀秀》，其間蓋遠。
雖曰學者善悟，而敎者之指畫，不已勞乎！

夫蜀學之興，肇端文翁。講堂之開，繼美高瞬。誠知海爲百川
所歸，驥非伯樂不貴。今者西邦秀彥，霞蔚雲蒸，文學彌純，道德
加茂。升文中之堂，人皆將相。經大匠之斧，材盡楩栭。將見尤陟
璿璣，經緯皓素。司馬則耀文上京，子雲則齊聖廣淵，公孺則訓詁
元遠，子淵則才高明雋。作中和之頌，聲鹿鳴之歌，雲集鱗翔，同
風鄒魯，鈞陶之妙，庸得不歸功於洪爐耶！況聞高才弟子，各有專
業，鈎深致遠，著述成章。雖未獲觀覽，而嘗鼎一臠，固知非末流
剿説之習矣。

予維蜀自漢興，文翁立學，東詣受經，學徒鱗萃，蜀學比於齊
魯。景帝中，令天下皆如蜀建立文學，郡縣之有學官，蜀爲之始也。
今之尊經，追隆兩漢，既已龍宗有麟，鳳集有翼，縉紳之士，比肩
而進，鴻生巨儒，接踵而興矣。然而登山而思求玉，入海而欲得珠。
必有負帙懷經遠至不易者，苟得是編以爲津逮，則仰其風流，範其
師法，自必人人如遊乎禮堂，家家還以爲教授，如張叔十八人者矣。
是編之刻，雖後越粵，而蜀學之成，由此益昌。古稱江漢炳靈，世
載其英，不愈信哉！

光緒十一年（1885）夏四月浴佛日，四川成綿龍茂兵備使者福
山王祖源序。

王祖源（？～1886），原名伯濂，字蓮塘，福山人，兆琛（1786～1853）子。
道光二十九年（1849）拔貢。歷官兵部主事，四川龍安、成都知府，龍綿成

茂道，鹽法道，按察使。光緒十二年（1886）以覲見卒於京師。刻有《天壤閣叢書》，著有《判花軒吟稿》一卷。〔註74〕

凡十二卷：卷一《易》、《書》，18 題 18 篇；卷二《詩》，28 題 38 篇；卷三《周禮》，2 題 6 篇；卷四《禮經》，12 題 20 篇；卷五《春秋》，12 題 15 篇；卷六《禮記》，11 題 16 篇；卷七《禮記》、《論語》，8 題 10 篇；卷八《爾雅》、《說文》、《孟子》，20 題 23 篇，卷九史，1 題 1 篇；卷十史、賦、詩，22 題 34 篇；卷十一詩、騷、表、奏、議、書，15 題 25 篇；卷十二贊、論、連珠、箴、碑，14 題 24 篇。有評語。

收錄課藝較多者：劉子雄、周道洽、岳森、戴光、吳之英、吳福連、陳觀澍、蒲九莖、周寶清、胡延、吳光源、張祥齡、閔鑾、尹殿颺、張可均、宋育仁、楊銳、崔映棠、范溶、黃書忠、王樹滋、胡從簡、呂翼文、丁樹誠、吳博文、鄧昶。

54、《尊經書院二集》

《中國歷代書院志》據光緒十七年（1891）刻本影印。題「邛州伍肇齡崧生閱選，南江岳森林宗參訂」。

伍肇齡（1829～1915），字嵩生，一作崧生，邛州人。道光二十三年（1843）舉人，二十七年（1847）進士。選庶吉士，授編修。因與肅順（1816～1861）交密，罷歸，歷主錦江、尊經書院。著有《石堂詩鈔》。〔註75〕

岳森，字林宗，南江人。拔貢生，考取景山官學教習，未及敘官而歿。爲王闓運（1833～1916）弟子，汲古考文，足繼師說。雖深造弗逮廖平（1852～1932），而通博過之。著有《考工記考證》、《說文舉例》、《蜀漢地志》。〔註76〕

伍肇齡序云：

　　吾蜀自文翁倡教，相如爲師，建立講堂，七經束受，實爲天下書院權輿，嗣是歷代不乏材彥。明末流賊肆毒，文獻湮沒盡矣。國朝初建錦江書院，大抵惟科舉是務。雖曰習經，涉獵而已，未有專

〔註74〕民國《福山縣志稿》卷 10《宦迹》，《中國方志叢書・華北地方》第 55 號，第 1365 頁；王恒柱《王祖源與〈天壤閣叢書〉》，《山東圖書館季刊》1995 年第 1 期，第 50 頁。

〔註75〕文守仁《伍肇齡之少年科第》，《蜀風集》，新津縣政協文史委 1998 年印行，第 328 頁；張永春《清代科舉制概括暨伍肇齡生平簡介》，《邛崍文史資料》第 2 輯，邛崍縣政協文史委 1988 年印行，第 48 頁。

〔註76〕《清代樸學大師列傳》，第 266 頁。

業教者。即欲以古學倡，其如規模之未具何？同治甲戌（1874），官紳協謀別建尊經講舍（事詳《尊經書院記》），始專考經義，兼習古文詞。十餘年來，登進者歷科轉盛，風會所趨，人人皆知讀書之有益矣。

余以譾劣謬膺斯席，見前譚學使有《蜀秀集》之刻，攜板以去；王壬秋院長始刻課藝初集。因命楊生楨、羅生元黼詳檢官師兩課，梓爲二集。仿初集式，不刻近體，亦有傳觀遺失、宜刻而未刻者，略存梗慨云爾。

夫治經必精求古義，靳溫故而知新；立言貴乎雅馴，乃雖多而不厭。學者循序致功，將見觸類引伸，必有月異而歲不同者，則斯集其猶嚆矢也。是爲序。

臨邛伍肇齡。

凡八卷：卷一《易》、《書》、《詩》，17 題 17 篇；卷二《周禮》、《禮經》，8 題 13 篇；卷三《春秋》，9 題 13 篇；卷四《禮記》、《論語》、《爾雅》，8 題 11 篇；卷五《說文》、《孟子》，5 題 5 篇；卷六賦，6 題 11 篇；卷七詩、頌、議、論，27 題 36 篇；卷八記、序、書後、碑、銘、祭文、雜文、考，12 題 18 篇。

收錄課藝較多者：戴光、歐陽世麟、周國霖、方守道、周鳳翔、楊楨、羅元黼、胡從簡、劉子雄、胡念祖、劉乾、鄒增祜、羅長鈺、陳開熾。

55、《尊經書院課藝三集》

題「院長劉佛卿先生選」。無刊刻時間，無序跋。

劉嶽雲（1849～1917），字佛卿，寶應人。光緒五年（1879）鄉試中式第 41 名舉人。十二年（1886）會試中式第 148 名，殿試二甲第 49 名，朝考一等，授戶部主事。升員外郎、郎中，居京曹三十年。年六十，授紹興知府，旋辭去。光緒八年（1882）與修《湖北通志》。二十二年（1896）主講四川尊經書院。著有《食舊德齋雜著》二卷。〔註77〕

凡八卷：卷一經解、經說 8 題 9 篇，卷二經說、書後 10 題 12 篇，卷三

〔註77〕《清代硃卷集成》第 168 冊，第 59 頁；第 59 冊，第 291 頁；章梫《清故資政大夫浙江紹興府知府劉公墓誌銘》，《碑傳集補》卷 53，《清代傳記叢刊》第 123 冊，第 421 頁；張舜徽《清人文集別錄》卷 19，中華書局 1963 年版，第 610 頁。

史考、史論 5 題 8 篇，卷四《原學》、時務 5 題 5 篇，卷五算學 13 題 20 篇，卷六雜文 6 題 11 篇，卷七賦 7 題 10 篇，卷八詩 5 題 8 篇。

收錄課藝較多者：蘇兆奎、孫忠瀹、馮書、鄧鎔、楊楨、邵從恩、黃德章、唐玉書、謝世瑄、王朝煜、楊駿、周玉標、鄧鶴翔、胡念祖、汪茂元、方守道。

56、《經正書院課藝二集》

題「光緒二十九年癸卯（1903）六月開雕」，「陳小圃院長選定，監院張督刊」。

陳榮昌（1860～1935），字桐村，號小圃、虛齋，晚號困叟，昆明人。光緒五年優貢第 1 名，八年（1882）解元。九年（1883）會試中式第 94 名，覆試一等 6 名，殿試二甲 21 名，朝考一等 55 名，選庶吉士。歷官編修、貴州學政、國史館纂修、武英殿協修、昆明經正書院山長、雲南高等學堂總教習、雲南教育總會會長、山東提學使。民國初回滇，任雲南國學專修館館長、《雲南叢書》名譽總纂。門人私諡文貞。輯有《滇詩拾遺》（收入《叢書集成續編》），著有《虛齋文集》、《詩集》。〔註78〕

魏光燾《續選經正課藝序》：

> 人才與時為變遷，不因地為優劣。滇省僻處西南，入中國最晚。然春秋時莊蹻開疆已至滇池，至漢武帝元封二年乃置郡治，後漢永平二年又分置永昌郡於不韋。其時風氣始開，人文漸啓。元和中蜀郡王追為太守，大興學校，而甘露白烏之瑞見。滇人許叔入中國，受五經歸，傳其鄉人；張志復遊成都歸，以字學教其鄉。於是滇學之盛，滇才之隆，遂迥殊疇昔矣。
>
> 我朝文教覃敷，軼唐轢漢。滇雖邊徼，一時名臣碩彥，接踵而起者，指不勝屈。殆金碧之靈，鬱久必發歟？抑官斯土者，於學校實能振興而鼓舞之也夫？人才恒視學校為廢興。咸同間狙逆不共，蹂躪列郡，用兵幾十餘載，弦誦不作，禮樂云亡。近三十年，始增葺書院，重籌膏火，遠近肄業者靡不爭自濯磨，以求進取。日月所課，裒集成

〔註78〕《清代硃卷集成》第 53 冊，第 77 頁；《清代官員履歷檔案全編》第 8 冊，第 563 頁；民國《新纂雲南通志》卷 202 本傳，雲南人民出版社 2007 年版，第 8 冊第 357 頁；李生莪《陳榮昌傳略》，《雲南文史資料選輯》第 36 輯，雲南人民出版社 1989 年版，第 15 頁。

編；巨製鴻章，燦然美備。今復輯近數年課藝，丐序於余。

余維滇省之人才固較盛於昔矣，而滇省之形勢尤較棘於昔。昔則內地無憂匱乏，外復有藩封土酋表裏捍衛，故諸生得以剛經柔史，鼓吹休明。今者越淪於法，緬襲於英。利源既等，漏厄交涉，復虞鑄錯。況地據天下上游，蜀粵楚黔，倚為屏蔽。士生其間，若不先儲明體達用之學，一旦繁劇駢臂，奚從措手？近複迭奉諭旨，力矯空談。諸生目擊時艱，志規遠大，必於中西學先窺其堂奧，繼計其精深，將以坐言者起行，上副朝廷側席之求，下屬桑梓綢繆之討，不徒以詞章考據沾沾自鳴，是則余之厚望，而此編特其嚆矢也。是為序。

光緒壬寅（1902）仲冬，滇黔使者兼署撫滇使者邵陽魏光燾撰。魏光燾（1837～1916），字午莊，湖南邵陽人。年少從軍，屢立戰功。歷官平慶涇固化兵備道，甘肅按察使、布政使，新疆布政使，新疆、雲南、陝西巡撫，陝甘、雲貴、兩江、閩浙總督。著有《勘定新疆記》（收入《西北史地文獻》第 3 卷）、《愼微堂詩稿》、《文稿》、《奏議》、《箋啓》、《新疆志略十四年》。《晚晴簃詩彙》錄其詩 1 首。〔註 79〕

陳燦《經正書院課藝序》：

昔阮文達公曆任疆圻，所至以經學陶鎔多士，於粵有學海堂，於浙有詁經精舍，而於滇獨闕如，余竊疑之。既而訪諸滇人士，或謂公嘗擬於翠海側承華圃構治經學舍，未果行而卸任去。是說也，蓋不為無因云。

光緒庚寅（1890）春，余以雲南府兼權鹽法道事。時督滇者為仁和王公，撫滇者為鎮遠譚公，皆孜孜以培植邊士、振興文教為亟務。余因請之二公，度地於翠海側湖山清曠之區，創建書院，專課經古之學，曰經正書院，取「經正民興、斯無邪慝」之意。並奏蒙御書「滇池植秀」匾額，懸之院中。建藏書樓，廣購書籍儲之。聘品粹學博之儒為主講，籌設內課高材生正額膏火二十四名，副額膏火十二名，外課生膏火八十名，詳訂課程規條刊諸石。於是士之入院肄業者，既得詩書啓發，師友淵源，而又有弦誦之資，無身家之

〔註 79〕李文海、孔祥吉主編《清代人物傳稿》下編第 5 卷，遼寧人民出版社 1989 年版，第 86 頁；徐世昌編《晚晴簃詩彙》卷 158，中華書局 1990 年版，第 6871 頁。

累，莫不踔厲奮興，專心致志，日以實學相切劘。十數年來，經明行修之士多出其中，相繼掇巍科，登詞館。即鄉里聘師者，一聞院中士，咸爭先延致。近日遴選教習及師範遊學各生，率皆取材院中。而袁生嘉穀者，在院肄業最久，復以廷試經濟特科第一人蒙恩授職編修。僉謂斯院之設，於滇中文教不無裨益。

陳小圃太史主講有年，矜式端嚴，訓課肫摯，咸以經師人師相推重。暇日選訂書院課藝，分為四集，授監院張竹軒廣文付諸剞劂，而請序於余。閱之，類皆佩實銜華，彬彬雅雅，言之有物，一洗從前空疏譾陋之習，洵乎滇之多材，材之可造也如此。因回憶建院時，王公、譚公與余籌款訂章，口講指畫，勤勤懇懇，光景猶在目前。今院中之士稍有成就，斯集之刊刻有成，譚公獨不及見之，質諸王公，其可感歎為何如也。而余尤重有望於滇人士者：方今變書院為學堂，恭讀光緒二十七年（1901）八月初二日上諭，其教法當以四書五經、綱常大義為主；十二月初一日上諭，務期端正趨向。大哉聖謨，此薄海人士所當恪遵者。士生今日，固宜講求時務、西學，擴充見聞，博通經濟，為切實有用才，斷不可墨守老生常談，硜硜然自畫自封；而要之根柢所在，趨向所宗，必先崇經術以正人心，明人倫以固邦本，於平權、自由悖謬不經諸邪說，皆當峻其防閑，絕其漸染，以期為吾道之干城、國家之楨幹。是書院雖變，而經正民興、斯無邪慝之旨，固自有天不變道亦不變者。滇人士勉乎哉！

光緒二十九年癸卯（1903）十月，雲南督糧使者貴陽陳燦撰。

陳燦，字崑山，貴州貴陽人。同治八年（1869）舉人，光緒三年（1877）進士。歷官吏部主事，雲南澄江、雄楚、順寧、雲南知府，迤南道、糧儲道、按察使、布政使，甘肅按察使、布政使。辛亥後解組歸里。著有《宦滇存稿》五卷。〔註80〕

普津《續選經正書院課藝序》：

【略】書院之歧出於庠序也，姑不必以正古而多更張，考其實為而已。書院之學之教之政，遠於古義也，則不可不極辨也。何也？

〔註80〕民國《新纂雲南通志》卷181本傳，雲南人民出版社2007年版，第8冊第67頁；張黎波《略論陳燦及其〈宦滇存稿〉》，林超民主編《西南古籍研究》，雲南大學出版社2007年版，第189頁。

往不可追，來猶可諫。方今朝廷鑒於制舉空疏之弊，振興法制，將以求諸致用之才。凡天下學者教者，宜不待勞而知所以返其積重者矣。故揆之今日，政教之勢，風聲之樹，以士林爲最先。士林觀摩之術，器識文藝又相表裏者也。主教者能體汲汲求才之意，力溯古先聖王儲才致用之教，雖以今日書院躋於古之庠序可也，又何彼文明之可言，而學變敎主之可患哉！

雲南經正書院，亦旣建設有年所矣，其課士宗旨別於他書院之教法，大底以詩古文辭相摩濯，蓋猶愈於錮溺制舉之俗學者。昔嘗彙徵課士之藝而梓行之，倘所謂襲馨擷英，以揚達材、勵末進者非耶？今茲復有續選課藝之刻，其旨蓋猶舊也。於時天下之局，變故方殷，需才尤亟。則朝廷之所以望士，與士之所求效用於時而相觀以取益者，又有進矣。

余掌鹺綱於滇者十餘年，書院膏火之所出，延師講學之主名，規例皆鹺署事。是故余非教士之官，而於教士之事蓋猶得與聞也。今刻課藝，徵序於余，余乃明夫古今政教遷變之故爲多士告，兼以因時求才、進退關鍵者望之多士，又不知其以余言爲河漢無極否也？

光緒癸卯（1903）孟春，滇南鹽法使者長白普津撰。

普津（1847～？），鑲白旗滿洲存壽佐領下人。由監生報捐員外郎，指選六部。歷官刑部員外郎、郎中，湖南鹽法長寶道，雲南鹽法道。〔註81〕

凡經學 16 題 24 篇，史學 21 題 39 篇，雜文 6 題 9 篇，賦 8 題 13 篇，古近體詩 25 題 107 首，經文 5 題 9 篇。

收錄課藝較多者：李堃、李楷材、錢良駿、蔣谷、季珅、吳琨、金爲銘、丁庶凝、張璞、李法坤、李熙仁、朱焜、張鴻範、袁嘉端、吳克仁、丁建中、路安衢、李湛陽、孫光祖。

57、《經正書院課藝三集》

題「光緒二十九年癸卯（1903）六月開雕」，「陳小圃院長選定，監院張督刊」。

陳小圃（陳榮昌），見《經正書院課藝二集》。

〔註81〕《清代官員履歷檔案全編》第 4 冊，第 321 頁；中國第一歷史檔案館編《光緒朝硃批奏摺》第 7 輯，中華書局 1995 年影印本，第 956 頁。

凡經學 15 題 30 篇，史學 28 題 65 篇，雜文 13 題 24 篇，賦 10 題 18 篇，古近體詩 18 題 105 首，經文 6 題 16 篇。

收錄課藝較多者：袁嘉穀、李坤、錢良駿、孫文達、張儒瀾、張鴻範、袁嘉端、秦光玉、李堃、張儒源、吳琨、張坤、蔣谷、楊壽昌、席聘臣、李熙仁、梅森、馬燦奎、丁庶凝、趙永鑫、張璞。

58、《經正書院課藝四集》

題「光緒二十九年癸卯（1903）六月開雕」，「陳小圃院長選定，監院張督刊」。

陳小圃（陳榮昌），見《經正書院課藝二集》。

凡經學 15 題 30 篇，史學 23 題 51 篇，雜文 15 題 22 篇，賦 11 題 23 篇，古近體詩 23 題 142 首，經文 9 題 18 篇。

收錄課藝較多者：袁嘉穀、張儒瀾、李坤、秦光玉、錢良駿、席聘臣、吳琨、吳承鑫、張崇仁、孫文達、蔣谷、丁中立、楊恩第、袁嘉端、李熙仁、袁丕鏞、張坤、孫文達、張璞、丁庶凝、李光明、張權、李楷材、袁丕承、錢良驥。

59、《各省課藝彙海》

題「光緒八年（1882）三月擷雲腴山館刊」。

范鳴龢序云：

> 國家稽古右文，陶甄群雅，自諸行省及府廳州縣皆創建書院。延通儒宿學以主講席，聚士之秀異者歲而甄之，月而課之。爭自濯磨，文章彬雅，蒸蒸日上，狩歟盛矣。
>
> 竊嘗以為，房稿之文，雖多名作，而或不能盡中有司之繩度；鄉會諸墨，固亦不無佳構，而苦於鎖院之拘制、時日之迫促，故作者閱者皆不得以儘其長。若夫書院課試，其時甚寬，其境甚暇，作者閱者並得以窮極其心思才力之所至而無遺憾；且主講者既當代老宿，其應試者又皆通都大邑魁奇宏達之彥；而所刊者則又益擷菁英、取其最上者，而登之於篇。故吳蘭陔氏所謂「聲情極合時趨，思力迴超流俗」，未有如書院課藝者也。顧鄉會墨之出，不脛而走海內；課藝則限於方隅，天下之士，往往不能遍睹，余嘗惜焉。

今擷雲腴山館主人，盡取各直省書院課藝，擇其尤雅者數千篇，彙而刊之，使薄海人士，皆得爭先快目睹。蓋自昔以來未見之巨觀，未有之盛事，其嘉惠士林之功，豈不博哉！

武昌范鳴龢序。

范鳴龢，初名鳴璐，字鶴生，湖北武昌人。咸豐二年（1852）進士。官中書舍人。〔註82〕

凡7卷，皆四書文，總約3500餘篇。卷一、卷二《論語》，卷三《大學》，卷四《中庸》，卷五、卷六、卷七《孟子》。

作者前標注所屬書院，或課作來源。以《論語·學而》部分為例，凡43題61篇，作者楊文塋、高濟川、姜友梅、朱紹頤、王錫同等，所屬書院或課作來源分別為：《學海堂續集》、四明孝廉堂官課、《閩中初集·正誼書院》、《尊經初集》周山長課、《崇文四集》馬山長課、《閩中·鼇峰書院二集》、江漢書院、《安定梅花合編》、《金臺書院初集》、《閩中初·鳳池書院課》、《紫陽三集》朱山長課、鴛湖書院府課、《梅花書院課藝》、《鍾山續集》、《灤源四集》、嶽麓書院、《崇文書院五集》、敬敷書院等。

60、《五大書院課藝》

尊經、求志、詁經、自強、兩湖書院課藝。題「光緒丙申歲（1896）明達學社刊」。

汪先弼序云：

南皮尚書既建兩湖書院，謂士博古而不通經，不足言學。故書院四學，史學足賅時務。既而旋節金陵，復設時務專課。蓋以時事方殷，實鑒迂滯之鮮濟，而甚有望於明體達用之彥，豫儲之以為用也。同志諸友，因糾立明達學社，以究心經世之略，有用之學。並旁搜中西新出各書，遴其切於時務者，次第鋟木。復取尊經、求志、詁經、自強課藝，分類編輯，都為一集，而間附兩湖之作。非敢遽出問世，等以承大賢之教，獎挹淬屬，既有年所，參互之餘，曉然育材之盛意，固有如是之明備周詳，由體及用者。中國學校之興，人才之植，庶有冀乎！

嘗謂中國非無才之患，有才而無以馴養其才之患。今天下需才

〔註82〕錢仲聯主編《清詩紀事·咸豐朝卷》，江蘇古籍出版社1989年版，第11134頁。

亦甚矣，環五大洲，電掣風驟，浸合地球，爲混壹之局。中國以積馳之故，筋渙脈搖，靡焉不能自固。於是憂時之士，嘅念時艱，爲借才之說思進。非族而與之謀，亦吾黨之恥矣。

是編之輯，意在發皇耳目，啓牖性靈，使憬然徐瀹其新知，而翻然丕變其錮□。吾知中國清淑之萃，神靈之所亭毒。衣冠烏帶之倫，奮其聰明材力，維正氣以遠害沴，勢足衛區夏而無虞弗給。語曰：庸也者，用也；用也者，通也。聖人官府之公，通其用於天下，而天下皆爲之用，尚何弊弊才難之慮哉！

光緒丙申（1896）夏五月，安福汪先弼斗文甫謹識。

汪先弼，字計人，安福（臨澧）人。著有《善志堂文集》二卷。《沅湘通藝錄》收其文。〔註83〕

凡四冊，第一、二冊掌故三卷，33題34篇，題如《歷代商政與歐洲各國同異考》、《〈新唐書・劉晏列傳〉書後》、《問：古人用粟帛，後代用錢，近日又用銀錢。前人論其利弊詳矣。今惟一旦改用銀錢，則收回舊銀，改鑄新銀，必如何抵換，始公私兩便。至從前用銀之款，悉改用銀錢，必如何立法，始易流通。又，西人紙幣，即中國鈔幣，必如何定制，始能無弊。試綜論之》、《問：遼東爲北洋藩籬，臺灣爲南洋門戶，近臺地割倭，門戶已失，遼東未及見還，藩籬可危，當以何策挽回大局。試詳言之》、《地動說》、《擬〈與英人論洋藥加稅書〉》、《請開中西條例館議》、《弭會匪策》、《開煤礦說》。第三、四冊輿地四卷，25題27篇，題如《設險守國論》、《海運河運議》、《擬新譯美人〈防海新論〉序》、《書西報土塞戰事後》、《問：大江昔寬今狹，於形勢孰便》、《唐平高麗百濟水陸用兵考》、《〈唐書〉〈宋史〉大食傳補注》、《梁元帝建都失策論》。

僅掌故卷一前兩篇有評語，其他皆無評語。校勘不精，時見訛字。

收錄課藝較多者：朱逢甲、汪先弼、華世芳、羅崇陽、沈祥鳳、姚文棟、沈定年、吳曾英、王履階（「階」一作「堦」）。

61、《各省校士史論精華》

又名《各省書院課藝史論新編》。題「光緒壬寅（1902）春月衡清廫附公社校刊」，「南州梅筱嚴太史鑒定，羅江姚潤編輯，南州彭杏庚校訂」。

〔註83〕 尋霖、龔篤清《湘人著述表》，嶽麓書社2010年版，第326頁；江標編《沅湘通藝錄》卷2，中華書局1985年版，第62頁。

　　梅啓照（1825～1893），字小岩，一作筱岩、筱嚴，江西南昌人。道光二十六年（1846）舉人。咸豐二年（1852）進士，選庶吉士，散館授吏部主事。歷官浙江道監察御史、惠州知府、廣州知府、長蘆鹽運使、廣東按察使、江寧布政使、浙江巡撫、禮部侍郎、東河總督。以事罷職。著有《學強恕齋筆算》十卷附《測量淺說》一卷（收入《四庫未收書輯刊》）、《明史約》（收入《中國公共圖書館古籍文獻珍本彙刊》）、《梅氏驗方新編》、《強恕齋吟草》。〔註84〕

　　姚潤、彭杏庚，待考。

　　張百熙序云：

　　　　儒者之道，非通經不足以致用，非讀史不足以知古今治亂之所由。故孔子言學則曰「溫故而知新」，孟子論士而推究於「尚友」。古人史學顧不重歟？自帖括之學興，士習日卑，學術愈陋。揣摩風氣，規倣聲調，窮年矻矻，勞精敝神於數墨之中。凡歷代盛衰之故，人才消長之機，曾不暇過問焉。無惑弇鄙空疏，相安苟簡，窮而在下，不識治身之要，不通善世之方，佔畢終身，無一技可名於當世。即使幸弋科名，置身通顯，問以民生國計，則遜謝弗遑；課以錢穀兵刑，則非其所習。其不病民而誤國者幾希！夫蒙理莫備於經，而政治莫詳於史。離經固不足言學，荒史又豈足爲士歟？今朝廷變通科舉，毀棄時文，經策而外，兼試史事，於以覘士子之根柢，驗才器之遠到。意至良，法至美也！【略】

　　　　吾鄉姚君伯疇，博通經史，具有本原。詘□琴棋之暇，嘗抉史事疑義相與論難，反覆質詍，恒得新理。釋褐後歷宰數邑，莫不口碑載道，卓著循聲。蓋蘊之爲學問，發之爲經濟，其素所蓄積者肰也。聽政之外，輒手一編，不異儒素。舊輯各省課士之作，擇其議論純正，與史鑒相發明者，彙成一編，爲士林之津逮，作□學之準繩。學者由此一端，上窺全史，足以策治安於帝室，即可敷子惠於民生。則姚君之嘉惠後學者，誠非淺鮮矣。

〔註84〕同治《南昌府志》卷31《選舉‧舉人》，同治12年刻本，第31頁；汪胡楨等輯《清代河臣傳》卷4，《清代傳記叢刊》第56冊，第215頁；柯愈春《清人詩文集總目提要》，北京古籍出版社2002年版，第1583頁；《文廷式吳輦日記》，《李宗侗文史論集》附錄，中華書局2011年版，第516頁。

光緒二十有七年歲次辛丑（1901）季冬月，通家弟張百熙埜沭甫頓首拜撰。

張百熙（1847～1907），字埜秋，一作冶秋，號潛齋，湖南長沙人。同治十三年（1874）進士，選庶吉士，散館授編修。歷官山東學政，翰林院侍講、侍讀，日講起居注官，國子監祭酒，廣東學政，內閣學士，禮部右侍郎，都察院左都御使，工部、刑部、吏部、戶部、郵傳部尙書。諡文達。著有《退思軒詩集》，今人輯有《張百熙集》。《晚晴簃詩彙》錄其詩 22 首。〔註85〕

《略例》五則云：

一、是論倣袖珍板式，以備舟車便覽。辛勿誤帶入塲，致干功令。

一、是論覓得廣東、廣西、浙江、江蘇、安徽、湖北、湖南、江西、福建、陝西、四川、雲南計十二行省書院、文社暨各項考試之作，擇其取列前矛發刊，聊爲尚友古人者揣摩之助。二集選定，不日開雕。

一、是論係倩各省友人抄錄郵寄，評圈悉依原稿。間有失去批詞者，概付關如，以存其眞。

一、是論與近日坊間木板、石印《史論正鵠》、《歷代史論》、《國朝名家史論》諸編，絕無一藝雷同，並非改頭換面者可比。諸君子爭先快睹，亦得渙然冰釋矣。

一、是論倉卒讎校，帝虎魯魚，不無舛誤，尚祈博雅諒之。

湖南圖書館藏本僅存 1 冊（全本疑爲 3 冊）。據目錄，凡 66 題 66 篇。題如《子產不毀鄉校論》、《王安石論》、《董仲舒賈誼論》、《陸清獻論》、《桐城古文宗派論》、《句踐事吳論》、《文彥博論》、《留侯論》、《〈漢書·酷吏傳〉不列張湯論》。有評點。

據目錄，作者共 58 人。正文中作者前標注生源地。作者有帥遠燾（黃梅縣歲試古學）、朱珩（廣東粵秀書院）、潘宗信（安徽紫陽書院）、彭承芬（豫章書院）、徐振聲（浙江詁經精舍）、姚炳垣（廣東越華書院）、熊任先（安徽惜陰書院）、何秉常（浙江學海堂）、廖炳文（湖南衡州歲試）、王麟書（浙江

〔註85〕《清史列傳》卷 61《新辦大臣傳五》，《清代傳記叢刊》第 103 冊，第 490 頁；湯志鈞《戊戌變法人物傳稿（增訂本）》，中華書局 1982 年版，第 330 頁；徐世昌編《晚晴簃詩彙》卷 166，中華書局 1990 年版，第 7236 頁。

－164－

詁經精舍）、李元英（四川科試取入成都府古學）、林炳（福建閩縣觀風）、燕
昌期（豫章書院）、李大文（廣西觀風）、王永清（江西友教書院）、潘鶴（安
徽奎光書院）、余嘉德（江西豫章書院）、楊懷清（江西經訓書院）、程以綸（豫
章書院）、陳兆熙（福建鼇峰書院）等。